COLLECTION
DES LOIS
RELATIVES AUX CULTES.

COLLECTION

DES LOIS,

SÉNATUS–CONSULTES,

DÉCRETS IMPÉRIAUX

ET

AVIS DU CONSEIL D'ÉTAT

RELATIFS AUX CULTES;

PUBLIÉS DEPUIS LE CONCORDAT JUSQU'AU 1ᵉʳ JANVIER 1813 INCLUSIVEMENT;

SUIVIE

Des Bulles et Brefs d'institution de nouveaux Évêques, d'Indult concernant la réduction des Fêtes, et de la Convention passée entre le Gouvernement et Sa Sainteté Pie VII.

A PARIS,

CHEZ RIVALS, EDITEUR-LIBRAIRE, RUE DU BOULOY, Nº 4.

1813.

AVIS DE L'ÉDITEUR.

LA législation sur les cultes ayant entièrement changé, nous croyons bien mériter du public, et plus spécialement encore du clergé, en lui offrant la Collection des Lois qui régissent maintenant l'Eglise et ses biens.

La plupart des fabriques ne connoissent et n'ont, jusqu'à présent, à leur disposition que le décret du 30 décembre 1809, qui les concerne : ce décret, dans plusieurs de ses dispositions, cite souvent des lois ou d'autres décrets antérieurs que ces mêmes fabriques n'ont point ; de là, il résulte souvent que le conseil ou le bureau des marguilliers sont très embarrassés lorsqu'ils ont à délibérer sur certains objets relatifs au service dont ils sont chargés.

Comment, en effet, avec ce seul décret, distinguer suffisamment quels sont les biens rendus à leur première destination, c'est-à-dire à l'Eglise ? comment connoître, d'une manière précise, quels droits, dans l'état actuel des choses, l'Eglise a acquis ou conservés sur les biens, rentes, fondations, legs ou dons provenant de l'ancien domaine national du clergé, ou des corporations supprimées? comment enfin savoir parfaitement quels sont ceux des biens dont nous venons de parler, qui, déjà accordés par les lois, soit aux hospices, soit aux bureaux de bienfaisance; n'en demeurent pas moins tenus de payer aux fabriques, qui en sont censées propriétaires, la rétribution de ces mêmes rentes, fondations, legs ou dons.

Le recueil des lois que nous publions, touchant l'organisation nouvelle des Cultes, et l'administration des biens des fabriques, est un guide précieux et nécessaire à MM. les ecclésiastiques et conseillers des fabriques. Les premiers trouveront dans cette espèce de code, non-seulement les règles de leurs obligations à l'égard de la puissance temporelle, mais encore la mesure de leurs rapports avec les autorités locales, et l'étendue de leur pouvoir dans la hiérarchie ecclésiastique quant au temporel; les seconds y puiseront, non-seulement les principes et les règles d'une active et sage administration pour la gestion des biens et revenus des Eglises, mais encore la connoissance des droits des fabriques, et les moyens d'exercer utilement tout recours afin de ne pas les perdre.

Pour faciliter les recherches, nous avons divisé l'ouvrage en deux parties; l'une concerne le culte catholique, et l'autre le culte protestant : nous avons ensuite subdivisé chacune de ces parties en deux sections; dans la première section, se trouvent les lois relatives à l'organisation et à l'état où se trouve chacun des cultes, et dans la seconde, celles qui concernent l'administration des biens des Eglises. Nous avons précédé notre Recueil d'une table chronologique, et terminé par une table alphabétique des matières.

Nous avons eu recours encore à une classification des lois, décrets, etc., qui procure l'avantage de trouver comme sous la main tout ce qu'on désire, et de faire connoître en même temps les dispositions de ces mêmes lois qui auroient éprouvé des changemens ou modifications, ou qui auroient été rapportées ou abrogées. Ainsi, sous les différens titres, tels que : *Organisation des Cultes*, *Traitement des Ministres*, *Honneurs*, *Préséances*, *Associations religieuses*, *Sépultures*, *Séminaires*, *Etudes et Ecoles*, *Brefs et Bulles*, *Fabriques*, *Biens et Revenus des Fabriques*, se trouvent classés méthodiquement toutes les lois, les décrets impériaux, sénatus-consultes et avis du conseil d'état, qui ont rapport à un seul et même objet.

Ce recueil n'est pas exclusivement destiné aux ecclésiastiques et aux fabriciens. Les personnes de toutes les classes de la société et les étrangers même y retrouveront en quelque sorte l'abrégé historique du rétablissement des cultes, l'exposition du régime auquel chacun d'eux demeure assujéti, par rapport à son exercice; ils y apprendront aussi quels sont les ministres autorisés, en quoi consistent leurs devoirs, leurs droits, quelle est la division des diocèses et des paroisses.

Enfin, et comme l'enseignement public a une liaison essentielle avec les cultes sous le rapport des facultés de théologie et des écoles secondaires spécialement consacrées à l'instruction des élèves qui se destinent à l'état ecclésiastique, nous avons inséré dans notre Collection, les lois relatives à l'université impériale : ainsi notre livre doit convenir à tous les membres du corps enseignant en France. Il est également nécessaire aux différentes congrégations ou associations religieuses dont l'institution a pour but l'instruction chrétienne, les soins des pauvres dans les hospices, le retour des filles aux bonnes mœurs, enfin les secours aux pauvres femmes en couches. Ces différentes associations charitables y trouveront le décret qui reconnoit et approuve leurs statuts particuliers, et le régime auquel leurs maisons ou ces institutions sont assujéties.

TABLE

CHRONOLOGIQUE

Des Sénatus - Consultes, Lois, Décrets et Avis du Conseil d'Etat, etc., contenus dans le volume.

CULTE PROTESTANT.

FIN DE LA TABLE CHRONOLOGIQUE.

CONCORDAT

Signé à Fontainebleau, le 25 janvier 1813, entre S. M. L'EMPEREUR
et ROI, *et* S. S. *le Pape* PIE VII.

———

SA Majesté l'Empereur et Roi et Sa Sainteté, voulant mettre
un terme aux différens qui se sont élevés entre eux, et pourvoir
aux difficultés survenues sur plusieurs affaires de l'Eglise, sont
convenus des articles suivans, comme devant servir de base à
un arrangement définitif :

ART. 1. Sa Sainteté exercera le pontificat en France et dans
le royaume d'Italie de la même manière et avec les mêmes formes
que ses prédécesseurs.

2. Les ambassadeurs, ministres, chargés d'affaires des puissances près le Saint-Père, et les ambassadeurs, ministres ou
chargés d'affaires que le pape pourroit avoir près des puissances
étrangères, jouiront des immunités et priviléges dont jouissent
les membres du corps diplomatique.

3. Les domaines que le Saint-Père possédoit, et qui ne sont
pas aliénés, seront exempts de toute espèce d'impôt ; ils seront
administrés par ses agens ou chargés d'affaires. Ceux qui seront
aliénés seront remplacés jusqu'à la concurrence de deux millions
de francs de revenu.

4. Dans les six mois qui suivront la notification d'usage de
la nomination par l'Empereur aux archevêchés et évêchés de
l'empire et du royaume d'Italie, le pape donnera l'institution
canonique, conformément aux concordats, et en vertu du présent
indult. L'information préalable sera faite par le métropolitain.
Les six mois expirés, sans que le pape ait accordé l'institution,
le métropolitain, et à son défaut, ou s'il s'agit du métropolitain,
l'évêque le plus ancien de la province, procédera à l'institution
de l'évêque nommé, de manière qu'un siége ne soit jamais vacant
plus d'une année.

5. Le pape nommera, soit en France, soit dans le royaume
d'Italie, à dix évêchés qui seront ultérieurement désignés de
concert.

6. Les six évêchés suburbicaires seront rétablis. Ils seront à
la nomination du pape. Les biens actuellement existans seront
restitués, et il sera pris des mesures pour les biens vendus. A la
mort des évêques d'Anagni et de Rieti, leurs diocèses seront

réunis auxdits six évêchés, conformément au concert qui aura lieu entre Sa Majesté et le Saint-Père.

7. A l'égard des évêques des états romains, absens de leurs diocèses par les circonstances, le Saint-Père pourra exercer en leur faveur son droit de donner des évêchés *in partibus*. Il leur sera fait une pension égale au revenu dont ils jouissoient, et ils pourront être replacés aux siéges vacans, soit de l'empire, soit du royaume d'Italie.

8. Sa Majesté et Sa Sainteté se concerteront en temps opportun sur la réduction à faire, s'il y a lieu, aux évêchés de la Toscane et du pays de Gênes, ainsi que pour les évêchés à établir en Hollande et dans les departemens anséatiques.

9. La propagande, la pénitencerie, les archives seront établies dans le lieu du séjour du Saint-Père.

10. Sa Majesté rend ses bonnes graces aux cardinaux, évêques, prêtres, laïcs, qui ont encouru sa disgrâce par suite des événemens actuels.

11. Le Saint-Père se porte aux dispositions ci-dessus par considération de l'état actuel de l'Eglise, et dans la confiance que lui a inspirée Sa Majesté qu'elle accordera sa puissante protection aux besoins si nombreux qu'a la religion dans les temps où nous vivons.

NAPOLEON.   PIE VII.

COLLECTION

*Des Sénatus - Consultes , Lois , Décrets impériaux ,
Avis du Conseil-d'Etat, et Circulaires ministérielles
relatives aux Cultes.*

CULTE CATHOLIQUE.

PREMIÈRE SECTION.

De l'Organisation.

Loi relative à l'Organisation des Cultes.

Du 18 germinal, an X de la république française, une et indivisible.

AU NOM DU PEUPLE FRANÇAIS, BONAPARTE,
premier consul, proclame loi de la république le décret
suivant, rendu par le corps législatif le 18 germinal an X,
conformément à la proposition faite par le gouvernement
le 15 dudit mois, communiquée au tribunat le même
jour.

DÉCRET.

La convention passée à Paris, le 26 messidor an IX,
entre le pape et le gouvernement français, et dont les
ratifications ont été échangées à Paris, le 23 fructidor
an IX (10 septembre 1801), ensemble les articles organiques de ladite convention , les articles organiques des
cultes protestans , dont la teneur suit , seront promulgués
et exécutés comme des lois de la république.

1

Convention entre le Gouvernement français et Sa Sainteté Pie VII, *échangée le 23 fructidor an* IX (10 septembre 1801).

Primus consul gallicæ reipublicæ, ac sanctitas sua summus pontifex Pius VII, in suos respectivè plenipotentiarios nominarunt :

Primus consul, cives Josephum Bonaparte, consiliarium statûs ; Cretet, consiliarium pariter statûs, ac Bernier, doctorem in S. theologiâ, parochum S. Laudi Andegavensis, plenis facultatibus munitos ;

Sanctitas sua, eminentissimum dominum Herculem Consalvi, S. R. E. cardinalem-diaconum S. Agathœ ad Saburram, suum à secretis statûs; Josephum Spina, archiepiscopum Corinthi, S. S. prœlatum domesticum ac pontificio solio assistentem; et patrem Caselli, theologum consultorem S. S., pariter munitos facultatibus in bonâ et debitâ formâ ;

Qui, post sibi mutuò tradita respectivæ plenipotentiæ instrumenta, de iis quæ sequuntur convenerunt :

CONVENTIO

Inter Gubernium gallicanum et summum Pontificem Pium septimum.

Gubernium reipublicæ recognoscit religionem catholicam, apostolicam, romanam, eam esse religionem quam longè maxima pars civium gallicanæ reipublicæ profitetur.

LE PREMIER CONSUL de la république française, et sa sainteté le souverain pontife Pie VII, ont nommé pour leurs plénipotentiaires respectifs :

Le premier consul, les citoyens Joseph Bonaparte, conseiller d'état, Cretet, conseiller d'état, et Bernier, docteur en théologie, curé de Saint-Laud d'Angers, munis de pleins pouvoirs ;

Sa sainteté, son éminence monseigneur *Hercule Consalvi*, cardinal de la sainte Eglise romaine, diacre de Sainte-Agathe *ad Suburram*, son secrétaire d'état; *Joseph Spina*, archevêque de Corinthe, prélat domestique de sa sainteté, assistant du trône pontifical, et le père *Cazelli*, théologien consultant de sa sainteté, pareillement munis de pleins pouvoirs en bonne et due forme ;

Lesquels, après l'échange des pleins pouvoirs respectifs, ont arrêté la convention suivante :

CONVENTION

Entre le Gouvernement français et Sa Sainteté Pie VII.

Le gouvernement de la république française reconnoît que la religion catholique, apostolique et romaine, est la religion de la grande majorité des citoyens français.

Summus pontifex pari modo recognoscit eamdem religionem, maximam utilitatem maximumque decus percepisse, et hoc quoque tempore præstolari ex catholico cultu in Galliâ constituto, necnon ex peculiari ejus professione, quam faciunt reipublicæ consules.

Hæc cùm ita sint atque utrinque recognita, ad religionis bonum internæque tranquillitatis conservationem, ea quæ sequuntur inter ipsos conventa sunt :

Art. 1. Religio catholica, apostolica, romana, liberè in Galliâ exercebitur. Cultus publicus erit, habitâ tamen ratione ordinationum quoad politiam, quas Gubernium pro publicâ tranquillitate necessarias existimabit.

2. Ab apostolicâ sede, collatis cum gallico gubernio consiliis, novis finibus Galliarum diœceses circumscribentur.

3. Summus pontifex titularibus gallicarum ecclesiarum episcopis significabit se ab iis, pro bono pacis et unitatis, omnia sacrificia firmâ fiduciâ expectare, eo non excepto quo ipsas suas episcopales sedes resignent. Hâc hortatione præmissâ, si huic sacrificio, quod Ecclesiæ bonum exigit, renuere ipsi vellent (fieri id autem posse summus pontifex suo non reputat animo,) gubernationibus gallicarum ecclesiarum novæ circumscriptionis de novis titularibus providebitur, eo qui sequitur modo.

Sa sainteté reconnoît également que cette même religion a retiré et attend encore en ce moment, le plus grand bien et le plus grand éclat de l'établissement du culte catholique en France, et de la profession particulière qu'en font les consuls de la république.

En conséquence, d'après cette reconnoissance mutuelle, tant pour le bien de la religion que pour le maintien de la tranquillité intérieure, ils sont convenus de ce qui suit :

Art. 1. La religion catholique, apostolique et romaine sera librement exercée en France : son culte sera public, en se conformant aux réglemens de police que le gouvernement jugera nécessaires pour la tranquillité publique.

2. Il sera fait par le saint-siége, de concert avec le gouvernement, une nouvelle circonscription des diocèses français.

3. Sa sainteté déclarera aux titulaires des évêchés français, qu'elle attend d'eux, avec une ferme confiance, pour le bien de la paix et de l'unité, toute espèce de sacrifices, même celui de leurs sièges.

D'après cette exhortation, s'ils se refusoient à ce sacrifice, commandé par le bien de l'Église (refus néanmoins auquel sa sainteté ne s'attend pas), il sera pourvu, par de nouveaux titulaires, au gouvernement des évêchés de la circonscription nouvelle, de la manière suivante.

4. *Consul primus gallicanæ reipublicæ, intra tres menses qui promulgationem constitutionis apostolicæ consequentur, archiepiscopos et episcopos novæ circumscriptionis diœcesibus præficiendos nominabit. Summus pontifex institutionem canonicam dabit juxta formas, relatè ad Gallias, ante regiminis commutationem statutas.*

5. *Item consul primus ad episcopales sedes quæ in posterum vacaverint, novos antistites nominabit, iisque, ut in articulo præcedenti constitutum est, apostolica sedes canonicam dabit institutionem.*

6. *Episcopi, antequàm munus suum gerendum suscipiant, coram primo consule, juramentum fidelitatis emittent quod erat in more ante regiminis commutationem, sequentibus verbis expressum :*

« *Ego juro et promitto, ad*
» *sancta Dei evangelia, obedien-*
» *tiam et fidelitatem gubernio per*
» *constitutionem gallicanæ reipu-*
» *blicæ statuto. Item, promitto*
» *me nullam communicationem*
» *habiturum, nulli consilio inter-*
» *futurum, nullamque suspectam*
» *unionem neque intrà neque ex-*
» *trà conservaturum, quæ tran-*
» *quillitati publicæ noceat; et*
» *si, tam in diœcesi meâ quàm*
» *alibi, noverim aliquid in Statùs*
» *damnum tractari, gubernio ma-*
» *nifestabo.* »

7. *Ecclesiastici secundi ordinis idem juramentum emittent*

4. Le premier consul de la république nommera, dans les trois mois qui suivront la publication de la bulle de sa sainteté, aux archevêchés et évêchés de la circonscription nouvelle. Sa sainteté conférera l'institution canonique suivant les formes établies par rapport à la France avant le changement du gouvernement.

5. Les nominations aux év chés qui vaqueront dans l' suite, seront également faites par le premier consul, et l'institution canonique sera donnée par le saint-siége, en conformité de l'article précédent.

6. Les évêques, avant d'entrer en fonctions, prêteron directement, entre les mains d premier consul, le serment d fidélité qui était en usage avan le changement de gouverne ment, exprimé dans les term suivans :

« Je jure et promets à Dieu
» sur les saints évangiles, d
» garder obéissance et fidéli
» au gouvernement établi p
» la constitution de la répu
» blique française. Je prome
» aussi de n'avoir aucune intel
» ligence, de n'assister à aucu
» conseil, de n'entretenir au
» cune ligue, soit au-dedans
» soit au-dehors, qui soit con
» traire à la tranquillité pu
» blique; et si, dans mon dio
» cèse ou ailleurs, j'appren
» qu'il se trame quelque chos
» au préjudice de l'état, je l
» ferai savoir au gouverne
» ment. »

7. Les ecclésiastiques d second ordre prêteront le mêm

coram auctoritatibus civilibus à gallicano gubernio designatis.

8. Post divina officia, in omnibus catholicis Galliæ templis, sic orabitur :

Domine, salvam fac rempublicam ;
Domine, salvos fac consules.

9. Episcopi, in suâ quisque diœcesi, novas parœcias circumscribent; quæ circumscriptio suum non sortietur effectum, nisi postquàm gubernii consensus accesserit.

10. Iidem episcopi ad parœcias nominabunt ; nec personas seligent, nisi gubernio acceptas.

11. Poterunt iidem episcopi habere unum capitulum in cathedrali ecclesiâ, atque unum seminarium in suâ quisque diœcesi, sine dotationis obligatione ex parte gubernii.

12. Omnia templa metropolitana, cathedralia, parochialia, atque alia quæ non alienata sunt, cultui necessaria, episcoporum dispositioni tradentur.

13. Sanctitas sua, pro pacis bono felicique religionis restitutione, declarat eos qui bona Ecclesiæ alienata acquisiverunt, molestiam nullam habituros, neque à se, neque à romanis pontificibus successoribus suis, ac consequenter proprietas eorumdem bonorum, reditus et jura iis inhærentia, immutabilia penès ipsos erunt atque ab ipsis causam habentes.

serment entre les mains des autorités civiles désignées par le gouvernement.

8. La formule de prière suivante sera récitée à la fin de l'office divin, dans toutes les églises catholiques de France :
Domine, salvam fac rempublicam ;
Domine, salvos fac consules.

9. Les évêques feront une nouvelle circonscription des paroisses de leurs diocèses, qui n'aura d'effet que d'après le consentement du gouvernement.

10. Les évêques nommeront aux cures.

Leur choix ne pourra tomber que sur des personnes agréées par le gouvernement.

11. Les évêques pourront avoir un chapitre dans leur cathédrale, et un séminaire pour leur diocèse, sans que le gouvernement s'oblige à les doter.

12. Toutes les églises métropolitaines, cathédrales, paroissiales et autres non aliénées, nécessaires au culte, seront remises à la disposition des évêques.

13. Sa sainteté, pour le bien de la paix et l'heureux rétablissement de la religion catholique, déclare que ni elle, ni ses successeurs, ne troubleront en aucune manière les acquéreurs des biens ecclésiastiques aliénés, et qu'en conséquence la propriété de ces mêmes biens, les droits et revenus y attachés, demeureront incommutables entre leurs mains ou celles de leurs ayans-cause.

14. *Gubernium gallicanæ rei-publicæ in se recipit, tum epis-coporum, tum parochorum quo-rum diœceses atque parochas nova circumscriptio complectetur, sus-tentationem quæ cujusque statum deceat.*

15. *Idem gubernium curabit ut catholicis in Gallid liberum sit, si libuerit, ecclesiis consulere novis fundationibus.*

16. *Sanctitas sua recognos-cit in primo consule gallicanæ reipublicæ, eadem jura ac privi-legia quibus apud sanctam ,edem fruebatur antiquum regimen.*

17. *Utrinque conventum est, quòd in casu quo aliquis ex suc-cessoribus hodierni primi con-sulis catholicam religionem non profiteretur, super juribus et pri-vilegiis in superiori articulo com-memoratis, necnon super nomi-natione ad archiepiscopatus et episcopatus, respectu ipsius, nova conventio fiet.*

Ratificationum autem traditio Parisiis fiet quadraginta dierum spatio.

Datum Parisiis, die 15.ᵉ men-sis julii 1801.

J. BONAPARTE, [L. S.]
Hercules, cardinalis CON-SALVI, [L. S.]
CRETET, [L. S.]
J. archiep. Corinthi [L. S.]

BERNIER. [L. S.]
F. Carolus CASELLI. [L. S.]

14. Le gouvernement a surera un traitement conv nable aux évêques et aux cur dont les diocéses et les paroiss seront compris dans la circo cription nouvelle.

15. Le gouvernement pre dra également des mesures po que les catholiques frança puissent, s'ils le veulent, fai en faveur des églises, des fo dations.

16. Sa sainteté reconnoî dans le premier consul de république française, les mêm droits et prérogatives dont jou soit près d'elle l'ancien gouve nement.

17. Il est convenu entre l parties contractantes, que dans le cas où quelqu'un d successeurs du premier cons actuel ne seroit pas catholiqu les droits et prérogatives me tionnés dans l'article ci-dessu et la nomination aux évêché seront réglés, par rapport à lu par une nouvelle convention.

Les ratifications seront écha gées à Paris dans l'espace de qu rante jours.

Fait à Paris, le 26 messid an IX de la république fran çaise.

Joseph BONAPARTE.[*L. S.*]
Hercules, cardinalis CONSALV [*L. S.*]
CRETET. [*L. S.*]
JOSEPH, *archiep. Corinthi.* [*L. S.*]
BERNIER. [*L. S.*]
F. *Carolus* CASELLI. [*L. S.*]

Articles organiques du 26 Messidor an IX.

TITRE PREMIER.

Du régime de l'Eglise catholique dans ses rapports généraux avec les droits et la police de l'Etat.

ART. 1. Aucune bulle, bref, rescrit, décret, mandat, provision, signature servant de provision, ni autres expé_ditions de la cour de Rome, même ne concernant que les particuliers, ne pourront être reçus, publiés, imprimés, ni autrement mis à exécution, sans l'autorisation du gouvernement.

2. Aucun individu se disant nonce, légat, vicaire ou commissaire apostolique, ou se prévalant de toute autre dénomination, ne pourra, sans la même autorisation, exercer sur le sol français ni ailleurs. aucune fonction relative aux affaires de l'Eglise gallicane.

3. Les décrets des synodes étrangers, même ceux des conciles généraux, ne pourront être publiés en France, avant que le gouvernement en ait examiné la forme, leur conformité avec les lois, droits et franchises de la république française, et tout ce qui, dans leur publication, pourroit altérer ou intéresser la tranquillité publique.

4. Aucun concile national ou métropolitain, aucun synode diocésain, aucune assemblée délibérante n'aura lieu sans la permission expresse du gouvernement.

5. Toutes les fonctions ecclésiastiques seront gratuites, sauf les oblations qui seroient autorisées et fixées par les réglemens.

6. Il y aura recours au conseil d'état, dans tous les cas d'abus de la part des supérieurs et autres personnes ecclésiastiques.

Les cas d'abus sont, l'usurpation ou l'excès de pouvoir, la contravention aux lois et réglemens de la république, l'infraction des règles consacrées par les canons reçus en

France, l'attentat aux libertés, franchises et coutumes de l'église gallicane, et toute entreprise ou tout procédé qui, dans l'exercice du culte, peut compromettre l'honneur des citoyens, troubler arbitrairement leur conscience, dégénérer contre eux en oppression ou en injure, ou en scandale public.

7. Il y aura pareillement recours au conseil d'état, s'il est porté atteinte à l'exercice public du culte, et à la liberté que les lois et les réglemens garantissent à ses ministres.

8. Le recours compètera à toute personne intéressée. A défaut de plainte particulière, il sera exercé d'office par les préfets.

· Le fonctionnaire public, l'ecclésiastique ou la personne qui voudra exercer ce recours, adressera un mémoire détaillé et signé, au conseiller d'état chargé de toutes les affaires concernant les cultes, lequel sera tenu de prendre, dans le plus court délai, tous les renseignemens convenables; et sur son rapport, l'affaire sera suivie et définitivement terminée dans la forme administrative, ou renvoyée, selon l'exigence des cas, aux autorités compétentes.

TITRE II.

Des Ministres.

SECTION PREMIÈRE.

Dispositions générales.

9. Le culte catholique sera exercé sous la direction des archevêques et évêques dans leurs diocèses, et sous celle des curés dans leurs paroisses.

10. Tout privilége portant exemption ou attribution de la juridiction épiscopale, est aboli.

11. Les archevêques et évêques pourront, avec l'autorisation du gouvernement, établir dans leurs diocèses des chapitres cathédraux et des séminaires. Tous autres établissemens ecclésiastiques sont supprimés.

12. Il sera libre aux archevêques et évêques d'ajouter à leur nom, le titre de *Citoyen* ou celui de *Monsieur*. Toutes autres qualifications sont interdites.

SECTION II.

Des Archevêques ou Métropolitains.

13. Les archevêques consacreront et installeront leurs suffragans. En cas d'empêchement ou de refus de leur part, ils seront suppléés par le plus ancien évêque de l'arrondissement métropolitain.

14. Ils veilleront au maintien de la foi et de la discipline dans les diocèses dépendans de leur métropole.

15. Ils connoîtront des réclamations et des plaintes portées contre la conduite et les décisions des évêques suffragans.

SECTION III.

Des Evêques, des Vicaires généraux, et des Séminaires.

16. On ne pourra être nommé évêque avant l'âge de trente ans, et si on n'est originaire français.

17. Avant l'expédition de l'arrêté de nomination, celui ou ceux qui seront proposés, seront tenus de rapporter une attestation de bonne vie et mœurs, expédiée par l'évêque dans le diocèse duquel ils auront exercé les fonctions du ministère ecclésiastique; et ils seront examinés sur leur doctrine par un évêque et deux prêtres, qui seront commis par le premier consul, lesquels adresseront le résultat de leur examen au conseiller d'état chargé de toutes les affaires concernant les cultes.

18. Le prêtre nommé par le premier consul fera les diligences pour rapporter l'institution du pape.

Il ne pourra exercer aucune fonction avant que la bulle portant son institution ait reçu l'attache du gouvernement, et qu'il ait prêté en personne le serment prescrit par la convention passée entre le gouvernement français et le saint-siége.

Ce serment sera prêté au premier consul; il en sera dressé procès-verbal par le secrétaire d'état.

19. Les évêques nommeront et institueront les curés; néanmoins, ils ne manifesteront leur nomination, et ils

ne donneront l'institution canonique , qu'après que cett
nomination aura été agréée par le premier consul.

20. Ils seront tenus de résider dans leurs diocèses ; il
ne pourront en sortir qu'avec la permission du premie
consul.

21. Chaque évêque pourra nommer deux vicair
généraux, et chaque archevêque pourra en nomme
trois : ils les choisiront parmi les prêtres ayant les qualité
requises pour être évêques.

22. Ils visiteront annuellement et en personne un
partie de leur diocèse, et dans l'espace de cinq ans, l
diocèse entier.

En cas d'empêchement légitime, la visite sera fait
par un vicaire général.

23. Les évêques seront chargés de l'organisation d
leurs séminaires, et les réglemens de cette organisatio
seront soumis à l'approbation du premier consul.

24. Ceux qui seront choisis pour l'enseignement dan
les séminaires, souscriront la déclaration faite par le clergé
de France en 1682, et publiée par un édit de la même
année : ils se soumettront à y enseigner la doctrine qui
y est contenue, et les évêques adresseront une expédition en forme de cette soumission, au conseiller d'état
chargé de toutes les affaires concernant les cultes.

25. Les évêques enverront, toutes les années, à ce
conseiller d'état, le nom des personnes qui étudieront
dans les séminaires, et qui se destineront à l'état ecclésiastique.

26. Ils ne pourront ordonner aucun ecclésiastique ,
s'il ne justifie d'une propriété produisant au moins un
revenu annuel de trois cents francs , s'il n'a atteint l'âge
de vingt-cinq ans, et s'il ne réunit les qualités requises
par les canons reçus en France.

Les évêques ne feront aucune ordination avant que
le nombre des personnes à ordonner ait été soumis au
gouvernement, et par lui agréé.

SECTION IV.

Des Curés.

27. Les curés ne pourront entrer en fonctions qu'a-près avoir prêté, entre les mains du préfet, le serment prescrit par la convention passée entre le gouvernement et le saint-siége. Il sera dressé procès-verbal de cette prestation, par le secrétaire général de la préfecture, et copie collationnée leur en sera délivrée.

28. Ils seront mis en possession par le curé ou le prêtre que l'évêque désignera.

29. Ils seront tenus de résider dans leurs paroisses.

30. Les curés seront immédiatement soumis aux évê-ques dans l'exercice de leurs fonctions.

31. Les vicaires et desservans exerceront leur ministère sous la surveillance et la direction des curés.

Ils seront approuvés par l'évêque, et révocables par lui.

32. Aucun étranger ne pourra être employé dans les fonctions du ministère ecclésiastique, sans la permission du gouvernement.

33. Toute fonction est interdite à tout ecclésiastique, même français, qui n'appartient à aucun diocèse.

34. Un prêtre ne pourra quitter son diocèse pour aller desservir dans un autre, sans la permission de son évêque.

SECTION V.

Des Chapitres cathédraux, et du gouvernement des Diocèses pendant la vacance du siége.

35. Les archevêques et évêques qui voudront user de la faculté qui leur est donnée d'établir des chapitres, ne pourront le faire sans avoir rapporté l'autorisation du gouvernement, tant pour l'établissement lui-même que pour le nombre et le choix des ecclésiastiques destinés à les former.

36. Pendant la vacance des siéges, il sera pourvu par le métropolitain, et, à son défaut, par le plus ancien des évêques suffragans, au gouvernement des diocèses.

Les vicaires généraux de ces diocèses continueront

leurs fonctions, même après la mort de l'évêque, jusqu'à son remplacement.

37. Les métropolitains, les chapitres cathédraux, seront tenus, sans délai, de donner avis au gouvernement de la vacance des siéges, et des mesures qui auront été prises pour le gouvernement des diocèses vacans.

38. Les vicaires généraux qui gouverneront pendant la vacance, ainsi que les métropolitains ou capitulaires, ne se permettront aucune innovation dans les usages et coutumes des diocèses.

TITRE III.

Du Culte.

39. Il n'y aura qu'une liturgie et un catéchisme pour toutes les églises catholiques de France.

40. Aucun curé ne pourra ordonner des prières publiques extraordinaires dans sa paroisse, sans la permission spéciale de l'évêque.

41. Aucune fête, à l'exception du dimanche, ne pourra être établie sans la permission du gouvernement.

42. Les ecclésiastiques useront, dans les cérémonies religieuses, des habits et ornemens convenables à leur titre : ils ne pourront dans aucun cas, ni sous aucun prétexte, prendre la couleur et les marques distinctives réservées aux évêques.

43. Tous les ecclésiastiques seront habillés à la française et en noir.

Les évêques pourront joindre à ce costume, la croix pastorale et les bas violets.

44. Les chapelles domestiques, les oratoires particuliers, ne pourront être établis sans une permission expresse du gouvernement, accordée sur la demande de l'évêque.

45. Aucune cérémonie religieuse n'aura lieu hors des édifices consacrés au culte catholique, dans les villes où il y a des temples destinés à différens cultes.

46. Le même temple ne pourra être consacré qu'à un même culte.

47. Il y aura, dans les cathédrales et paroisses, une place distinguée pour les individus catholiques qui remplissent les autorités civiles et militaires.

48. L'évêque se concertera avec le préfet pour régler la manière d'appeler les fidèles au service divin par le son des cloches. On ne pourra les sonner pour tout autre cause, sans la permission de la police locale.

49. Lorsque le gouvernement ordonnera des prières publiques, les évêques se concerteront avec le préfet et le commandant militaire du lieu, pour le jour, l'heure et le mode d'exécution de ces ordonnances.

50. Les prédications solennelles, appelées *sermons*, et celles connues sous le nom de *stations* de l'avent et du carême, ne seront faites que par des prêtres qui en auront obtenu une autorisation spéciale de l'évêque.

51. Les curés, aux prônes des messes paroissiales, prieront et feront prier pour la prospérité de la république française et pour les consuls.

52. Ils ne se permettront dans leurs instructions, aucune inculpation directe ou indirecte, soit contre les personnes, soit contre les autres cultes autorisés dans l'état.

53. Ils ne feront au prône aucune publication étrangère à l'exercice du culte, si ce n'est celles qui seront ordonnées par le gouvernement.

54. Ils ne donneront la bénédiction nuptiale qu'à ceux qui justifieront, en bonne et due forme, avoir contracté mariage devant l'officier civil.

55. Les registres tenus par les ministres du culte, n'étant et ne pouvant être relatifs qu'à l'administration des sacremens, ne pourront, dans aucun cas, suppléer les registres ordonnés par la loi pour constater l'état civil des Français.

56. Dans tous les actes ecclésiastiques et religieux, on sera obligé de se servir du calendrier d'équinoxe établi par les lois de la république; on désignera les jours par les noms qu'ils avoient dans le calendrier des solstices.

57. Le repos des fonctionnaires publics sera fixé au dimanche.

TITRE IV.

De la circonscription des Archevêchés, des Évêchés et des Paroisses ; des édifices destinés au Culte, et du traitement des Ministres.

SECTION PREMIÈRE.

De la circonscription des Archevêchés et des Évêchés.

58. Il y aura en France dix archevêchés ou métropoles, et cinquante évêchés.

59. La circonscription des métropoles et des diocèses sera faite conformément au tableau ci-joint.

SECTION II.

De la circonscription des Paroisses.

60. Il y aura au moins une paroisse par justice de paix.

Il sera en outre établi autant de succursales que le besoin pourra l'exiger.

61. Chaque évêque, de concert avec le préfet, réglera le nombre et l'étendue de ees succursales. Les plans arrêtés seront soumis au gouvernement, et ne pourront être mis à exécution sans son autorisation.

62. Aucune partie du territoire français ne pourra être érigée en cures ou en succursales sans l'autorisation expresse du gouvernement.

63. Les prêtres desservant les succursales sont nommés par les évêques.

SECTION III.

Du traitement des Ministres.

64. Le traitement des archevêques sera de 15,000 fr.

65. Le traitement des évêques sera de 10,000 fr.

66. Les curés seront distribués en deux classes.

Le traitement des curés de la première classe sera porté à 1,500 fr.; celui des curés de la seconde classe à 1,000 fr.

67. Les pensions dont ils jouissent en exécution des lois de l'assemblée constituante, seront précomptées sur leur traitement.

Les conseils généraux des grandes commun es pourront

ur leurs biens ruraux ou sur leurs octrois, leur accorder une augmentation de traitement, si les circonstances, l'exigent.

68. Les vicaires et desservans seront choisis parmi les ecclésiastiques pensionnés en exécution des lois de l'assemblée constituante.

Le montant de ces pensions et le produit des oblations formeront leur traitement.

69. Les évêques rédigeront les projets de réglemens relatifs aux oblations que les ministres du culte sont autorisés à recevoir pour l'administration des sacremens. Les projets de réglemens rédigés par les évêques, ne pourront être publiés, ni autrement mis à exécution, qu'après avoir été approuvés par le gouvernement.

70. Tout ecclésiastique pensionnaire de l'état, sera privé de sa pension, s'il refuse, sans cause légitime, les fonctions qui pourront lui être confiées.

71. Les conseils généraux de département sont autorisés à procurer aux archevêques et aux évêques un logement convenable.

72. Les presbytères et les jardins attenans, non aliénés, seront rendus aux curés et aux desservans des succursales. A défaut de ces presbytères les conseils généraux des communes sont autorisés à leur procurer un logement et un jardin.

73. Les fondations qui ont pour objet l'entretien des ministres et l'exercice du culte, ne pourront consister qu'en rentes constituées sur l'état : elles seront acceptées par l'évêque diocésain, et ne pouront être exécutées qu'avec l'autorisation du gouvernement.

74. Les immeubles, autres que les édifices destinés au logement et les jardins attenans, ne pourront être affectés à des titres ecclésiastiques, ni possédés par les ministres du culte à raison de leurs fonctions.

SECTION IV.

Des édifices destinés au Culte.

75. Les édifices anciennement destinés au culte catholique, actuellement dans les mains de la nation, à raison

d'un édifice par cure et par succursale, seront mis à l disposition des évêques par arrêtés du préfet du dépar tement. Une expédition de ces arrêtés sera adressée a conseiller d'état chargé de toutes les affaires concernan les cultes.

76. Il sera établi des fabriques pour veiller à l'entretie et à la conservation des temples, à l'administration d aumônes.

77. Dans les paroisses où il n'y aura point d'édifi disponible pour le culte, l'évêque se concertera avec l préfet pour la désignation d'un édifice convenable.

Tableau de la circonscription des nouveaux Archu vêchés et Evêchés de la France.

PARIS, *archevêché*, comprendra dans son diocèse le dépar
    tement de la Seine;
   Troyes, l'Aube et l'Yonne;
   Amiens, la Somme et l'Oise;
   Soissons, l'Aisne;
   Arras, le Pas-de-Calais;
   Cambray, le Nord;
   Versailles, Seine et-Oise, Eure-et-Loir;
   Meaux, Seine-et-Marne, Marne;
   Orléans, Loiret, Loir-et-Cher.

MALINES, *archevêché*, les Deux-Nèthes, la Dyle;
   Namur, Sambre-et-Meuse;
   Tournay, Jemmape;
   Aïx-la-Chapelle, la Roer, Rhin-et-Moselle;
   Trèves, la Sarre;
   Gand, l'Escaut, la Lys;
   Liége, Meuse-Inférieure, Ourthe;
   Mayence, Mont-Tonnerre.

BESANÇON, *archevêché*, Haute-Saône, le Doubs, le Jura
   Autun, Saône-et-Loire, la Nièvre;
   Metz, la Moselle, les Forêts, les Ardennes;
   Strasbourg, Haut-Rhin, Bas-Rhin;
   Nancy, la Meuse, la Meurthe, les Vosges;
   Dijon, Côte-d'Or, Haute-Marne.

LYON, *archevéché*, le Rhône, la Loire, l'Ain ;
  MENDE, l'Ardèche, la Lozère ;
  GRENOBLE, l'Isère ;
  VALENCE, la Drôme ;
  CHAMBÉRY, le Mont-Blanc, le Léman.

AIX, *archevéché*, le Var, les Bouches-du-Rhône ;
  NICE, Alpes Maritimes ;
  AVIGNON, Gard, Vaucluse ;
  AJACCIO, le Golo, le Liamone ;
  DIGNE, Hautes-Alpes, Basses-Alpes.

TOULOUSE, *archevéché*, Haute-Garonne, Ariége ;
  CAHORS, le Lot, l'Aveyron ;
  MONTPELLIER, l'Hérault, le Tarn ;
  CARCASSONNE, l'Aude, les Pyrénées-Orientales ;
  AGEN, Lot-et-Garonne, le Gers ;
  BAÏONNE, les Landes, Hautes-Pyrénées, Basses-Pyrénées.

BORDEAUX, *archevéché*, la Gironde ;
  POITIERS, les Deux-Sèvres, la Vienne ;
  LA ROCHELLE, la Charente-Inférieure, la Vendée ;
  ANGOULÊME, la Charente, la Dordogne.

BOURGES, *archevéché*, le Cher, l'Indre ;
  CLERMONT, l'Allier, le Puy-de-Dôme ;
  SAINT-FLOUR, la Haute-Loire, le Cantal ;
  LIMOGES, la Creuse, la Corrèze, la Haute-Vienne.

TOURS, *archevéché*, Indre-et-Loire ;
  LE MANS, Sarthe, Mayenne ;
  ANGERS, Maine-et-Loire ;
  NANTES, Loire-Inférieure ;
  RENNES, Ille-et-Vilaine ;
  VANNES, le Morbihan ;
  SAINT-BRIEUX, Côtes-du-Nord ;
  QUIMPER, le Finistère.

ROUEN, *archevéché*, la Seine-Inférieure ;
  COUTANCES, la Manche ;
  BAYEUX, le Calvados ;
  SÉEZ, l'Orne ;
  ÉVREUX, l'Eure.

Arrêté relatif aux attributions du conseiller d'état qui sera chargé des affaires concernant les cultes.

Du 14 vendémiaire an X.

Les consuls de la république, le conseil d'état entendu, arrêtent :

ART. 1. Il y aura auprès du gouvernement un conseiller d'état chargé de toutes les affaires concernant les cultes.

2. Ce conseiller d'état travaillera directement avec les consuls.

3. Ses attributions seront :

1°. De présenter les projets de lois, réglemens, arrêtés et décisions touchant la matière des cultes ;

2°. De proposer à la nomination du premier consul les sujets propres à remplir les places des ministres des différens cultes ;

3°. D'examiner, avant leur publication en France, tous les rescrits, bulles et brefs de la cour de Rome ;

4°. D'entretenir toute correspondance intérieure relative à ces objets.

4. Les ministres des relations extérieures, de l'intérieur, etc.

Arrêté relatif aux formalités à observer par le cardinal Caprara, légat à latere, *pour l'exercice des facultés énoncées dans la bulle du 6 frucidor an IX.*

Du 18 germinal an X.

Les consuls de la république, sur le rapport du conseiller d'état chargé de toutes les affaires concernant les cultes, le conseil d'état entendu ;

Arrêtent ce qui suit :

ART. 1. Le cardinal Caprara, envoyé en France avec le titre de légat *à latere*, est autorisé à exercer les facultés énoncées dans la bulle donnée à Rome, le lundi 6 fructidor an IX, à la charge de se conformer entièrement aux règles et usages observés en France en pareil cas ; savoir :

1º. Il jurera et promettra, suivant la forme usitée, de se conformer aux lois de l'état et aux libertés de l'Eglise gallicane, et de cesser ses fonctions quand il en sera averti par le premier consul de la république;

2º. Aucun acte de la légation ne pourra être rendu public, ni mis à exécution sans la permission du gouvernement;

3º. Le cardinal légat ne pourra commettre ni déléguer personne sans la même permission;

4º. Il sera obligé de tenir ou faire tenir registre de tous les actes de la légation;

5º. Sa légation finie, il remettra ce registre et le sceau de sa légation au conseiller d'état chargé de toutes les affaires concernant les cultes, qui le déposera aux archives du gouvernement;

6º. Il ne pourra, après la fin de sa légation, exercer directement ni indirectement, soit en France, soit hors de France, aucun acte relatif à l'Eglise gallicane.

2. La bulle du pape, contenant les pouvoirs du cardinal légat, sera transcrite en latin et en français sur les registres du conseil d'état, et mention en sera faite sur l'original, par le secrétaire du conseil d'état; elle sera insérée au Bulletin des lois.

Arrêté relatif aux pensions ecclésiastiques non liquidées pour défaut de promesse ou de prestation de serment.

Du 3 prairial an X.

ART. 1. Les prêtres français qui, faute d'avoir fait les promesses ou prêté les sermens ordonnés par les lois antérieures, seroient dans le cas de perdre la pension ecclésiastique à laquelle ils pouvoient avoir droit de prétendre, seront admis pendant une année, à compter de ce jour, à faire liquider leur pension en justifiant qu'ils sont réunis à leur évêque, conformément à la loi du 18 germinal dernier.

Le défaut de prestation des anciennes promesses ou sermens ne pourra être opposé aux ex-religieuses comme obstacle à la liquidation de leurs pensions. Les pensions ne courront qu'à dater du jour de la liquidation.

2. Les ministres de la justice, de l'intérieur, etc.

Arrêté portant suppression des ordres monastiqu
et congrégations régulières dans les départemens d
la Sarre, de la Roer, du Rhin-et-Moselle et d
Mont-Tonnerre.

Du 20 prairial an X.

ART. 1. Les ordres monastiques, les congrégation
régulières, les titres et établissemens ecclésiastiques, autr
que les évêchés, les cures, les chapitres cathédraux et l
séminaires établis ou à établir conformément à la l
du 18 germinal dernier, sont supprimés dans les quat
départemens de la Sarre, de la Roer, du Rhin-el
Moselle et du Mont-Tonnerre.

2. Tous les biens, de quelque espèce qu'ils soient
appartenants tant aux ordres, congrégations, titres
établissemens supprimés, qu'aux évêchés, cures, chapitr
cathédraux et séminaires dont la loi du 18 germin
dernier ordonne ou permet l'établissement, sont mis so
la main de la nation.

3. Pour prévenir toute distraction des effets, registres
titres et papiers des ordres, des congrégations, des titr
et établissemens supprimés, ainsi que des évêchés, d
cures, des chapitres cathédraux et des séminaires main
tenus en vertu de la loi du 18 germinal dernier, le com
missaire général des quatre départemens réunis fer
apposer les scellés sur lesdits effets, registres, titres.
papiers par des commissaires qu'il déléguera à cet effet
et dont il réglera les opérations de manière que l'appo
sition des scellés ait lieu partout le même jour et à'l
même heure, et que cette mesure soit prise avant la publi
cation du présent arrêté.

4. Les préfets nommeront des commissaires qui, aidé
par des employés de la régie des domaines nationaux
se transporteront sur les lieux; et, après avoir fait la levé
des scellés, s'y feront représenter tous les registres e
comptes de régie, les arrêteront, et formeront un résultat
des revenus et des époques de leur échéance; dresseront
sur papier libre et sans frais, un état et description som
maire de l'argenterie des églises et chapelles, effets de sacri

fie, bibliothèques, livres, manuscrits, médailles et tableaux, en présence des possesseurs actuels, dont ils recevront les déclarations sur l'état présent de leurs maisons, leurs possessions foncières, rentes constituées ou provenant de capitaux placés, dettes mobiliaires et immobiliaires, et des titres qui les constatent.

5. Les mêmes commissaires feront aussi dresser un état des ecclésiastiques, religieux, religieuses, chanoines et chanoinesses de chaque maison, et de ceux et de celles qui s'y trouvent affiliés, avec leurs noms, leur âge et le lieu de leur naissance.

Tous ces états et déclarations seront certifiés véritables, et signés par chacun des individus intéressés, lesquels seront solidairement responsables de la fidélité de leur contenu.

6. La régie enverra, dans le plus court délai, au ministre des finances, une expédition des procès-verbaux et des états ci-dessus prescrits.

7. L'administration de tous les biens mentionnés dans l'art. 11 est confiée, dès ce moment, à ladite régie des domaines nationaux, et tous leurs produits seront versés dans sa caisse.

En conséquence, le ministre des finances désignera un des administrateurs de la régie du domaine national pour se transporter sur les lieux, et y prendre toutes les mesures propres à assurer la conservation et la bonne administration des biens réunis au domaine national par le présent arrêté.

8. Les comptes desdits ecclésiastiques, religieux, religieuses, chanoines et chanoinesses, ainsi que ceux de leurs fermiers et locataires, seront communiqués aux maires et sous-préfets, pour être ensuite vérifiés et apurés par ladite régie.

9. Il est sursis à l'instruction et au jugement de toutes causes, instances et procès mus et à mouvoir, ainsi qu'à toutes saisies-exécutions, ventes de fruits et de meubles, et autres poursuites quelconques dirigées contre lesdits établissemens ; et tous les meubles et effets mobiliers qui pourroient avoir été saisis, seront laissés à la garde

de la régie, qui en rendra compte, ainsi et à qui il appar
tiendra.

10. Les poursuites mentionnées dans l'article précédent
ne pourront être reprises, s'il y a lieu, que dans les form
prescrites par la loi du 5 novembre 1790, et autres loi
relatives.

· 11. Conformément à la loi du 18 germinal dernier
sont laissés à la disposition des évêques, curés et prêtre
desservans, les presbytères et jardins y attenans, les édi
fices où s'exerce le culte catholique, les maisons épis
pales et jardins y attenans, les maisons canoniales de
chapitres cathédraux, et les bâtimens servant aux sémi
naires, dans les communes où la loi du 18 germinal dernier établit des évêchés. Néanmoins il y sera fait inventai
de tous les objets composant le mobilier des églises, don
les curés et les supérieurs ecclésiastiques demeureront responsables.

12. Les membres des maisons ou établissemens sup
primés, qui sont nés sur le territoire de la république
et qui continueront de l'habiter, recevront une pensio
annuelle ; savoir,

De 600 fr. pour chacun des individus qui ont soixant
ans accomplis, et de 500 fr. pour tous ceux d'un âg
inférieur.

13. Dans la décade qui suivra le jour de la publicatio
du présent arrêté, les membres des établissemens sup
primés sont tenus d'évacuer les maisons nationales qu'il
occupent.

14. A compter de cette époque, il ne sera plus permi
aux réguliers de porter le costume de leur ordre.

15. Chacun d'eux pourra, en quittant la maison
laquelle il se trouve attaché, emporter le mobilier de l
chambre ou cellule, ainsi que les linges, et généralemen
tous les meubles et effets qui auront été jusqu'alors à son
usage exclusif ou personnel.

16. Les linges, meubles ou effets dont l'usage aura été
commun entre les membres d'une ou de plusieurs desdites
maisons, autres que les effets inventoriés en exécution de
l'article 3, seront partagés entr'eux.

17. Quant aux individus appartenant aux maisons et établissemens supprimés, qui sont nés sur le territoire tranger, ils seront tenus de passer sur la rive droite du hin, et ils recevront la somme de 150 fr.; une fois payée, pour frais de conduite.

18. Toutes quittances ou reconnoissances de paiemens prétendus faits par anticipation à tous les ci-devant ecclésiastiques, religieux ou religieuses, membres de chapitres, congrégations, séminaires ou corporations, réguliers ou séculiers dans les quatre départemens, par les fermiers, locataires, emphytéotes ou arrentataires des biens dont ils ont cessé ou cesseront d'avoir la jouissance ensuite des arrêtés des commissaires généraux dans ces départemens, en date des 7 germinal an VI et 9 vendémiaire an VII, ou de l'arrêté de ce jour, sont nulles et de nul effet.

19. Les lois relatives à l'administration, aux baux et à la vente des biens nationaux de l'ancien territoire, ainsi qu'à la liquidation et au paiement des dettes dont ils étoient grevés, seront publiées, si fait n'a été, dans lesdits départemens, pour y être appliquées aux biens dépendans desdites maisons ou établissemens.

20. Sont exceptés des dispositions du présent arrêté, les établissemens dont l'institut même a pour objet unique l'éducation publique ou le soulagement des malades, et qui, à cet effet, tiennent réellement, en dehors, des écoles ou des salles de malades : ces établissemens conserveront les biens dont ils jouissent, lesquels seront administrés d'après les lois existantes dans les autres parties de la république.

21. Le commissaire général des quatre départemens réunis choisira, en outre, parmi les ci-devant couvens ou monastères de filles, six des maisons les plus vastes et les mieux entretenues, lesquelles seront réservées pour servir de retraite aux ci-devant religieuses, qui, quel que soit l'ordre auquel elles auront appartenu, voudront y demeurer ou s'y réunir pour y vivre en commun; sans toutefois que leur réunion puisse être considérée comme corporation monastique, ou comme une continuation de conventualité. Il choisira également quatre couvens des plus vastes,

pour contenir les religieux de tout ordre, ayant plus de soixante-dix ans, et qui voudroient vivre en commun.

22. Le commissaire général des quatre départemens réunis se concertera avec le ministre des finances pour la publication des lois sur cette matière qu'il seroit nécessaire d'y faire exécuter.

Décret impérial contenant réglement sur une nouvelle circonscription des succursales.

Au palais de Saint-Cloud, le 11 prairial an XII.

ART. 1. Conformément aux art. 60 et 61 de la loi du 18 germinal an X, les évêques, de concert avec les préfets, procéderont à une nouvelle circonscription des succursales, de manière que leur nombre ne puisse excéder les besoins des fidèles.

2. Les préfets demanderont l'avis des communes intéressées, à l'effet de connoître les localités et toutes les circonstances qui pourront déterminer la réunion des communes susceptibles de former un seul territoire dépendant de la même succursale.

3. Les plans de la nouvelle circonscription seront adressés au conseil d'état chargé de toutes les affaires concernant les cultes, et ils ne pourront être mis à exécution qu'en vertu d'un décret impérial.

4. Jusqu'à ce que les nouveaux plans de circonscription aient été rendus exécutoires, les desservans des succursales existantes et provisoirement approuvées, jouiront, à dater du 1er. messidor prochain, d'un traitement annuel de 500 fr.; au moyen duquel traitement, ils n'auront rien à exiger des communes, si ce n'est le logement, aux termes de l'art. 72 de la loi du 18 germinal an X.

5. Le montant des pensions dont jouissent les desservans, sera précompté sur celui de leur traitement.

6. Les traitemens des desservans seront payés par trimestre.

Les évêques donneront avis de la nomination des desservans au conseiller d'état chargé de toutes les affaires concernant les cultes, et aux préfets.

A compter du 1er. vendémiaire an XIII, les curés et les desservans seront munis d'un brevet de traitement, signé par l'archi-trésorier de l'Empire : ils seront payés de leur traitement sur la présentation de ce brevet.

7. Le premier jour de chaque trimestre, le conseiller d'etat chargé de toutes les affaires concernant les cultes, remettra l'état des desservans qui existoient le premier jour du trimestre précédent. Cet état présentera le montant de leur traitement, et celui des pensions dont ils jouissent.

8. Le payeur de chaque département soldera les traitemens des desservans, sur l'état ordonnancé par le préfet et dressé par l'évêque.

Décret impérial qui dispense les hospices du paiement du droit exigé pour l'érection d'oratoires particuliers.

Au palais de Saint-Cloud, le 17 messidor an XII.

ART. 1. Le droit exigé pour la permission d'ériger des oratoires particuliers pour l'exercice du culte, ne sera pas perçu sur les hospices et autres établissemens de charité qui ont obtenu ou obtiendront des permissions de cette nature.

2. Le ministre de l'intérieur, etc.

Décret impérial qui nomme M. le conseiller d'état Portalis ministre des cultes.

Au palais de Saint-Cloud, le 21 messidor an XII.

Décret impérial concernant l'impression des livres d'église, des heures et des prières.

Au palais de Saint-Cloud, le 7 germinal an XIII.

ART. 1. Les livres d'église, les heures et prières ne pourront être imprimés ou réimprimés que d'après la permission donnée par les évêques diocésains ; laquelle permission sera textuellement rapportée et imprimée en tête de chaque exemplaire.

2. Les imprimeurs, libraires, qui feroient imprimer, réimprimer des livres d'église, des heures ou prières, sans avoir obtenu la permission, seront poursuivis conformément à la loi du 19 juillet 1793.

Décret impérial qui ordonne la publication du décret exécutorial concernant la nouvelle circonscription des diocèses du Piémont.

Au palais de Saint-Cloud, le 8 germinal an XIII.

DÉCRET EXÉCUTORIAL.

Nous Jean-Baptiste Caprara cardinal prêtre de la sainte Eglis romaine, du titre de Saint-Honuphre, archevêque de Milan, obéissant aux ordres de notre saint père, et par l'autorité apostolique, spéciale et expresse qu'il nous a confiée, tant dans ses précédentes lettres que dans le rescript de son audience du 27 juillet 1803; considérant la résignation que les évêques de Casal, d'Aoste, de Pignerolle, d'Albe, de Tortone et de Bielle, ont faite de leu siéges entre les mains de sa sainteté; après avoir admis et accepté la résignation que chacun d'eux a donnée, nous les absolvons et délions au nom de sa sainteté, et de son autorité spéciale et expresse, du lien par lequel ils étoient respectivement attachés à leurs églises; considérant pareillement le consentement donné par les chapitres, tant des églises de Fossano, de Bobbio et de Suse, qui sont actuellement vacantes, que des autres églises ci-dessus nommées, tenant pour exprimé et entièrement inséré, tout ce qui devrait être exprimé et inséré dans le présent décret exécutorial des lettres apostoliques, nous supprimons, annulons et éteignons pour toujours le titre, la dénomination et tout l'état actuel des susdites églises de Suse, de Pignerolle, de Fossano, d'Albe, de Tortone, de Bobbio, de Casal, de Bielle et d'Aoste, ainsi que les abbayes dites de Saint-Benigne, de Fructuaria, de Saint-Michel de Clusa, de Saint-Victor et Saint-Constance, de Saint-Maur et de Caramagna, lesquelles, ainsi qu'on nous l'a dit, ne sont d'aucun diocèse, mais jouissent, dans leurs territoires respectifs, de la juridiction ordinaire, ou comme ordinaire, pour la suppression desquelles abbayes nous avons eu le consentement de tous les intéressés. Nous supprimons lesdites églises et abbayes avec leurs chapitres respectifs, soit de cathédrale, soit abbatiaux, avec leurs droits, priviléges et prérogatives quelconques, de telle sorte que lesdits évêchés et abbayes devront, à l'avenir, être regardés comme n'existant plus dans leur premier état; sauf les

droits de cure et de paroisse attachés aux églises cathédrales et abbatiales supprimées, si elles avoient de tels droits, lesquels subsisteront
en leur état ; sauf tous les biens et revenus appartenant à la congrue
du curé et de ses coopérateurs, en conservant encore dans leur
entier, et sans aucune diminution, les biens, possesions et revenus
des mêmes églises supprimées, et de leurs chapitres, clergés, séminaires, collégiales, paroisses, fabriques, et autres établissemens
pieux, en quelque lieu et diocèse qu'ils se trouvent, même quand
ils seroient dans les pays soumis à une domination étrangère ; lesquels
biens seront, ainsi qu'il est ordonné par sa sainteté dans les susdites
lettres apostoliques, en ce qui concerne les menses et chapitres des
églises épiscopales et abbatiales qui ont été, ainsi que dessus, supprimées, et leurs séminaires, unis aux huit églises qui subsisteront
dans la province actuelle du Piémont qui est maintenant soumise au
gouvernement de la république française, et à leurs chapitres, clergés,
fabriques et séminaires, lesquels y seront fermement établis selon
les besoins et l'utilité de chacun de ces établissemens, et après en
voir conféré avec le gouvernement de la même république. Il sera
donné à ceux des évêques et abbés des églises supprimées, qui ne
seront point transférés aux églises conservées dans la province du
Piémont, un revenu convenable pour soutenir leur dignité conformément aux saints canons. On donnera aux chanoines des mêmes
églises supprimées, un revenu égal, quant à la valeur, à celui qu'ils
auroient dû recevoir de leurs prébendes respectives, si elles étoient
demeurées en leur état, pourvu qu'ils continuent de servir leurs
églises ci-devant cathédrales et abbatiales, de manière à faire honorer
le culte divin et à édifier le peuple chrétien.

. Et comme il y a, dans la province de Piémont, des lieux qui
dépendent de la juridiction ordinaire d'autres prélats et ordinaires
qui ont leurs sièges et leurs églises hors des limites de ladite province, comme la prévôté curiale de Frasassinett, et la paroisse dite
de Valmaeca, qui, jusqu'à présent, étoient gouvernées par l'archevêque siégeant de Milan, comme les autres parties de son diocèse ;
plusieurs paroisses du département de Tanaro, dont les unes sont
soumises, quant au spirituel, à l'archevêque de Gênes, d'autres
à l'archevêque évêque de Pavie, et aux évêques de Savone et de
Noli ; plusieurs du département de Marengo, dont les unes sont
pareillement soumises audit archevêque-évêque de Pavie, et quelques-unes à l'évêque de Plaisance ; d'autres, dans le département de
la Sésia, dont les unes sont soumises à l'évêque de Novarre, et
quelques-unes sont du diocèse d'Albingue ; et comme notre très-
saint-père a jugé utile que le soin des ames chrétiennes qui sont
dans ces paroisses et divers lieux, fût confié aux évêques de la susdite province du Piémont, ayant auparavant reçu le consentement
respectif des ordinaires pour la cession et le démembrement des
susdites paroisses, par l'autorité apostolique spéciale et expresse qui

nous est confiée, nous soustrayons, délions et séparons les susme
tionnées paroisses, et toutes celles de la province de Piémont, q'
n'ayant point été mentionnées, se trouveroient soumises au gouver
nement spirituel d'ordinaires étrangers, suppléant, quant à c
dernières, par l'autorité apostolique, ou consentement de ceux q
y seroient intéressés et n'auroient point été entendus, de toute juri
diction quelconque, ordinaire et déléguée, de toute sujétion, visit
correction; nous les déclarons affranchies de tout droit quelcon
que pouvoient prétendre les archevêques de Milan et de Gênes
l'archevêque-évêque de Pavie, les évêques de Noli, Plaisance
Novarre et Albingue, et de tous autres ordinaires étrangers, ai
que des chapitres respectifs des métropoles et des cathédrales
maintenant néanmoins en l'état la propriété des biens, possessio
et revenus quelconques provenant des paroisses et territoires ai
séparés d'un diocése et affranchis de la juridiction des ordin
étrangers, en faveur des ordinaires, chapitres, collégiales, séminair
fabriques, clergés et autres établissemens pieux quelconques auxqu
ces biens ont appartenu jusqu'à présent.

Au moyen de ces nouvelles dispositions établies par l'autori
apostolique, le nombre des siéges épiscopaux étant diminué,
devient nécessaire de changer aussi les limites des autres diocèses
et, dans ce changement, sa sainteté désire surtout que l'on
égard, autant qu'il est possible, à la convenance des lieux et à
commodité des fidèles. Pour répondre à ses vues, il faut, lorsqu'
évêque acquiert d'un côté une grande portion de territoire
l'union d'un diocèse supprimé qu'on lui retranche de l'autre côt
quelques portions de pays qui seront attribuées à l'évêque le pl
voisin; et par ce moyen, on rendra à-peu-près égales les étendu
de tous les diocèses.

On a demandé aux évêques qui doivent perdre par cet arrangemen
une portion de leur diocèse, leur consentement, qu'ils ont donné
après l'avoir reçu, nous avons cessé d'examiner attentivement
nouvelle circonscription proposée; nous avons pris tous les jours
nouvelles informations, pour que la division et l'égalité des diocè
répondissent, le mieux possible, aux désirs ci-dessus exposés de
sainteté. Tel étant notre objet dans la fixation des limites de chaqu
diocèse; si, par hasard, outre les paroisses à la soustraction des
quelles les ordinaires dont elles dépendoient ont consenti, nous
soustrayons d'autres soumises à un supérieur, soit évêque, so
chapitre, dont le consentement n'a pas été requis, nous suppléo
à ce consentement par l'autorité apostolique. Et quant à ces paroisse
qui dépendent maintenant de l'une des huit églises conservées de
la province du Piémont, et que nous assignerons et unirons à
autre diocèse dans la nouvelle circonscription ci-dessous marquée
par les mêmes motifs et la même autorité, nous les séparons e
démembrons de leurs diocèses, de sorte qu'ils soient regardés comm

tant pour toujours affranchies de toute juridiction ordinaire et
déléguée, sujétion, visite, correction, et de tous autres droits quel-
onques des évêques sous la juridiction ordinaire desquels elles ont
té jusqu'à présent, a quelque titre qu'elles y fussent; sauf la pos-
ession et la jouissance des biens et revenus quelconques situés dans
cette partie de territoire qui est retranchée ou qui le sera, en faveur
es églises, des évêques siégeans, des chapitres, séminaires et
tres établissemens pieux et diocèses dont cette partie de territoire
t retranchée et démembrée.

Et pour conserver les secours du gouvernement ecclésiastique
x fidèles de ces lieux qui étoient soumis à la jurisdiction spirituelle
es neuf siéges épiscopaux supprimés, et des cinq abbayes pareille-
ent supprimées, et qui, faisant partie de la province actuelle du
iémont, sont soumis, quant au temporel, à l'Empire français;
n de pourvoir également aux fidèles des lieux et paroisses qui,
tant pareillement situés dans le territoire actuelle de la province de
Piémont, ont été ci-dessus soustraits et affranchis du diocèse et de
a juridiction des ordinaires étrangers; pour ne pas oublier enfin ces
oisses qui ont été séparées des diocèses de quelques évêques de la
ême province dont nous n'avons pas supprimé les siéges, nous
issons et incorporons tous ces lieux, qui étoient compris dans les
euf évêchés et les cinq abbayes supprimés; et toutes les paroisses
tous les lieux soustraits aux ordinaires étrangers et piémontais,
ous les unissons aux églises archiépiscopale et épiscopale qui sub-
steront et devront subsister dans ladite actuelle province de Pié-
ont, et qui seront, pour l'avenir, réduites au nombre de huit:
t cette union sera effectuée en la manière et la quantité qui sera
ar nous déclarée, lorsque nous fixerons la nouvelle circonscription
t les nouvelles limites desdits huit diocèses.

Et quant à ces parties des neuf évêchés supprimés, et des cinq
bbayes pareillement supprimées, ainsi que les huit diocèses qui
sisteront, lesquelles sont peut-être situées hors de ladite pro-
ince de Piémont (et que, par l'autorité apostolique, en vertu du
résent décret, nous séparons et démembrons desdits évêchés,
bbayes et diocèses), nous laissons à sa sainteté le soin de pourvoir
leur gouvernement spirituel, et d'ordonner à leur sujet ce qui lui
aroîtra le plus convenable. Et si, dans tous ces lieux ci-dessus
ésignés, appartenant aux évêchés tant supprimés que non supprimé-
és, et aux abbayes, il existe des biens, des revenus, des posses-
ons, de quelqu'espèce que ce soit, qui dépendoient des évêchés et
es abbayes ci-dessus mentionnés, des chapitres, séminaires, fabri-
es, ou d'autres établissemens pieux quelconques, tous ces revenus
ront conservés sans aucun changement, soit quant à la propriété,
oit quant à la jouissance, en faveur des ordinaires, chapitres, sémi-
aires, fabriques, et autres établissemens pieux des diocèses dont on
retranché ces lieux, en ce qui concerne les huit églises conservées;

et, en faveur des mêmes églises et diocèses conservés, en ce
concerne les neuf évêchés supprimés et les cinq abbayes pareillem
supprimées, mais selon la distribution qui en sera faite par nous,
qui sera fixée ci-après.

Neuf des évêchés de la province de Piémont étant supprimés,
n'en reste plus que huit dans toute l'étendue de cette province
savoir, l'archevêché de Turin et les sept évêchés de Verceil, Ivrée
Aqui, Asti, Mondovi, Alexandrie et Saluces ; il faut maintena
unir et appliquer à ces églises et diocèses les territoires des évêc
et abbayes ci-dessus supprimés, et les diverses parties qui ont
séparées de leurs diocèses respectifs, en la quantité que notre t
saint-père nous a chargés de déterminer, et que nous avons ju
convenable et utile : cette union et application se trouvera développ'
dans la désignation et énumération ci-jointe des lieux et commu
nautés qui composeront dorénavant les territoires respectifs des h
diocèses désignés, desquels lieux et communautés les uns appar
noient anciennement à ces mêmes diocèses, et les autres y sont
maintenant pour la première fois.

C'est pourquoi, par l'autorité apostolique à nous déléguée no
décrétons et ordonnons que le territoire ou diocèse de l'église mét
politaine de Turin et des sept églises cathédrales respectivement
sera tel qu'il est désigné dans le tableau ci-dessous.

Archevêché de TURIN.

Nous réunissons à perpétuité à l'archevêché de *Turin* le dioc
de *Suze*, l'abbaye de *Saint-Michel de la Chiusa*, qui ne dépe
d'aucun diocèse ; les paroisses situées dans le département du P'
qui dépendoient des diocèses d'*Asti*, de *Verceil*, d'*Ivrée*, et d
abbayes de *Saint-Bénigne* et de *Saint-Maur*, et le vicariat forain
Carmagnole; de telle manière que le diocèse de *Turin* compren
à l'avenir tout le département du Pô, à l'exception de la partie de
département qui dépendoit de l'évêché de *Pignerol*, et que no
allons réunir à l'évêché de *Saluces*.

Evêché de SALUCES.

L'ancien évêché de *Pignerol* demeurera perpétuellement uni
l'évêché de *Saluces*, qui comprendra les deux diocèses de *Pigne*
et de *Saluces*, à l'exception du vicariat forain de *Carmagnole*, qu
nous venons de séparer de l'évêché de *Saluces* pour le réunir a
diocèse de *Turin*.

Evêché d'ACQUI.

L'évêché d'*Acqui* comprendra toutes les paroisses et tout le terr
toire que l'archevêché de *Gênes* et les évêchés de *Savone*, de *No*

de *Pavie*, possèdent dans le département du Tanaro. Ainsi, cet
êché conservera tout son ancien territoire, et aura de plus les
rties des diocèses étrangers que nous venons d'y réunir.

Evêché de MONDOVI.

Nous réunissons à cet évêché toutes les paroisses que l'archevêché
Turin, les évêchés de *Fossano*, d'*Asti*, d'*Albe*, et les abbayes de
nt-*Victor* et de *Saint-Constance*, possèdent maintenant dans le
partement de la Stura. Ainsi, cet évêché comprendra non-seu-
ent tout l'ancien diocèse de *Mondovi*, mais encore tout le
partement de la Stura, à l'exception de la partie de ce déparment que nous avons réunie ci-dessus à l'évêché de *Saluces*.

Evêché d'ASTI.

L'évêché d'*Asti* aura pour territoire l'ancien diocèse d'*Albe*, et
es paroisses que l'archevêque de *Turin* et les évêques de *Verceil*,
Ivrée et de *Casal*, possédoient dans le département de Tanaro ;
département sera la limite de ce diocèse, à l'exception de la partie
e nous venons d'assigner à l'évêché d'*Acqui*.

Evêché d'ALEXANDRIE.

Le territoire de l'évêché d'*Alexandrie* comprendra les parties des
êchés de *Casal*, de *Tortone* et de *Bobbio*, ainsi que toutes les
roisses que l'archevêché de *Milan*, et les évêques de *Pavie*, de
aisance, d'*Acqui* et d'*Asti*, possédoient dans le département de
arengo, qui formera lui seul les limites de cet évêché.

Evêché de VERCEIL.

L'évêché de *Bielle* demeure réuni à l'évêché de *Verceil*. Nous y
oignons, en outre, les paroisses que les évêques de *Casal* et de
ovarre possèdent dans le département de la Sésia. Ainsi, le diocèse
e *Verceil* comprend en entier ce même département.

Evêché d'IVRÉE.

Nous réunissons à cet évêché le diocèse d'*Aost* et les paroisses
e l'archevêque de *Turin*, et l'abbaye de *Saint-Bénigne*, de nul
ocèse, possèdent dans le département de la Stura, qui formera
out entier le diocèse d'*Ivrée*.

Ayant ainsi fixé les limites des huit diocèses, nous espérons qu'il
y aura à leur sujet ni disputes ni incertitudes. Si néanmoins il s'en

élevoit, par hasard, on devra en référer à nous, afin qu'en vertu
l'autorité qui nous est accordée dans les susdites lettres, nous p '
sions au plutôt terminer toutes les difficultés.

Cependant de sept églises cathédrales qui devront, à l'av '
subsister dans les provinces de Piémont, quatre, savoir, ce
. de Verceil, d'Acqui, d'Asti, d'Alexandrie, se trouvant actuellem
soumises à la juridiction métropolitaine de l'archevêque de Mil
et, parmi celles qui sont supprimées, trois, savoir, celle d'Al
de Tortone et de Casal, étant soumises à la juridiction du m
archevêque de Milan, et l'église de Bobbio dépendant de la j
diction métropolitaine de l'archevêque de Gênes ; d'ailleurs, n
très-saint père ayant jugé convenable, pour écarter toute difficul
et pour que les affaires ecclésiastiques fussent à tous égards
facilement terminées, de nous donner, dans les susdites let
scellées de plomb, l'autorité d'exempter, avec le consentement
ces mêmes archevêques, lesdites églises restantes, de toute j
diction métropolitaine quelconque, et de les soumettre à perpét
à la juridiction métropolitaine de l'archevêque de Turin ; par
motifs, et en vertu de cette autorité, ayant auparavant remis,
notre qualité d'archevêque actuel de Milan, notre consentem
entre les mains de sa sainteté, nous séparons et exemptons de
juridiction métropolitaine de l'archevêché de Milan, les quatre ég'
subsistantes de Verceil, d'Acqui, d'Asti et d'Alexandrie, et nous
soumettons pour toujours à la juridiction métropolitaine de l'arc
vêque de Turin : de manière que les sept églises subsistantes dans
province de Piémont, seront dorénavant toutes renfermées
l'étendue de la métropole de l'archevêque de Turin ; suppri
et annulant tout droit quelconque, tant de l'archevêque de M'
sur les trois églises d'Albe, de Tortone et de Casal, que de l'ar'
vêque de Gênes (qui a aussi donné son consentement) sur l'ég
de Bobbio, que nous avons supprimée et annulée, ainsi que
trois précédentes, par l'autorité apostolique à nous déléguée.

Et, comme le territoire du métropolitain et des sept évêques
trouvant ainsi étendu, il est inévitable que leurs peines et leurs so
citudes dans l'exercice des fonctions pastorales ne soient multiplié
il est juste de les pourvoir de secours temporels plus abondans : c'
pourquoi, conservant tant à l'église métropolitaine, qu'aux s
églises qui en dépendent dans la province de Piémont, ainsi q
leurs prélats, chapitres, collégiales, clergés, séminaires, fabriq
et autres lieux pieux quelconques, tous leurs revenus, tant proven
des biens et possessions que de toute autre source, sans y ri
changer, et dans l'état où ils se trouvent, et tels que chacune
églises, leurs prélats, clergés et les susdits établissemens pie
ont le droit de les recevoir et de les exiger ; par l'ordre et l'autor
expresse de notre saint-père, conformément à la volonté du go
vernement de l'empire français, nous réunissons et incorporons to

biens, possessions et revenus de quelque espèce et nature qu'ils
ient, qui appartenoient aux menses des neuf évêchés supprimés et
es abbayes pareillement supprimées, et qui provenoient tant des
ux situés dans la province actuelle de Piémont que des lieux
ués hors de ses limites et même en pays étranger, lesquels derniers
ux ont été séparés des diocèses du Piémont soit conservés, soit
pprimés, en réservant à sa sainteté le soin de pourvoir à leur
t futur, nous unissons tous ces biens aux menses de l'église
chiépiscopale et des sept églises épiscopales subsistantes et à leurs
élats. Nous nous réservons cependant de déclarer par un décret
séquent le mode dans lequel cette union et incorporation sera
ite, et la quantité des biens et revenus qui seront assignés à cha-
e de ces églises, et à chacun de leurs évêques, lorsqu'après en
oir conféré avec le siége apostolique et le gouvernement, étant
formés de la qualité et nature des biens et revenus et des besoins
chaque église, nous étant procuré tous les autres renseignemens
ecessaires et utiles, nous pourrons procéder à cette division dans
proportion convenable.

Il sera procédé de la même manière à l'union des biens et revenus
e toute espèce appartenant aux chapitres, séminaires et fabriques
es églises supprimées : on les unira à des établissemens pieux du
ême genre, qui existent déjà dans les diocèses conservés, ou qui
seront établis, ou qui seront respectivement augmentés, déduction
te de toutes les charges provenant de la fondation, pour l'acquit-
ment desquelles ces biens ont été donnés et laissés, en pourvoyant
l'entretien et conservation des églises ci-devant cathédrales et
batiales, et en donnant au clergé nécessaire pour leur service une
ongrue suffisante.

Et pour qu'aucune partie des diocèses soit supprimés, soit
émembrés, ne soit, même pour très-peu de temps, privée du
enfait d'un gouvernement ecclésiastique, par l'autorité apostolique,
spéciale et expresse, nous statuons et ordonnons que tous les ordi-
ires actuels de la province de Piémont continueront de gouverner
ous les lieux et paroisses d'après l'ancien état et l'ancienne circons-
ription des diocèses, jusqu'à ce que les nouveaux ordinaires des
iocèses et de leurs parties selon la nouvelle circonscription que
ous avons faite, se soient mis en possession de les gouverner; de
elle sorte que, dans tous les lieux et paroisses, dès que les susdits
ouveaux ordinaires auront actuellement commencé à les gouverner,
ès cet instant les anciens cesseront de s'immiscer dans leur gouver-
ement.

Nous ordonnons la même chose au sujet des portions de ces
iocèses lesquelles sont situées hors de la province du Piémont,
et qui dépendaient des églises de Piémont ou supprimées ou con-

3

servées; leurs anciens ordinaires continueront de les gouv
jusqu'à ce qu'il y ait été convenablement pourvu par notre Tr
Saint-Père.

Et parce qu'il faudroit donner à chacun des évêques des égl'
conservées le décret de la nouvelle circonscription de leurs dioc'
respectifs, et que, dans ce décret général publié par nous, tout
qui concerne la fixation des nouvelles limites se trouve conten
on donnera à chacun de ces évêques une copie authentique de
même décret, laquelle sera conservée dans les archives de le
églises respectives.

Nous voulons que tout ce qui est contenu dans notre pr
décret, soit inviolablement observé par tous ceux qu'il apparti
nonobstant toute opposition quelconque, même digne d'une menti
spéciale et individuelle, et tous les motifs que sa sainteté a ordo
de regarder comme nuls.

En foi de quoi nous avons ordonné que les présentes, signées
notre main, fussent contresignées par le secrétaire de la légati
apostolique, et scellées du sceau pontifical.

Donné à Paris, en notre résidence, le 23 janvier 1805.

Signé J. B. CAPRARA; J. A. SALA, secrétaire de la légati
apostolique.

Décret impérial qui ordonne la publication d' décret du cardinal Caprara touchant la trans du siége d'Alexandrie à Casal.

Au quartier-général d'Austerlitz, le 16 frimaire an XIV.

ART. 1. Le décret du cardinal Caprara, légat *à latere* auprès
nous, touchant la translation du siége d'Alexandrie à Casal, re
à Milan le 17 juillet 1805, sera publié sans approbation des clau
formules ou expressions qui sont ou pourront être contraires
lois de l'Empire, aux franchises, libertés et maximes de lég'
gallicane.

Décret impérial qui ordonne la publication d' décret rendu sur une bulle relative à l'incorporati d'une partie de la commune de Saint-Pater dans diocèse de Seez.

Au Palais des Tuileries, le 31 janvier 1806.

ART. 1. Le décret de M. le cardinal légat, du 10 décem
1805, rendu en conséquence de la bulle de sa sainteté, du
torzième des calendes de décembre, à l'effet de détacher du dioc

u Mans et d'incorporer dans celui de Seez les maisons de la com-
ne de Saint-Pater, qui tiennent au faubourg d'Alençon, et leurs
épendances, que nous avons réunies au territoire du département
el'Orne, par notre décret du 16 messidor an XIII, sera publié, etc.

écret impérial concernant la fête de Saint-Napoléon
et celle du rétablissement de la religion catholique
en France.

Au palais des Tuileries, le 19 février 1806.

TITRE PREMIER.

ART. 1. La fête de Saint-Napoléon et celle du réta-
lissement de la religion catholique en France, seront
élébrées, dans toute l'étendue de l'Empire, le 15 août
e chaque année, jour de l'Assomption, et époque de la
onclusion du concordat.

2. Il y aura ledit jour une procession hors l'église dans
utes les communes où l'exercice extérieur du culte est
'torisé; dans les autres, la procession aura lieu dans
ntérieur de l'église.

3. Il sera prononcé avant la procession, et par un
inistre du culte, un discours analogue à la circonstance;
t il sera chanté, immédiatement après la rentrée de la
rocession, un *Te Deum* solennel.

4. Les autorités militaires, civiles et judiciaires, assis-
eront à ces solennités.

5. Le même jour 15 août, il sera célébré, dans tous
s temples du culte réformé, un *Te Deum* solennel, en
ction de grâces pour l'anniversaire de la naissance de
Empereur.

TITRE II.

6. La fête de l'anniversaire de notre couronnement et
elle de la bataille d'Austerlitz, seront célébrées le pre-
ier dimanche du mois de décembre, dans toute l'étendue
de l'Empire.

7. Les autorités militaires, civiles et judiciaires, y
assisteront.

3.

8. Il sera prononcé dans les églises ; dans les templ et par un ministre du culte, un discours sur la gloire d armées françaises, et sur l'étendue du devoir impos chaque citoyen de consacrer sa vie à son prince et à patrie.

Après ce discours, un *Te Deum* sera chanté en acti de grâces.

Décret impérial concernant le catéchisme à l'usa des églises catholiques de l'Empire.

Au palais des Tuileries, le 4 avril 1806.

ART. 1. En exécution de l'art. 39 de laloi du 18 ge minal an X, le catéchisme annexé au présent décr approuvé par S. Em. le cardinal légat, sera publié et en usage dans toutes les églises catholiques de l'Empir

2. Notre ministre des cultes surveillera l'impression ce catéchisme ; et pendant l'espace de dix années, il spécialement autorisé à prendre, à cet effet, toutes précautions qu'il jugera nécessaires.

3. Le présent décret sera imprimé en tête de chaq exemplaire du catéchisme.

Loi relative au budget de l'état et imposition po les frais du culte.

Paris, le 24 avril 1806.

Dans la dépense générale du service, les cultes, y compris vin quatre millions, y sont portés pour la somme de 36,600,000 fr.

TITRE X.

ART. 68. Les conseils généraux de département pou ront, en outre, proposer d'imposer jusqu'à concurren de quatre centimes, au plus, soit pour réparation, entreti des bâtimens et supplément de frais de culte, soit po construction de canaux, chemins ou établissemens publi

gouvernement autorisera, s'il y a lieu, ladite impo-
sion, etc.

---

*écret impérial qui ordonne la publication d'un
décret du cardinal légat* à latere *concernant la juridiction métropolitaine des églises épiscopales et des
évêques de Saint-Donnin, de Parme, de Plaisance,
de Savone et de Vintimille.*

Au palais de Saint-Cloud, le 8 juillet 1806.

ART. 1. Le décret du cardinal légat *à latere*, du
6 mai dernier, rendu en conformité des lettres aposto-
ques de sa sainteté le pape Pie VII, expédiées aux nones
avril 1806, et de son pontificat le septième; ·
Ledit décret portant,
1°. Que les églises épiscopales et les évêques de Saint-
onnin, de Parme et de Plaisance, sont détachés de la
idiction métropolitaine de l'archevêque de Bologne, et
ils seront soumis à la juridiction métropolitaine de
rchevêque de Gênes.
2°. Que les églises épiscopales et les évêques de Savone
t Vintimille sont affranchis de la juridiction métropoli-
ine de l'archevêque de Milan, et qu'ils seront soumis,
avoir, l'église épiscopale et l'évêque de Savone, à la juri-
iction métropolitaine de Gênes; et l'église épiscopale et
évêque de Vintimille, à la juridiction métropolitaine de
archevêque d'Aix.
Sera publié sans approbation de celles des clauses,
ormules ou expressions qu'il renferme, et qui sont ou
pourroient être contraires aux lois de l'Empire, aux franchises, libertés et maximes de l'église gallicane.

---

*écret impérial qui ordonne la publication du décret
par lequel les principauté et duché de Neufchâtel
et de Vallengin sont unis au diocèse de Besançon.*

Au palais de Postdam, le 25 octobre 1806.

ART. 1. Le décret de soustraction des principauté et

duché de Neufchâtel et Vallengin à la juridiction spi
tuelle et ecclésiastique de l'évêque de Lausanne, et d
leur union au diocèse de Besançon, donné à Paris
18 août 1806 par le cardinal légat, en vertu des pouvoi
qu'il a reçus à cet effet par la bulle de sa sainteté donn
à Rome le 7 des calendes de juillet 1806, sera publié
sans approbation des clauses, formules, etc.

Extrait des Minutes de la Secrétairerie d'Etat

Du 20 novembre 1806.

*Avis du conseil d'état sur la dispense de tutelle
faveur des ecclésiastiques desservant des cures, e
(Séance du 4 novembre 1806.)*

Le conseil d'état, qui, d'après le renvoi ordonné pa
S. M., a entendu le rapport de la section de législa
tion sur celui du ministre des cultes, tendant à savo
si les ecclésiastiques desservant des cures ou des succur
sales peuvent réclamer l'application de l'art. 427 du Cod
civil,

Est d'avis que la dispense accordée par cet article
tout citoyen exerçant une fonction publique dans un dé
partement autre que celui où la tutelle s'établit, est appli
cable non-seulement aux ecclésiastiques desservant d
cures ou des succursales, mais à toutes personnes exerçant
pour les cultes des fonctions qui exigent résidence, dan
lesquelles ils sont agréés par S. M., et pour lesquelles il
prêtent serment.

---

*Décret impérial qui ordonne la publication d'une bulle
par laquelle l'église métropolitaine de Paris est
érigée en basilique mineure.*

De notre camp impérial de Finckenstein, le 31 mai 1807.

ART. 1. La bulle donnée à Paris, le 3 des calendes de

ars de l'an 1805, qui accorde à l'église métropolitaine de
aris le titre et les prérogatives de *Basilique mineure*,
era publiée, sans approbation des clauses, formules, etc.

ulle d'érection de l'église métropolitaine de Paris en Basilique
mineure.

Pie, évêque, serviteur des serviteurs de Dieu, pour un perpétuel
ouvenir, élevé par une disposition de la miséricorde divine sur le
ône suprême de l'église militante, nous nous portons volontiers à
onorer, comme nous y sommes obligés par le devoir de la servi-
de apostolique, les églises, et sur-tout celles qui s'élèvent au-dessus
es autres par leur ancienneté et leur dignité, et nous employons
l'autorité de notre ministère à les décorer par des titres et à en
ccroître l'éclat, afin que tous en aient pour elles plus de vénération
et de respect, et que le culte divin en reçoive de nouveaux accrois-
emens, ce qui doit être l'unique objet où tendent nos vues. Or,
armi ces églises, brille d'un éclat particulier l'église bâtie au
ilieu de l'île de Paris, d'une noble et magnifique architecture, et
onsacrée à Dieu en l'honneur de la bienheureuse Vierge sa mère,
ue toute la France, et plus spécialement la ville de Paris, reconnoît
et vénère pour patrone : cette église, d'après la tradition, jouissant
ès le troisième siècle du titre d'église cathédrale et pontificale, fut
ensuite, par la faveur du siége apostolique, accrue en dignité,
ayant été érigée en métropole par le pape Grégoire XV d'heureuse
mémoire, notre prédécesseur; et dernièrement, lorsqu'après tant
de calamités, la paix a été par une faveur du ciel, rendue aux
églises des Gaules, et qu'une nouvelle circonscription des diocèses
français a été décrétée par nous, nous avons conféré à ladite église
l'honneur entier de métropole, et lui avons assigné huit suffragans.
Cette illustre et très-ancienne église, desservie même aujourd'hui
par un clergé nombreux composé de chanoines, de prêtres et de
clercs, a été, durant notre séjour de plusieurs mois dans la ville
de Paris, visitée deux fois par nous, et nous y avons, en présence
de neuf de nos vénérables frères les cardinaux de la sainte Église
romaine, et étant entourés de presque tous les évêques des Gaules,
et d'une grande partie du clergé gallican, offert à Dieu solennellement et pontificalement le sacrifice de propitiation. La majesté
de ce temple auguste en ayant été augmentée, le chapitre et les
chanoines, sentant qu'ils en avoient été merveilleusement illustrés
eux-mêmes, crurent devoir profiter de la circonstance qui leur
étoit offerte d'obtenir de nous d'accroître encore et d'amplifier par
de nouvelles faveurs la dignité de leur église : c'est pourquoi, afin
de perpétuer le souvenir de notre voyage en France et de notre
long séjour dans cette ville, ils nous supplièrent humblement de

déclarer basilique l'église métropolitaine de Paris, de la
manière que cela a été fait par le pape Pie VI, d'heureuse mém
notre prédécesseur, pour l'église de Saint Nicolas de Totentin,
de notre dépendance. Nous, considérant qu'il n'est point con
aux anciens usages que les églises que le pontife romain a de
motifs de traiter avec une bienveillance particulière et d'ho
au-dessus des autres, reçoivent de lui des marques d'honneu
des prérogatives qui indiquent une faveur plus abondante; d
surtout que les louanges dues à Dieu lui soient rendues dans l'
métropolitaine de Paris avec d'autant plus de dévotion et de fer
que, par l'accroissement de sa dignité, son chapitre et ses chan
auront reçu du siége apostolique un plus grand honneur de pr
nence et une plus grande faveur; en l'honneur de Dieu tout-pui
en vénération de la très-glorieuse Vierge, à qui ladite église a été
cialement consacrée, et en preuve de notre bienveillance pate
envers les mêmes chapitre et chanoines, voulant traiter l
chapitre et chanoines avec la faveur d'une grace spéciale, et c
à leurs supplications, érigeons d'autorité apostolique, par la t
des présentes, et déclarons l'église métropolitaine susdite basi
mineure, à l'instar des basiliques mineures de notre ville, et
la forme de la concession sus-mentionnée faite à l'église de
Nicolas de notre ville de Totentin; concédons et accordons à
église, et à ses chapitre et chanoines, de faire porter dans les p
cessions le *conopée*, dit vulgairement *pavillon* (petit dais), avec
clochette, à l'instar des mêmes basiliques de notre ville; ense
de pouvoir se servir et jouir de tous les autres priviléges, préro
tives, facultés, juridictions, droits, exemptions, titres, honne
prééminences et préférences dont ont joui jusqu'ici légitimement
canoniquement, d'après le droit, l'usage, les coutumes et ind
et par la permission, bénignité et concession du saint-siége,
autres basiliques de ce genre et leurs chanoines; décrétant que
présentes lettres sont et doivent être toujours et à perpétuité v
et efficaces, et sortir et obtenir leur plein et entier effet, et
inviolablement observées par tous ceux qu'il appartient ou ap
tiendra, en quelque manière que ce soit; et que c'est de ce
manière, et non autrement, qu'il doit être jugé et défini par to
les juges ordinaires ou délégués, revêtus de quelque autorité que
soit, même auditeurs des causes du palais apostolique, et cardin
de la sainte Église romaine, même légats *à latere* et nonces du
siége, toute faculté et autorité leur étant ôtée à tous et chacun
juger et interpréter autrement; et que tout ce qui seroit attenté
contraire d'icelles, par qui que ce soit et autorité quelconque, so
nul et de nul effet, nonobstant toutes constitutions et ordonnan
apostoliques, même rendues en conciles synodaux, provinciau
généraux et universels, et tous statuts, coutumes, priviléges
ladite église métropolitaine, et indults et lettres apostoliques à

raires, même confirmés par serment et confirmation apostolique,
toute autre manière propre à en accroître la force, accordés,
en général, soit en particulier, à quelques personnes et supé-
s que ce soit, auxquels tous, et à chacun en particulier et à
s autres choses à ce contraires, nous dérogeons par la plénitude
uvoir apostolique, d'une manière spéciale et expresse, la plus
ue et la plus entière, pour le plein effet des choses ci-dessus et
ce qui en dérive, leur pouvoir et vigueur leur étant conservé
tout le reste, quand bien même il seroit requis sur toutes ces
es, et sur leur teneur, mention non-seulement en clauses géné-
mais spéciale, spécifique et individuelle, ou toute autre forma-
ayant leur teneur pour pleinement et suffisamment exprimée,
e si elle l'étoit mot à mot, sans omission quelconque. Qu'aucun
re les hommes ne se croie donc permis d'enfreindre cet écrit,
t de notre part, déclaration, concession, impertition, décret,
tion et volonté, ou aller témérairement contre en aucune ma-
. Que si quelqu'un osoit y porter atteinte, qu'il sache qu'il en-
l'indignation de Dieu tout-puissant, et de ses bienheureux
es Pierre et Paul.

nné à Paris, le 3 des calendes de mars, l'an de l'incarnation
eigneur 1805, et de notre pontificat le 5e.

Loi relative au budget de l'Etat.

Du 15 septembre 1807.

ns les dépenses générales du service compris les pensions, les
s y sont imposés 36,500,000 francs.

Fonds communs pour les besoins du culte.

RT. 22. Il sera fait un prélèvement de dix pour cent
es revenus de toutes les propriétés foncières des com-
es, telles que maisons, bois et biens ruraux, pour
er un fonds commun des subventions :
Pour les acquisitions, reconstructions ou réparations
lises ou édifices pour les cultes ;
Pour acquisitions, reconstructions ou réparations
séminaires et maisons pour loger les curés ou des-
yans et les ministres protestans.

Décret impérial qui augmente le nombre Succursales.

Au palais de Fontainebleau, le 30 septembre 1807.

TITRE PREMIER.

Des Succursales.

ART. 1. L'état des succursales à la charge du tr'
public, tel qu'il a été fixé en vertu du décret du 5 niv
an XIII, sera porté de vingt-quatre mille à trente mi

2. A cet effet, le nombre des succursales sera augm
dans chaque département, conformément à l'état ann
au présent décret. La répartition en sera faite, de mani
que le nombre des succursales mis à la charge du tr
public par notre décret du 5 nivôse an XIII, et celui
est accordé par notre présent décret, comprennent la t
lité des communes des départemens.

3. Cette répartition aura lieu à la diligence des évêqu
de concert avec les préfets, dans le mois qui suivra
publication du présent décret.

4. Les évêques et les préfets enverront sur-le-champ
ministère des cultes les états qui seront dressés, pour é
définitivement approuvés par nous, et déposés ensuite a
archives impériales.

5. Les desservans des succursales nouvellement dot
par le trésor public, seront payés, à dater du jour
l'approbation de l'état de ces succursales, pour leur di
cèse, s'ils exerçoient antérieurement les fonctions de d
servant dans les succursales nouvellement dotées, et à da
du jour de leur nomination, s'ils sont nommés postérie
rement à l'exécution du présent décret.

6. Les traitemens des desservans continueront à é
payés dans les formes prescrites par les articles 4, 5 et
de notre décret du 11 prairial an XII.

7. Les titres des succursales, tels qu'ils sont désig
dans les états approuvés par nous, conformément à l'art
ci-dessus, ne pourront être changés ni transférés d'un li
dans un autre.

TITRE II.

Des Chapelles ou Annexes.

. Dans les paroisses ou succursales trop étendues, et que la difficulté des communications l'exigera, il rra être établi des chapelles.

9. L'établissement de ces chapelles devra être préalament provoqué par une délibération du conseil général la commune, dûment autorisé à s'assembler à cet t, et qui contiendra l'engagement de doter le chain.

10. La somme qui sera proposée pour servir de traiment à ce chapelain, sera énoncée dans la délibération ; après que nous aurons autorisé l'établissement de la apelle, le préfet arrêtera et rendra exécutoire le rôle e répartition de ladite somme.

11. Il pourra également être érigé une annexe sur la emande des principaux contribuables d'une commune, sur l'obligation personnelle qu'ils souscriront de payer vicaire ; laquelle sera rendue exécutoire par l'homolotion et à la diligence du préfet, après l'érection de nnexe.

12. Expéditions desdites délibérations, demandes, engemens, obligations, seront adressées au préfet du déparment et à l'évêque diocésain, lesquels, après s'être conertés, adresseront chacun leur avis sur l'érection de nnexe à notre ministre des cultes, qui nous en fera pport.

13. Les chapelles ou annexes dépendront des cures ou ccursales dans l'arrondissement desquelles elles seront acées. Elles seront sous la surveillance des curés ou sservans ; et le prêtre qui y sera attaché, n'exercera 'en qualité de vicaire ou de chapelain.

ÉTAT de répartition par Département et par Diocèse, 30,000 Succursales mises à la charge du trésor public les Décrets des 11 Prairial an XII, 5 Nivôse et 3 Vent an XIII, et par le Décret de ce jour 30 Septembre 1

NOMS des DIOCÈSES.	NOMS des DÉPARTEMENS dont ils se composent.	Nombre des succursales créées par les décrets des 11 prairial an XII, 5 nivôse et 3 vendôse an XIII.	Nombre des succursales créées par le décret de ce jour 30 septembre 1807.	Nombre des succursales créées des 11 prairial an XII, 5 niv... et 3 vendôse an XIII, et par le décret de ce jour 30 septembre 1807.
Agen.	Lot-et-Garonne. .	320.	80.	} 800.
	Gers.	320.	80.	
Aix.	Bouc.-du-Rhône. .	111.	28.	} 313.
	Var.	139.	35.	
Aix-la-Chapelle.	Roer.	402.	101.	} 753.
	Rhin-et-Moselle.	290.	50.	
Ajaccio. . . .	Golo.	144.	36.	} 290.
	Liamone. . . .	88.	22.	
Amiens. . . .	Somme.	414.	104.	} 959.
	Oise.	353.	88.	
Angers. . . .	Maine-et-Loire. .	271.	68.	} 339.
Angoulême. . .	Charente. . . .	200.	50.	} 625.
	Dordogne. . .	300.	75.	
Arras.	Pas-de-Calais. .	453.	113.	566.
Autun.	Saone-et-Loire. .	275.	69.	} 571.
	Nièvre. . . .	182.	45.	
Avignon. . . .	Gard.	108.	27.	} 239.
	Vaucluse. . . .	83.	21.	
Bayeux. . . .	Calvados. . . .	451.	114.	565.
Bayonne. . . .	Landes.	175.	44.	} 765.
	Basses-Pyrénées.	275.	68.	
	Hautes-Pyrénées.	162.	41.	
Besançon . . .	Doubs.	280.	70.	} 930.
	Jura.	234.	59.	
	Haute-Saone. .	229.	58.	

NOMS des DIOCÈSES.	NOMS des DÉPARTEMENS dont ils se composent.	Nombre des succursales créées par les décrets des 11 prairial an XII, 5 nivôse et 3 vendôse an XIII.	Nombre des succursales créées par le décret de ce jour 30 septembre 1807.	Total, par diocèse, des succursales créées par les décrets des 11 prairial an XII, 5 niv. et 3 vendôse an XIII, et par le décret de ce jour 30 septembre 1807.
ordeaux. . . .	Gironde. . . .	243.	61.	304.
ourges. . . .	Cher.	136.	34.	} 321.
	Indre.	121.	30.	
rieuc (Saint). .	Côtes-du-Nord. .	230.	58.	288.
Cahors.	Lot.	453.	113.	} 1,081.
	Aveyron. . . .	412.	103.	
Cambrai. . . .	Nord.	400.	100.	500.
Carcassonne. . .	Aude.	238.	60.	} 404.
	Pyrénées-Orient.	85.	21.	
Chambéry. . .	Mont-Blanc. . .	243.	61.	} 487.
	Lemon. . . .	146.	37.	
Clermont. . . .	Allier. . . .	168.	42.	} 561.
	Puy-de-Dôme. .	281.	70.	
Coutances. . . .	Manche. . . .	409.	102.	511.
Digne.	Hautes-Alpes. .	140.	30.	} 450.
	Basses-Alpes. .	224.	56.	
Dijon.	Haute-Marne. .	290.	73.	} 741.
	Côte-d'Or. . .	302.	76.	
vreux.	Eure.	394.	98.	492.
Saint-Flour. . .	Haute-Loire. .	149.	37.	} 375.
	Cantal. . . .	151.	38.	
Gand.	Escaut. . . .	226.	57.	} 478.
	Lys. . , . .	156.	39.	
Grenoble. . . .	Isère.	282.	70.	352.
Liège.	Ourte. . . .	219.	55.	} 486.
	Meuse-Infér. .	170.	42.	
Limoges. . . .	Creuze. . . .	135.	33.	} 536.
	Corrèze. . . .	168.	42.	
	Haute-Vienne. .	126.	32.	

NOMS des DIOCÈSES.	NOMS des DÉPARTEMENS dont ils se composent.	Nombre des succursales créées par les décrets des 11 prairial an XII, 5 nivôse et 3 venôse an XIII.	Nombre des succursales créées par le décret de ce jour 30 septembre 1807.	Total
Lyon.	Rhône.	167.	42.	
	Loire.	188.	47.	719
	Ain.	220.	55.	
Malines. . . .	Deux-Nèthes. .	97.	24.	379
	Dyle.	206.	52.	
Mans (le). . .	Sarthe. . . .	238.	60.	524
	Mayenne. . . .	181.	45.	
Mayence. . . .	Mont-Tonnerre.	152.	38.	190
Meaux. . . .	Seine-et-Marne	283.	71.	748
	Marne.	315.	79.	
Mende.	Ardèche. . . .	206.	51.	385
	Lozère. . . .	102.	26.	
Metz.	Ardennes. . .	343.	86.	
	Forêts. . . .	366.	91.	1,261
	Moselle. . . .	300.	75.	
Montpellier. . .	Hérault. . . .	204.	51.	630
	Tarn.	300.	75.	
Namur.	Sambre-et-Meuse	194.	48.	242
Nancy.	Meuse.	312.	78.	
	Meurthe. . . .	373.	93.	1,150
	Vosges.	235.	59.	
Nantes.	Loire-Inférieure.	123.	31.	154
Nice.	Alpes-Maritimes.	95.	24.	119
Orléans. . . .	Loiret.	200.	50.	490
	Loir-et-Cher. .	192.	48.	
Paris.	Seine.	73.	18.	91
Poitiers.	Deux-Sèvres. .	203.	51.	459
	Vienne.	164.	41.	
Quimper. . . .	Finistère. . . .	182.	45.	227
Rennes.	Ille-et-Vilaine. .	217.	54.	271

NOMS des DIOCÈSES.	NOMS des DÉPARTEMENS dont ils se composent.	Nombre des succursales créées par les décrets des 11 prairial an XII, 5 nivôse et 3 venôse an XIII.	Nombre des succursales créées par le décret de ce jour 30 septembre 1807.	Total, par diocèse, des succursales créées par les décrets des 11 prairial an XII, 5 niv., et 3 venôse an XIII, et par le décret de ce jour 30 septembre 1807.
ochelle (la). . .	Charente-Infér. .	183.	46.	430.
	Vendée.	161.	40.	
ouen.	Seine-Inférieure.	322.	80.	402.
eez.	Orne.	327.	82.	409.
issons.	Aisne.	389.	97.	486.
trasbourg . . .	Haut-Rhin. . . .	283.	71.	644.
	Bas-Rhin. . . .	232.	58.	
oulouse.	Haute-Garonne.	365.	91.	716.
	Arriége.	208.	52.	
ournai.	Jemmappe. . . .	299.	75.	374.
urs.	Indre-et-Loire. .	166.	42.	208.
èves.	Sarre.	196.	49.	245.
es.	Aube.	303.	75.	796.
	Yonne.	334.	84.	
lence. . . .	Drôme.	127.	32.	159.
annes. . . .	Morbihan. . . .	147.	37.	184.
ersailles. . . .	Seine et Oise. . .	405.	101.	826.
	Eure-et-Loir. . .	256.	64.	
		24,000.	6,000.	30,000.

Certifié conforme :

Le Ministre secrétaire d'état, signé Hugues B. Maret.

Décret impérial portant que les diocèses des
de Parme et de Plaisance feront partie de l'
gallicane.

Au palais impérial de Fontainebleau, le 1 octobre 1867.

ART. 1. Les diocèses des états de Parme et de
sance feront partie de l'église gallicane.

2. Le concordat passé entre nous et le saint-p
26 messidor an IX, sera publié dans ce pays pour se
de règle et de loi.

Décret impérial qui ordonne la publication du d
d'union de l'île de Buderich au diocèse d'Ai
Chapelle.

Au palais de Fontainebleau, le 13 novembre 1807.

ART. 1. Le décret d'union de l'île de Buderich
diocèse d'Aix-la-Chapelle, rendu à Paris par le card
Caprara, légat *à latere*, le 1 septembre 1807, d'a
le consentement du chapitre de Tuitii, situé au-delà
Rhin, dans la partie du diocèse de Cologne qui est
delà de ce fleuve, ledit chapitre étant administrateur
dant la vacance du siége, c'est-à-dire, de la partie
l'ancien territoire du diocèse de Cologne, au-delà
Rhin, qui n'a point été réunie à l'Empire français, et à
s'être assuré de l'agrément de l'évêque d'Aix-la-Chap
sera publié sans approbation des clauses, formules, e

Décret impérial qui nomme M. Bigot de Préame
Ministre des Cultes.

Au palais des Tuileries, le 4 janvier 1808.

'cret impérial portant que l'autorisation de S. M.
est nécessaire à tout ecclésiastique français pour
oursuivre ou accepter la collation d'un Evéché
in partibus.

Au palais des Tuileries, le 7 janvier 1808.

ART. 1. En exécution de l'art. 17 du Code Napoléon,
l ecclésiastique français ne pourra poursuivre ni accepter
collation d'un évéché *in partibus*, faite par le pape,
n'y a été préalablement autorisé par nous, sur le rap-
rt de nos ministres des cultes.

2. Nul ecclésiastique français, nommé à un évéché *in
rtibus*, conformément aux dispositions de l'article pré-
ent, ne pourra recevoir la consécration avant que ses
lles n'aient été examinées au Conseil d'Etat, et que
us n'en ayons permis la publication.

———

écret impérial qui ordonne la publication du décret
d'union de la ville de Cassel et du bourg de Kosteim
au diocèse de Mayence.

Au palais des Tuileries, le 22 janvier 1808.

ART. 1. Le décret d'union de la ville de Cassel et du
urg de Kosteim au diocèse de Mayence, rendu à Paris
r le cardinal Caprara, légat *à latere*, le 27 juillet 1807,
a publié sans approbation des clauses, formules, etc.

———

écret impérial qui fixe une distance pour les constructions dans le voisinage des cimetières hors des
communes.

Au palais des Tuileries, le 7 mars 1808.

ART. 1. Nul ne pourra, sans autorisation, élever au-
une habitation, ni creuser aucun puits, à moins de cent

4

mètres des nouveaux cimetières transférés hors des co
munes en vertu des lois et réglemens.

2. Les bàtimens existans ne pourront également ê
restaurés ni augmentés sans autorisation.

Les puits pourront, après visite contradictoire d'expe
être comblés, en vertu d'ordonnance du préfet du dép
tement, sur la demande de la police locale.

---

*Décret impérial qui ordonne la publication du dé
d'union de la ville de Flessingue au diocèse de Gand*

Au palais de Saint-Cloud, le 1er avril 1808.

ART. 1. Le décret d'union de la ville de Flessin
et de ses dépendances au diocèse de Gand, rendu à Pa
par le cardinal Caprara, légat *à latere*, le 26 février 18
d'après l'autorisation qu'il en a reçue de sa sainteté Pie V
sera publié sans approbation des clauses, formules, et

---

*Décret impérial qui ordonne la publication du déc.
d'union de la ville de Vesel au diocèse d'Aix-
Chapelle.*

Au palais de Saint-Cloud, le 1er avril 1808.

ART. 1. Le décret d'union de la ville Vesel avec
territoire au diocèse d'Aix-la-Chapelle, rendu à Paris
le cardinal Caprara, légat *à latere*, le 8 mars 1808, d'ap
l'autorisation qu'il en a reçue de sa sainteté Pie VII,
publié sans approbation des clauses, formules, etc.

---

*Décret impérial qui ordonne la publication du dé
d'union de la ville de Kehl au diocèse de Strasbourg*

Bayonne, le 26 avril 1808.

ART. 1. Le décret d'union de la ville de Kehl et

n territoire au diocèse de Strasbourg, rendu à Paris par
e cardinal Caprara, légat *à latere*, le 28 mars 1808, sera
blié sans approbation des clauses, formules, etc.

———

*écret impérial qui applique à tous les individus
appartenans autrefois à l'état ecclésiastique, l'article 1 du décret du 3 prairial an X, relatif aux
pensions.*

Toulouse, le 27 juillet 1808.

ART. 1. L'art. 1 du décret du 3 prairial an X, est
applicable à tous les individus appartenans autrefois à
état ecclésiastique, lesquels, d'après les lois, ont droit à
des pensions.

———

Décret impérial concernant le diocèse de Pontremoli.

Au camp impérial de Burgos, le 23 novembre 1808.

ART. 1. Le diocèse de Pontremoli, réuni au terri-
oire de notre Empire par notre décret du 9 juin 1808,
fait partie de l'Eglise gallicane.

2. Notre décret du 7 mars 1806, concernant le régime
es diocèses des métropoles de Turin et de Gênes, sera
xécuté dans les diocèses de Parme, Plaisance, Burgo-
an-Domino et Pontremoli.

———

Loi relative au budget de l'état pour l'année 1809.

Du 25 novembre 1808.

Dans les dépenses générales du service, compris les pensions, les
cultes y sont imposés 41,000,000.

4.

*Décret impérial concernant les diocèses des dép
tem ensde l'Arno, de la Méditerranée et de l'O
brone.*

Au camp impérial de Schoenbrunn, le 11 juin 1809.

Art. 1. Les diocèses des départemens de l'Arno,
la Méditerranée et de l'Ombrone, font partie de l'Egl
gallicane.

2. Le concordat passé entre nous et le saint-père,
26 messidor an IX, sera publié dans ces départeme
pour servir de règle et de loi.

3. Notre décret du 7 mars 1806, concernant le régi
des diocèses des métropoles de Turin et de Gênes, se
exécuté dans les diocèses de ces départemens.

---

*Sénatus - Consulte organique portant réunion d
états de Rome à l'empire, etc.*

Du 17 février 1810.

Le sénat conservateur, réuni au nombre de memb
prescrit par l'art. 90 de l'acte des constitutions, en d
du 13 décembre 1799;

Vu le projet de sénatus-consulte organique, rédigé
la forme prescrite par l'art. 57 de l'acte des constitutio
en date du 4 août 1802;

Après avoir entendu, sur les motifs dudit projet,
orateurs du conseil d'état, et le rapport de sa commiss
spéciale, nommée dans la séance du 14 de ce mois;

L'adoption ayant été délibérée au nombre de vo
prescrit par l'art. 56 de l'acte des constitutions, en da
du 4 août 1802;

Décrète:

TITRE PREMIER.

De la réunion des Etats de Rome à l'Empire.

Art. 1. L'état de Rome est réuni à l'empire françai
et en fait partie intégrante.

2. Il formera deux départemens, le département de ome et le département de Trasimène.

3. Le département de Rome aura sept députés au corps législatif; le département de Trasimène en aura uatre.

4. Le département de Rome sera classé dans la preière série;

Le département de Trasimène, dans la seconde.

5. Il sera établi une sénatorerie dans les départemens de Rome et de Trasimène.

6. La ville de Rome est la seconde ville de l'Empire. Le maire de Rome est présent au serment de l'Empereur son avènement : il prend rang, ainsi que les députations de la ville de Rome, dans toutes les occasions, immédiatement après les maires et les députations de la ville de Paris.

7. Le prince impérial porte le titre et reçoit les honneurs de roi de Rome.

8. Il y aura à Rome un prince du sang ou un grand-dignitaire de l'empire, qui tiendra la cour de l'empereur.

9. Les biens qui composeront la dotation de la couronne impériale, conformément au sénatus-consulte du 30 janvier dernier, seront réglés par un sénatus-consulte spécial.

10. Après avoir été couronné dans l'église de Notre-Dame de Paris, les empereurs seront couronnés dans les églises de Saint-Pierre de Rome, avant la dixième année de leur règne.

11. La ville de Rome jouira des priviléges et immunités particuliers qui seront déterminés par l'empereur Napoléon.

TITRE II.

De l'indépendance du trône impérial de toute autorité sur la terre.

12. Toute souveraineté étrangère est incompatible avec l'exercice de toute autorité spirituelle dans l'intérieur de l'empire

13. Lors de leur exaltation, les papes prêteront serme
de ne jamais rien faire contre les quatre propositions
l'Eglise gallicane arrêtées dans l'assemblée du clergé
1682.

14. Les quatre propositions de l'Eglise gallicane so
déclarées communes à toutes les églises catholiques
l'empire.

TITRE III.

De l'existence temporelle des Papes.

15. Il sera préparé pour le pape des palais dans les di
férens lieux de l'empire où il voudroit résider. Il en au
nécessairement un à Paris et un à Rome.

16. Deux millions de revenu en biens ruraux, fran
de toute imposition, et sis dans les différentes parties
l'empire, seront assignés au pape.

17. Les dépenses du sacré collége et de la propagan
sont déclarées impériales.

18. Le présent sénatus-consulte organique sera transmis
par un message, à S. M. l'empereur et roi.

Décret impérial qui déclare loi générale de l'empi
l'édit du mois de mars 1682, sur la déclaratio
faite par le clergé de France, de ses sentime
touchant la puissance ecclésiastique.

Du 25 février 1810.

Napoléon, etc.

Vu l'art. 14 de l'acte des constitutions de l'empire, du
17 du présent mois,

Nous avons décrété et décrétons ce qui suit:

L'édit de Louis XIV sur la déclaration faite par le
clergé de France, de ses sentimens touchant la puissance
ecclésiastique, donné au mois de mars 1682, et enregistré

n parlement le 23 desdits mois et an, est déclaré loi
nérale de notre empire ;

Duquel édit la teneur suit :

Louis, par la grâce de Dieu, roi de France et de
avarre, à tous présens et à venir; salut. Bien que l'indé-
endance de notre couronne de toute autre puissance que
e Dieu, soit une vérité certaine et incontestable, et établie
ur les propres paroles de Jésus-Christ, nous n'avons pas
aissé de recevoir avec plaisir la déclaration que les députés
u clergé de France, assemblés par notre permission en
o're bonne ville de Paris, nous ont présentée, contenant
eurs sentimens touchant la puissance ecclésiastique; et
nous avons d'autant plus volontiers écouté la supplication
ue lesdits députés nous ont faite de faire publier cette
éclaration dans notre royaume, qu'étant faite par une
assemblée composée de tant de personnes également recommandables par leurs vertus et par leur doctrine, et qui
s'emploient avec tant de zèle à tout ce qui peut être avantageux à l'Eglise et à notre service, la sagesse et la modé-
ration avec lesquelles ils ont expliqué les sentimens que
l'on doit avoir sur ce sujet, peuvent beaucoup contribuer
à confirmer nos sujets dans le respect qu'ils sont tenus
comme nous de rendre à l'autorité que Dieu a donnée à
l'Eglise, et à ôter en même temps aux ministres de la
religion prétendue réformée le prétexte qu'ils prennent des
livres de quelques auteurs, pour rendre odieuse la puissance légitime du chef visible de l'Eglise et du centre de
l'unité ecclésiastique. A ces causes et autres bonnes et
grandes considérations, à ce nous mouvant, après avoir
fait examiner ladite déclaration en notre conseil, nous,
par notre présent édit perpétuel et irrévocable, avons dit,
statué et ordonné, disons, statuons et ordonnons, voulons
et nous plaît que ladite déclaration des sentimens du clergé
sur la puissance ecclésiastique, ci-attachée sous le contre-
scel de notre chancellerie, soit enregistrée dans toutes nos
cours de parlement, bailliages, sénéchaussées, universités
et faculté de théologie ou de droit canon de notre royaume,
pays, terres et seigneuries de notre obéissance.

ART. 1. Défendons à tous nos sujets, et aux étrangers

étant dans notre royaume, séculiers et réguliers, de qu
qu'ordre, congrégation et société qu'ils soient, d'ensei
dans leurs maisons, colléges et séminaires, ou d'écr
aucune chose contraire à la doctrine contenue en icelle.

2. Ordonnons que ceux qui seront dorénavant choi
pour enseigner la théologie dans tous les colléges de chaq
université, soit qu'ils soient séculiers ou réguliers, so
criront ladite déclaration aux greffes des facultés de tl
logie, avant de pouvoir faire cette fonction dans l
colléges ou maisons séculières ou régulières ; qu'ils se so
mettront à enseigner la doctrine qui y est expliquée ;
que les syndics des facultés de théologie présenteront a
ordinaires dés lieux, et à nos procureurs généraux, d
copies desdites soumissions, signées par les greffiers d
dites facultés ;

3. Que, dans tous les colléges et maisons desdites un
versités où il y aura plusieurs professeurs, soit qu'ils soie
séculiers ou réguliers, l'un d'eux sera chargé, tous les ans
d'enseigner la doctrine contenue én ladite déclaration ; et
dans les colléges où il n'y aura qu'un seul professeur,
sera obligé de l'enseigner l'une des trois années con
cutives.

4. Enjoignons aux syndics des facultés de théologie d
présenter tous les ans, avant l'ouverture des leçons, au
archevêques ou évêques des villes où elles sont établies,
d'envoyer à nos procureurs généraux les noms des pro
fesseurs qui seront chargés d'enseigner ladite doctrine, e
auxdits professeurs de représenter auxdits prélats et
nosdits procureurs généraux les écrits qu'ils dicteront à leu
écoliers, lorsqu'ils leur ordonneront de le faire.

5. Voulons qu'aucun bachelier, soit séculier ou régu-
lier, ne puisse être dorénavant licencié, tant en théologie
qu'en droit canon, ni être reçu docteur qu'après avoir
soutenu ladite doctrine dans l'une de ses thèses, dont il
fera apparoir à ceux qui ont droit de conférer ces degrés
dans les universités.

6. Exhortons néanmoins, enjoignons à tous les archevêques et évêques de notre royaume, pays, terres et
seigneuries de notre obéissance, d'employer leur autorité

r faire enseigner, dans l'étendue de leurs diocèses, la
ctrine contenue dans ladite déclaration faite par lesdits
utés du clergé.

, Ordonnons aux doyens et syndics des facultés de
ologie, de tenir la main à l'exécution des présentes,
eine d'en répondre en leur propre et privé nom.

Si donnons en mandement à nos amés et féaux les
s tenant nos cours de parlement, que ces présentes nos
ttres, en forme d'édit, ensemble ladite déclaration du
rgé, ils fassent lire, publier et enregistrer aux greffes
nosdites cours, et des bailliages, sénéchaussées et uni-
rsités de leurs ressorts, chacun en droit soi, et aient à
ir la main à leur observation, sans souffrir qu'il y soit
ntrevenu directement et indirectement, et à procéder
ntre les contrevenans en la manière qu'ils le jü-
ront à propos, suivant l'exigence des cas : car tel est
ôtre plaisir. Et, afin que ce soit chose ferme et stable à
ujours, nous avons fait mettre notre scel à cesdites pré-
tes. Donné à Saint-Germain-en-Laye, au mois de
ars, l'an de grâce mil six cent quatre-vingt-deux, et de
tre règne, le trente-neuvième. *Signé* LOUIS ; et *plus
s* : Par le roi, COLBERT. *Visa* LE TELLIER, et scellées
u grand sceau de cire verte.

Registrées, ouï et ce requérant le procureur-général du
oi, pour être exécutées selon leur forme et teneur, sui-
ant l'arrêt de ce jour. A Paris, en parlement, le 23 mars
82. *Signé* DONGOIS.

CLERI GALLICANI DE ECCLESIASTICA POTESTATE DECLARATIO.

*Ecclesiæ gallicanæ decreta et libertates à majoribus
stris tanto studio propugnatas, earumque fundamenta
cris canonibus et patrum traditione nixa multi diruere
oliuntur ; nec desunt qui earum obtentu primatum beati
ri ejusque successorum Romanorum pontificum à Christo
stitutum, iisque debitam ab omnibus christianis obedien-
am, sedisque apostolicæ, in quâ fides prædicatur et
nitas servatur Ecclesiæ, reverendam omnibus gentibus
ajestatem imminuere non vereantur. Hæretici quoque nihil*

*prætermittunt quò eam potestatem, quâ pax Ecclesiæ
tinetur, invidiosam et gravem regibus et populis ost
iisque fraudibus simplices animas ab Ecclesiæ matris C
tique adeò communione dissocient.* Quæ ut inco
*propulsemus, nos archiepiscopi et episcopi Parisiis man
regio congregati, Ecclesiam gallicanam repræsenta
unà cum cæteris ecclesiasticis viris nobiscum dep
diligenti tractatu habito hæc sancienda et declaranda
duximus :*

I. *Primùm beato Petro ejusque successoribus
vicariis ipsique Ecclesiæ rerum spiritualium et ad æte
salutem pertinentium, non autem civilium ac tempora
à Deo traditam potestatem, dicente domino,* Re
meum non est de hoc mundo, *et iterùm,* Reddite ergo
sunt Cæsaris Cæsari, et quæ sunt Dei Deo ; *ac p
stare apostolicum illud :* Omnis anima potestatibus subli
ribus subdita sit ; non est enim potestas nisi à Deo.
autem sunt, à Deo ordinatæ sunt. Itaque qui pot
resistit, Dei ordinationi resistit. *Reges ergo et princi
temporalibus nulli ecclesiasticæ potestati Dei ordina
subjici, neque auctoritate clavium Ecclesiæ directè vel
rectè deponi, aut illorum subditos eximi à fide
obedientiâ, ac præstito fidelitatis sacramento solvi
eamque sententiam publicæ tranquillitati necessariam,
minùs Ecclesiæ quàm imperio utilem, ut verbo Dei, pa
traditioni, et sanctorum exemplis consonam omninò
nendam.*

II. *Sic autem inesse apostolicæ sedi ac Petri succ
ribus Christi vicariis rerum spiritualium plenam pote
ut simul valeant atque immota consistant sanctæ œc
nicæ synodi Constantiensis à sede apostolicâ compro
ipsoque Romanorum pontificum ac totius Ecclesiæ usu
firmata, atque ab Ecclesiâ gallicanâ perpetuâ reli
custodita decreta de auctoritate conciliorum genera
quæ sessione quartâ et quintâ continentur ; nec prob
gallicanâ Ecclesiâ qui eorum decretorum, quasi d
sint auctoritatis ac minùs approbata, robur infringant,
ad solum schismatis tempus concilii dicta detorqueant.*

. III. *Hinc apostolicæ potestatis usum moderandum
canones spiritu Dei conditos et totius mundi reverentiâ
secratos ; valere etiam regulas, mores et instituta à r*

ecclesiâ gallicanâ recepta, patrumque terminos manere ncussos; atque id pertinere ad amplitudinem apostolicœ s, ut statuta et consuetudines tantœ sedis et ecclesiarum ensione firmatœ propriam stabilitatem obtineant.

. In fidei quoque quœstionibus prœcipuas summi pontis esse partes, ejusque decreta ad omnes et singulas esias pertinere, nec tamen irreformabile esse judicium Ecclesiœ consensus accesserit.

. Quœ accepta à patribus ad omnes ecclesias gallicanas, e episcopos iis spiritu sancto auctore prœsidentes mitda decrevimus; ut idipsum dicamus omnes, sinusque in em sensu et in eâdem sententiâ.

† *Franciscus*, archiepiscopus Parisiensis, *prœses.*

Carolus Mauritius, archiep. dux Remeusis.

Carolus, Ebrodunensis archiep.

Jacobus, archiep. Cameracensis.

† *Hyacentus*, archiep. Albiensis.

† *M. Phelypeaux*, P. P. archiep. Bituricensis.

† *Ludovicus de Bourlemont*, archiep. Burdegalensis.

† *Jacobus Nicolaus Colbert*, archiep. Carthaginiensis, coadjutor Rothomagensis.

Gilbertus, episcopus Tornacensis.

Henricus de Laval, episc. Ruppellensis.

Nicolaus, episc. Regiensis.

Daniel de Cosnac, episc. et com. Valentinensis et Diensis.

† *Gabriel*, episc. Æduensis.

† *Guillelmus*, episc. Vasatensis.

† *Gabriel Ph. de Froullay de Tessé*, episc. Abrincensis.

Joannes, episc. Tolonensis.

Jacobus Benignus, episc. Meldensis.

† *S. du Guemadeuc*, episc. Macloviensis.

† *L. M. Ar. de Simiane de Gordes*, episc. et dux Lingonensis.

† *Fr. Leo*, episc. Glandatensis.

Lucas d'Aquin, episc. Foro Juliensis.

J. B. M. Colbert, episc. et D. Montisalbani.

Carolus de Pradel, episc. Montispessulani.

Franciscus Placidus, episc. Mimatensis.

Carolus, episc. Vaurensis.

Andreas, episc. Antissiodorensis.

† *Franciscus*, episc. Trecensis.
† *Lud. Ant.*, episc. com. Catalaunensis.
† *Fr. Ig.*, episc. com. Trecorensis.
† *Petrus*, episc. Bellicensis.
† *Gabriel*, episc. Conseranensis.
† *Ludovicus Alphonsus*, Alectensis episc.
† *Humbertus*, episc. Tutellensis.
† *J. B. d'Estampes*, Massiliensis episc.
Paulus Phil. de Luzignan.
De Franqueville.
Ludovicus d'Espinay de Saint-Luc.
Coquelin.
Lambert.
P. de Bermond.
A. H. de Fleury.
De Viens.
Franciscus Feu.
De Maupeou.
Le Franc de la Grange.
De Senaux.
Parra, decanus Bellicensis.
De Boche.
M. de Ratabon.
Clemens de Poudenx.
Bigot.
De Gourgue.
De Villeneuve de Vence.
C. Leny de Coadeletz.
La Faye.
J. F. de l'Escure.
Pierre le Roy.
De Soupets.
A. Arcoud, decanus Viennæ.
De Bousset, præpositus Massiliensis.
G. Bochard de Champigny.
De Saint-Georges, C. Lugdunensis.
Courcier.
Cheron.
A. Faure.
Gerbais.
De Guenegaud.

. de Camps.

e la Borey.

Armand Bazin de Bezons, agent général du clergé.

Desmarets, agent général du clergé.

Registrées, ouï et ce requérant le procureur-général du
i, pour être exécutées selon leur forme et teneur, suivant
arrêt de ce jour. A Paris, en parlement, le 23 mars 1682.

né, DONGOIS.

Mandons et ordonnons que les présentes, revêtues des
eaux de l'état, insérées au Bulletin des lois, soient adres-
es aux cours, aux tribunaux et aux autorités administra-
es, à tous les archevêques et évêques de notre empire,
grand-maître et aux académies de notre université im-
ériale, et aux directeurs des séminaires et autres écoles
théologie, pour qu'ils les inscrivent dans leurs registres,
es observent et les fassent observer ; et notre grand-juge
inistre de la justice est chargé d'en surveiller la publi-
ation.

écret impérial contenant des dispositions relatives
aux lois organiques du concordat.

Au palais des Tuileries, le 28 février 1810.

Napoléon, empereur des Français, etc. etc.

Vu le rapport qui nous a été fait sur les plaintes rela-
ves aux lois organiques du concordat, par le conseil des
vêques réunis d'après nos ordres dans notre bonne ville
e Paris ;

Désirant donner une preuve de notre satisfaction aux
vêques et aux églises de notre empire, et ne rien laisser
ans lesdites lois organiques qui puisse être contraire au
en du clergé,

Nous avons décrété et décrétons ce qui suit :

Art. 1. Les brefs de la pénitencerie, pour le for intérieur
ëulement, pourront être exécutés sans aucune autorisation.

2. La disposition de l'art. 26 des lois organiques, portant

que « les évêques ne pourront ordonner aucun eccl
» tique s'il ne justifie d'une propriété produisant au
» un revenu annuel de 300 fr. », est rapportée.

3. La disposition du même art. 26 des lois organiq
portant que « les évêques ne pourront ordonner a
» ecclésiastique s'il n'a atteint l'âge de vingt-cinq a
est également rapportée.

4. En conséquence, les évêques pourront ordonner
ecclésiastique âgé de vingt-deux ans accomplis ; mais a
ecclésiastique ayant plus de vingt-deux ans et moi
vingt-cinq, ne pourra être admis dans les ordres
qu'après avoir justifié du consentement de ses pa
ainsi que cela est prescrit par les lois civiles pour le
riage des fils âgés de moins de vingt-cinq accomplis.

5. La disposition de l'art. 36 des lois organiques,
tant que « les vicaires généraux des diocèses vacans c
» nueront leurs fonctions, même après la mort de l'év
» jusqu'à remplacement », est rapportée.

6. En conséquence, pendant les vacances des siég
sera pourvu, conformément aux lois canoniques, aux
vernemens des diocèses. Les chapitres présenteront à n
ministre des cultes les vicaires généraux qu'ils auront
pour leur nomination être reconnue par nous.

Loi sur les crimes et délits contre la paix pub
relatifs aux Cultes (1).

Du 16 février 1810.

ART. 199. Tout ministre d'un culte qui procédera
cérémonies religieuses d'un mariage, sans qu'il lui ait
justifié d'un acte de mariage préalablement reçu par
officiers de l'état civil, sera, pour la première fois, p
d'une amende de 16 fr. à 100 fr.

200. En cas de nouvelles contraventions de l'esp

---

(1) Extrait du Code pénal, liv. III, tit. I, sect. III.

rimée en l'article précédent, le ministre du culte qui aura commises, sera puni, savoir :

our la première récidive, d'un emprisonnement de x à cinq ans ;

t pour la seconde, de la déportation.

oı. Les ministres des cultes qui prononceront dans ercice de leur ministère, et en assemblée publique, un ours contenant la critique ou censure du gouverne-t, d'une loi, d'un décret impérial ou de tout autre e de l'autorité publique, seront punis d'un emprison-ent de trois mois à deux ans.

o2. Si le discours contient une provocation directe à désobéissance aux lois ou autres actes de l'autorité pu-que, ou s'il tend à soulever ou armer une partie des oyens les uns contre les autres, le ministre du culte qui ura prononcé sera puni d'un emprisonnement de deux inq ans, si la provocation n'a été suivie d'aucun effet; du bannissement, si elle a donné lieu à désobéissance, tre toutefois que celle qui auroit dégénéré en sédition révolte.

2o3. Lorsque la provocation aura été suivie d'une ition ou révolte dont la nature donnera lieu contre n ou plusieurs des coupables, à une peine plus forte e celle du bannissement, cette peine, quelle qu'elle ît, sera appliquée au ministre coupable de la provo-on.

2o4. Tout écrit contenant des instructions pastorales, quelque forme que ce soit, et dans lequel un ministre culte se sera ingéré de critiquer ou censurer, soit le vernement, soit tout acte de l'autorité publique, em-rtera la peine du bannissement contre le ministre qui ura publié.

o5. Si l'écrit mentionné en l'article précédent contient e provocation directe à la désobéissance aux lois ou res actes de l'autorité publique, ou s'il tend à soulever armer une partie des citoyens contre les autres, le mi-stre qui l'aura publié sera puni de la déportation.

2o6. Lorsque la provocation contenue dans l'écrit pas-oral aura été suivie d'une sédition ou révolte dont la nature

donnera lieu contre l'un ou plusieurs des coupables,
peine plus forte que celle de la déportation, cette pe
quelle qu'elle soit, sera appliquée au ministre coup
de la provocation.

207. Tout ministre d'un culte qui aura, sur des q
tions en matières religieuses, entretenu une correspond
avec une cour ou puissance étrangère, sans en avoir p
lablement informé le ministre de l'empereur chargé d
surveillance des cultes, et sans avoir obtenu son au
sation, sera, pour ce seul fait, puni d'une amende
100 fr. à 500 fr., d'un emprisonnement d'un mois à d
ans.

208. Si la correspondance mentionnée en l'article
cédent a été accompagnée ou suivie d'autres faits
traires aux dispositions formelles d'une loi ou d'un d
de l'empereur, le coupable sera puni du bannissemen
moins que la peine résultant de la nature de ces faits ne
plus forte, auquel cas cette peine plus forte sera s
appliquée.

Entraves au libre exercice des Cultes.

260. Tout particulier qui, par des voies de fait o
menace, aura contraint ou empêché une ou plusieurs
sonnes d'exercer l'un des cultes autorisés, d'assist
l'exercice de ce culte, de célébrer certaines fêtes, d'obse
certains jours de repos, et, en conséquence, d'ouvr
de fermer leurs ateliers, boutiques ou magasins, e
faire ou quitter certains travaux, sera puni, pour ce
fait, d'une amende de 16 fr. à 200 fr., et d'un empri
nement de six jours à deux mois.

261. Ceux qui auront empêché, retardé ou interro
les exercices d'un culte, par des troubles ou déso
causés dans le temple ou autre lieu destinés ou se
actuellement à ces exercices, seront punis d'une ame
de 16 fr. à 300 fr., et d'un emprisonnement de six j
à trois mois.

262. Toute personne qui aura, par paroles ou gestes, tragé les objets d'un culte, dans les lieux destinés ou rvant actuellement à son exercice, ou les ministres de ce lte dans leurs fonctions, sera punie d'une amende de fr. à 500 fr., et d'un emprisonnement de quinze jours six mois.

263. Quiconque aura frappé le ministre d'un culte dans s fonctions, sera puni du carcan.

264. Les dispositions du présent paragraphe ne s'ap- iquent qu'aux troubles, outrages ou voies de fait dont nature ou les circonstances ne donneront pas lieu à de us fortes peines, d'après les autres dispositions du pré- nt code.

Des Associations ou Réunions illicites.

291. Nulle association de plus de vingt personnes, dont e but sera de se réunir tous les jours, ou à certains jours arqués, pour s'occuper d'objets religieux, littéraires, olitiques ou autres, ne pourra se former qu'avec l'agré- ent du gouvernement, et sous les conditions qu'il plaira l'autorité publique d'imposer à la société.

Dans le nombre des personnes indiqué par le présent ticle, ne sont pas comprises celles domiciliées dans la aison où l'association se réunit.

292. Toute association de la nature ci-dessus exprimée, ui se sera formée sans autorisation, ou qui, après l'avoir btenue, aura enfreint les conditions à elle imposées, sera issoute.

Les chefs, directeurs ou administrateurs de l'association éront en outre punis d'une amende de 16 fr. à 200 fr.

293. Si, par discours, exhortations, invocations ou ères, en quelque langue que ce soit, ou par lecture, che, publication ou distribution d'écrits quelconques, a été fait, dans ces assemblées, quelque provocation à des crimes ou à des délits, la peine sera de 100 fr. à 300 fr. d'amende, et de trois mois à deux ans d'emprisonnement,

5

contre les chefs, directeurs et administrateurs de
associations; sans préjudice des peines plus fortes qu
seroient portées par la loi contre les individus personnel
lement coupables de la provocation, lesquels, en aucu
cas, ne pourront être punis d'une peine moindre que cell
infligée aux chefs, directeurs et administrateurs de l'as
sociation.

294. Tout individu qui, sans la permission de l'autorité
municipale, aura accordé ou consenti l'usage de sa maiso
ou de son appartement, en tout ou en partie, pour l
réunion des membres d'une association même autorisée
ou pour l'exercice d'un culte, sera puni d'une amen
de 16 f. à 200 fr.

---

*Décret impérial qui ordonne l'exécution deslois e
réglemens concernant les cultes, dans les départe
mens des Bouches-du-Rhin et des Bouches-de
l'Escaut, et dans l'arrondissement de Breda.*

Au palais de Saint Cloud, le 22 juin 1810.

---

*Décret impérial contenant réglement général pou
l'organisation des départemens de la Hollande.*

Au palais de Fontainebleau, le 18 octobre 1810.

TITRE XI.

Du Culte.

ART. 206. L'organisation du clergé catholique et d
clergé protestant, actuellement existant, est maintenue

207. Notre ministre des cultes nous fera connoître le
besoins des églises et des ministres, pour y être pourvu e
cas d'insuffisance.

Décret impérial relatif au timbre des certificats que les officiers de l'état civil délivrent aux parties, pour justifier de leur mariage civil aux ministres des cultes.

Au palais des Tuileries, le 9 décembre 1810.

Sur le rapport de notre ministre des finances, relatif aux certificats à délivrer par les officiers de l'état civil, pour justifier aux ministres des cultes de l'accomplissement préalable des formalités civiles, avant qu'il soit procédé à la célébration religieuse des mariages, et tendant à faire décider si ces certificats doivent être sur papier timbré;

Vu l'article 12 de la loi du 13 brumaire an 7 sur le timbre, ainsi conçu :

« Sont assujétis au droit du timbre, établi en raison de la dimension, tous les papiers à employer pour les actes et écritures soit publics, soit privés, savoir : les actes des autorités constituées administratives, qui sont assujétis à l'enregistrement, ou qui se délivrent aux citoyens, et toutes les expéditions et extraits des actes arrêtés et délibérations desdites autorités qui sont délivrés aux citoyens ; et généralement tous actes et écritures, extraits, copies et expéditions, soit publics, soit privés, devant ou pouvant faire titre, ou être produits pour obligation, décharge, justification, demande ou défense. »

Vu l'article 54 de la loi du 18 germinal an 10, organique du concordat, portant ce qui suit :

« Les ministres des cultes ne donneront la bénédiction nuptiale qu'à ceux qui justifieront, en bonne et due forme, avoir contracté mariage devant l'officier civil; »

Notre conseil d'état entendu,

Nous avons décrété et décrétons ce qui suit :

ART. 1. Les certificats que les officiers de l'état civil délivrent aux parties, pour justifier aux ministres des

5.

cultes de l'accomplissement préalable des formalit
civiles avant d'être admises à la célébration religieuse
leur mariage, seront assujétis au timbre de vingt - cin
centimes.

Extrait des minutes de la secrétairerie d'état

Au palais des Tuileries, le 14 décembre 1810.

Avis du conseil d'état sur la question de savoir si
communes qui obtiennent une annexe ou une
chapelle doivent contribuer aux frais du cult
paroissial. (Séance du 7 décembre 1810.)

Le conseil d'état, qui, en exécution du renvoi ordonn
par Sa Majesté, a entendu le rapport de la section d
l'intérieur sur celui du ministre des cultes, tendant à c
qu'il soit statué sur la question de savoir si les commun
qui obtiennent une annexe ou une chapelle doiven
contribuer aux frais du culte paroissial ;

Vu les dispositions du décret impérial du 30 septembre 1807, concernant les chapelles et annexes, et l
instructions données en conséquence par le ministre d
cultes ;

Considérant que, parmi les communes qui ont obten
des chapelles ou annexes, il en est que de grandes distances ou des chemins souvent impraticables sépare
des chefs-lieux des curés ou des succursales, et dans le
quelles il est nécessaire qu'il y ait un prêtre à demeur
que ces dernières communes devant assurer à la fois u
traitement convenable au chapelain ou vicaire, et pou
voir à l'entretien de leur église et presbytère, il ne sero
pas juste de leur imposer une double charge, en l
obligeant à concourir en outre aux besoins de l'églis
paroissiale,

Est d'avis ;

1°. Que les communes dans lesquelles une chapell
est établie, en exécution du décret impérial du 30 sep

tembre 1807, où il est pourvu au logement et au traitement du chapelain, et à tous les autres frais du culte, en
vertu d'une délibération du conseil général de la commune, par des revenus communaux, ou par l'imposition
de centimes additionnels, ne doivent contribuer en rien
aux frais du culte paroissial ;

2°. Que les communes qui n'ont qu'une annexe, où
un prêtre va dire la messe, une fois la semaine seulement,
pour la commodité de quelques habitans qui ont pourvu
par une souscription à son paiement, doivent concourir,
tant aux frais d'entretien de l'église et presbytère, qu'aux
autres dépenses du culte, dans le chef-lieu de la cure ou
de la succursale.

Décret impérial qui rejette comme contraire aux lois de l'empire et à la discipline ecclésiastique, un bref du pape adressé au vicaire capitulaire et au chapitre de l'église métropolitaine de Florence.

Au palais des Tuileries, le 23 janvier 1811.

ART. 1. Le bref du pape donné à Savone, et adressé
au vicaire capitulaire et au chapitre de l'église métropolitaine de Florence, commençant par ces mots : *dilecte fili,
salutem*, et finissant par ceux-ci : *benedictionem perma-
nenter impertimur*, est rejeté comme contraire aux lois
de l'empire et à la discipline ecclésiastique.

Nous défendons, en conséquence, de le publier et de
lui donner directement ou indirectement aucune exécution.

2. Ceux qui seront prévenus d'avoir, par des voies
clandestines, provoqué, transmis ou communiqué ledit
bref, seront poursuivis devant les tribunaux et punis
comme de crime tendant à troubler l'état par la guerre
civile, aux termes de l'article 91 du code des délits et des
peines, titre 1, chapitre 1, section 2, paragraphe 2, et
article 103 du même code, même chapitre, section 3.

Décret impérial concernant l'organisation génér.
des départemens anséatiques.

Au palais de Saint Cloud, le 4 juillet 1811.

Des Cultes.

ART. 211. L'organisation du clergé catholique et du clergé protestant, actuellement existante, est maintenue pour 1811.

212. Les changemens que nous aurons, sur le rapport de notre ministre des cultes, jugés nécessaires pour que cette organisation soit conforme aux règles observées dans le reste de notre empire, seront mis à exécution, à compter du 1 janvier 1812.

———

Décret impérial relatif au remplacement des titulaires
des cures en cas d'absence ou de maladie.

Au palais de Saint Cloud, le 17 novembre 1811.

§. 1. *Du remplacement des titulaires des cures en cas*
d'absence.

ART. 1. Dans le cas où un titulaire se trouveroit éloigné temporairement de sa paroisse, un ecclésiastique sera nommé par l'évêque pour le remplacer provisoirement; et cet ecclésiastique recevra, outre le casuel auquel le curé ou desservant auroit eu droit, une indemnité.

§. 2. *Du traitement du remplaçant, quand le titulaire*
est éloigné par mauvaise conduite.

2. Si le titulaire est éloigné pour cause de mauvaise conduite, l'indemnité du remplaçant provisoire sera prise sur le revenu du titulaire, soit en argent, soit en biens-fonds.

3. Si le revenu est en argent, l'indemnité du remplaçant sera, savoir :

Dans une succursale, de 250 fr. par an, au *prorata* du temps du remplacement ;

Dans une cure de deuxième classe, de 600 fr. ; et dans ne cure de première classe, de 1000 fr.

Cette indemnité sera prélevée au besoin, en partie ou n totalité, sur la pension ecclésiastique du titulaire.

4. Si le titulaire est doté, partie en biens-fonds, par exception à la loi de germinal an X, partie en supplément écuniaire, pour lui compléter un revenu de 500 fr., 'indemnité du remplaçant sera de 250 fr., à prendre d'abord sur le supplément pécuniaire, et, en cas d'insuffisance, sur les revenus en biens-fonds.

5. Si le titulaire, ayant moins de 500 fr. de revenu en biens-fonds, jouit d'une pension ecclésiastique au moyen de laquelle il n'a point à recevoir de supplément, l'indemnité de 250 fr. du remplaçant sera d'abord prise sur la pension, et au besoin, sur les biens-fonds.

6. Si le titulaire jouit d'un revenu de 500 fr. entièrement en biens-fonds, l'indemnité du remplaçant sera également de 250 fr., à prendre entièrement sur les revenus.

7. Si le revenu du titulaire en biens-fonds excède 500 fr., l'indemnité du remplaçant sera de 300 fr. ; lorsque ce revenu sera de 500 fr. à 700 fr. ; et des deux tiers du revenu, au-dessus de 700 fr.

§. 3. *Du traitement en cas d'absence des titulaires pour cause de maladie.*

8. Dans le cas d'absence pour une cause de maladie, il sera conservé au titulaire des succursales et des cures de deuxième classe, et, dans les cures dotées en biens-fonds, à tous les curés dont la dotation n'excéderoit pas 1200 fr., un revenu jusqu'à concurrence de 700 fr.

9. Le surplus de l'indemnité du remplaçant, ou la totalité de l'indemnité, si le revenu n'est que de 700 fr., sera, comme le paiement des vicaires, à la charge de la fabrique de la paroisse ; et, en cas d'insuffisance du revenu

de la fabrique, à la charge de la commune, conform´
ment au décret du 30 décembre 1809, concernant l´
fabriques.

10. Cette indemnité, à la charge de la commune
de la fabrique, est fixée, dans les succursales, à 250 fr.
dans les cures de deuxième classe, à 400 fr.; dans l
cures dont le revenu, soit entièrement en biens-fonds
soit avec un supplément pécuniaire, s'élève à 500 fr.,
250 fr.; lorsque le revenu en biens-fonds s'élève de 500 f
à 700 fr., à 300 fr.; de 700 fr. à 1000 fr., à 350 fr.;
de 1000 fr. à 1200 fr., à 400 fr.

11. Lorsque le titulaire, absent pour cause de maladie
est curé de première classe, ou que le revenu de sa c
en biens-fonds excède 1200 fr., l'indemnité du remplaç
sera à sa charge.

Cette indemnité est fixée, savoir :

Dans une cure de première classe, à 700 fr.

Dans les cures dont la dotation en biens-fonds s'élè
plus haut que 1500 fr. jusqu'à 2000 fr., à 800 fr.; et au
dessus de 2000 fr., à 1000 fr.

§. 4. *Règles générales.*

12. L'absence d'un titulaire, pour cause de maladie,
sera constatée au moyen d'un acte de notoriété, dressé
par le maire de la commune où est située la paroisse.

13. Quelle que soit la cause de l'éloignement du titulaire, lorsque l'indemnité du remplaçant, dans les cures
dotées entièrement en biens-fonds, doit être fixée d'après
le produit des revenus fonciers, le montant de ce produit
sera évalué au moyen d'un acte de notoriété semblable.

14. Toutes les fois que, dans les cures dotées en
biens-fonds, par une dérogation autorisée par nous à la
loi de germinal an X, l'indemnité du remplaçant étant
à la charge du titulaire, une partie ou la totalité doit en
être imputée sur les revenus de la cure, le remplaçant sera
créancier privilégié du titulaire, et sur ses revenus, de la
somme qui lui en revient.

§. 5. *Du cas d'infirmité des curés ou desservans.*

15. Lorsqu'un curé ou desservant sera devenu, par son é ou ses infirmités, dans l'impuissance de remplir seul fonctions, il pourra demander un vicaire qui soit à la rge de la fabrique, et, en cas d'insuffisance de son venu, à la charge des habitans, avec le traitement tel u'il est réglé par l'art. 40 du décret du 30 décembre 09, sur les fabriques.

écret impérial concernant les membres des établissemens ecclésiastiques et religieux supprimés dans les départemens de la Sarre, de la Roër, de Rhin-et-Moselle et du Mont-Tonnerre, nés dans d'autres pays devenus français par leur réunion à l'empire.

Au palais des Tuileries ; le 28 décembre 1811.

ART. 1. Les membres des maisons et établissemens ecclésiastiques et religieux supprimés par l'arrêté du gouvernement, du 20 prairial an X, dans les départemens de a Sarre, de la Roër, de Rhin-et-Moselle, et du Mont-Tonnerre, nés sur le territoire de la Hollande, ou de out autre pays devenu français par sa réunion à l'empire, t qui justifieront qu'ils en faisoient partie à l'époque de eur suppression, sont admis à la pension déterminée par article 12 de cet arrêté.

2. Sont exceptés des dispositions de l'article précédent es individus nés sur le territoire de la Hollande, auxquels e gouvernement hollandais auroit accordé une pension périeure à celle qui est déterminée par l'article 12 usdit. et dont la pension auroit été comprise dans la iquidation des pensions ecclésiastiques de la Hollande, ar rapport à ceux qui auroient été liquidés pour une oindre somme que celle qui est déterminée par l'article 12 précité, la pension qui leur a été accordée leur

sera imputée, jusqu'à la concurrence, sur celle à la
ils ont droit d'après les dispositions du présent décr

3. Les individus admis à la pension ou au supplé
de pension en vertu des articles 1 et 2 du présent dé
seront tenus d'en adresser la demande avec les pièc
l'appui avant le 1 mars 1812, sous peine de déchéance
profit du département dans lequel étoit situé l'éta
sement auquel ils appartenoient, ou le bénéfice don
ont été dépossédés.

4. La jouissance de la pension ou du supplément
pension auquel ils seront reconnus avoir droit, ne co
à leur profit qu'à compter du 22 décembre 1811;
il ne leur sera fait aucune déduction à raison des sec
et frais de voyage qui leur auroient été payés, en exé
tion de l'article 17 de l'arrêté du 20 prairial an X.

Décret impérial qui réunit au domaine de l'état
biens composant les dotations affectées aux pr
tures de la ci-devant cour de Rome.

Au palais des Tuileries, le 24 janvier 1812.

Napoléon, etc.

Considérant que les dotations affectées aux prélat
de la ci-devant cour de Rome, ne pouvoient être acc
dées et possédées que sous la condition imposée aux ti
laires d'entrer et de vivre dans l'état clérical; qu'ainsi, e
doivent être considérées comme des bénéfices ecclési
tiques;

Voulant néanmoins traiter favorablement les titulai
desdites dotations, et donner en même temps à l'église
Saint-Pierre de notre bonne ville de Rome, une pre
de notre munificence et de notre protection spéciale;

Sur le rapport de notre ministre de la police généra
Notre conseil d'état entendu,

ous avons décrété et décrétons ce qui suit :

RT. 1. Les biens composant les dotations affectées prélatures de la cour de Rome, sont déclarés faire ie du domaine de l'état.

2. Les titulaires desdites dotations en conserveront la issance leur vie durant.

Ils sont tenus de faire, dans les trois mois qui suivront publication de notre présent décret, la déclaration des s qui les composent, au préfet du département de e, et de lui remettre en même temps les titres, domens et papiers qui les concernent.

3. Ils pourront devenir propriétaires incommutables de s biens, en payant, pour forme de rachat, le huitième leur valeur actuelle.

4. A cet effet, ceux de ces titulaires qui voudront pror de la faveur qui leur est accordée par l'article précént, seront tenus, sous peine d'être déchus de ladite eur, d'adresser, dans les six mois qui suivront la publiion du présent décret, leur soumission audit préfet.

5. Si le préfet juge qu'une estimation soit nécessaire, y sera procédé par deux experts nommés, l'un par le ulaire, et l'autre par les administrateurs de la fabrique l'église de Saint-Pierre.

En cas de dissentiment entre ces deux experts, le préfet ourra en nommer un troisième.

6. Le préfet réglera le montant du huitième à payer, t fixera les époques du paiement. Les titulaires pourront rder le fonds du huitième, en payant la rente à cinq r cent dudit huitième.

7. Les actes de rachat seront faits dans la forme et les les prescrites pour les actes de vente de domaines natiox, et inscrits au livre des hypothèques.

8. Nous faisons don à la fabrique de l'église de Sainterre de notre bonne ville de Rome de la moitié, et aux pitaux de Rome de l'autre moitié,

1°. Des capitaux ou rentes provenant desdits rachats ;

2°. Des dotations qui, à l'époque de la publication du ésent décret, se trouveroient sans titulaires, ainsi que de venus arriérés ;

3. De celles que les titulaires n'auroient point rach

Les administrateurs de la fabrique de Saint-Pier
les administrateurs des hospices de Rome, seront mis,
le préfet, en possession de ces biens, à mesure de
disponibilité.

Décret impérial portant prorogation au délai acc
aux titulaires de dotations affectées aux pré
pour réunir leurs titres et faire à la préfectur
Rome les déclarations prescrites.

Dresde, le 28 mai 1812.

ART. I. Le délai accordé par notre décret impérial
24 janvier dernier, aux titulaires de dotations aff
aux prélatures, pour réunir leurs titres et faire à la
fecture du département de Rome les déclarations
crites par le même décret, est prorogé de trois mois.

Décret impérial relatif au mode d'autorisation
chapelles domestiques et oratoires particuliers

Au palais des Tuileries, le 22 décembre 1812.

ART. I. Les chapelles domestiques et oratoires
culiers dont est mention en l'article 44 de la loi du
germinal an X, et qui n'ont pas encore été autorisés
un décret impérial, aux termes dudit article, ne se
autorisés que conformément aux dispositions suivant

2. Les demandes d'oratoires particuliers, pour
hospices, les prisons, les maisons de détention et
travail, les écoles secondaires ecclésiastiques, les con
gations religieuses, les lycées et les colléges, et des
pelles et oratoires domestiques à la ville ou à la campa
pour les individus ou leurs grands établissemens

riques et manufactures, seront accordées par nous,
notre conseil, sur la demande des évêques. A ces
andes seront jointes les délibérations prises, à cet
et, par les administrateurs des établissemens publics,
l'avis des maires et des préfets.

3. Les pensionnats pour les jeunes filles et pour les
nes garçons pourront également, et dans les mêmes
mes, obtenir un oratoire particulier, lorsqu'il s'y trou-
ra un nombre suffisant d'élèves, et qu'il y aura d'autres
otifs déterminans.

4. Les évêques ne consacreront les chapelles ou ora-
es qne sur la représentation de notre décret.

5. Aucune chapelle ou oratoire ne pourra exister dans
s villes que pour causes graves et pour la durée de la
e de la personne qui aura obtenu la permission.

6. Les particuliers qui auront des chapelles à la cam-
gne ne pourront y faire célébrer l'office que par des
êtres autorisés par l'évêque, qui n'accordera la permis-
on qu'autant qu'il jugeroit pouvoir le faire sans nuire
u service curial de son diocèse.

7. Les chapelains des chapelles rurales ne pourront
dministrer les sacremens qu'autant qu'ils auront les
ouvoirs spéciaux de l'évêque, et sous l'autorité et la
rveillance du curé.

8. Tous les oratoires ou chapelles où le propriétaire vou-
roit faire exercer le culte, et pour lesquelles il ne présen-
era pas, dans le délai de six mois, l'autorisation énoncée
ans l'article 1, seront fermés à la diligence de nos pro-
ureurs près nos cours et tribunaux, et des préfets, maires
autres officiers de police.

Nos ministres des cultes, de la police générale sont
argés, etc.

La loi du 18 germinal an X sur l'organisation des cultes fix traitement des ministres de la manière suivante :

Celui des archevêques à 15,000 francs.

Celui des évêques à 10,000 francs.

Celui des curés de la première classe à 1,500 francs.

Celui de la seconde classe à 1000 francs.

Les pensions dont ils jouissent en exécution des lois de l'assemblée constituante sont précomptées sur leur traitement.

Arrêté qui déclare les traitemens ecclésiast' insaisissables dans leur totalité.

Du 18 nivose an XI.

Les consuls de la république arrêtent :

ART. 1. Les traitemens ecclésiastiques seront insaisissables dans leur totalité.

2. Le ministre du trésor public, etc.

Arrêté relatif aux traitemens des ministres du culte et autres dépenses accessoires.

Du 18 germinal an XI.

ART. 1. Les conseils généraux de département sont, conformément à la loi du 18 germinal an X, autorisés voter une augmentation de traitement aux archevêques et évêques de leurs diocèses, si les circonstances l'exigent.

Ils détermineront, pour les vicaires généraux et chanoines, un traitement qui ne pourra être moindre que celui qu'a fixé l'arrêté du 14 nivose an 11.

Ils proposeront, en outre, les sommes qu'ils croiront convenables d'appliquer, 1°. aux acquisitions, locations, réparations et ameublement des maisons épiscopales; 2°. à l'entretien et réparation des églises cathédrales ; 3°. à

hat et entretien de tous les objets nécessaires au ser-
ce du culte dans ces églises.

2. Des sommes seront imputées sur les centimes addi-
onnels affectés chaque année aux dépenses variables de
urs départemens.

3. Les conseils municipaux, en exécution de l'art. 67
la loi du 18 germinal an 10, délibéreront : 1°. sur les
gmentations de traitement à accorder, sur les revenus de
commune, aux curés, vicaires et desservans ; 2°. sur les
is d'ameublement des maisons curiales ; 3°. sur les frais
achat et entretien de tous les objets nécessaires au ser-
ce du culte dans les églises paroissiales et succursales.

4. Les conseils municipaux indiqueront le mode qu'ils
ront le plus convenable pour lever les sommes à four-
r par la commune pour subvenir aux dépenses désignées
'article précédent.

5. Les délibérations des conseils généraux de départe-
ens et des conseils municipaux ne pourront être mises
exécution qu'après l'approbation du gouvernement.
lles seront transmises séparément par le préfet au ministre
l'intérieur.

------

*été relatif au traitement des vicaires, chapelains
et aumôniers attachés à l'exercice du culte dans
les établissemens d'humanité, etc.*

Saint-Cloud, le 11 fructidor an XI.

Le gouvernement de la république, etc.
Arrête :

ART. 1. Le traitement des vicaires, chapelains et au-
ôniers attachés à l'exercice du culte dans les établisse-
ens d'humanité, ensemble les frais du culte dans ces
tablissemens, seront réglés par les préfets, sur la proposi-
on des commissaires et l'avis des sous-préfets.

2. Les arrêtés pris par les préfets ne seront exécutés
u'après avoir été soumis à l'approbation du ministre de
l'intérieur.

Décret impérial relatif au mode de paiement
traitement accordé aux desservans et vicaires
succursales.

Au palais des Tuileries, le 5 nivôse an XIII.

ART. 1. En exécution du décret du 11 prairial der
nier (1), tous les desservans des succursales dont l'ét
numérique, divisé par départemens et par diocèses,
annexé au présent, toucheront, à compter du 1 ven
miaire an XIII, le traitement fixé par l'art. 4, et suiv
les formes prescrites par les art. 5, 6, 7 et 8 du déc
précité.

2. Le paiement des desservans et vicaires des aut
succursales demeure à la charge des communes de le
arrondissemens.

3. Sur la demande des évêques, les préfets régleront
quotité de ce paiement, et détermineront les moyens
l'assurer, soit par les revenus communaux et les octroï
soit par la voie de souscriptions, abonnemens et presl
tions volontaires, ou de toute autre manière convenable.

Ils régleront de même les traitemens des vicaires d
succursales comprises au premier article du présent,
les augmentations que les communes de ces succursal
seront dans le cas de faire au traitement de leurs desser
vans; et ils adresseront leurs arrêtés aux ministres de l'in
térieur et des cultes.

_____

(1) Voyez ce décret, pag. 24; il est relatif au traitement d
desservans et vicaires des succursales.

ÉTAT, *par Départemens et par Diocèses, du nombre des Succursales dont les desservans seront payés, en exécution du Décret du 11 prairial an XII.*

NOMS des DIOCÈSES.	NOMS des DÉPARTEMENS.	NOMBRE des SUCCURSALES	TOTAL par DIOCÈSE.
Agen.	Lot-et-Garonne. . .	320.	640.
	Gers.	320.	
Aix.	Bouches-du-Rhône. .	111.	250.
	Var.	139.	
Aix-la-Chapelle.	La Roer.	402.	602.
	Rhin-et-Moselle. .	200.	
Ajaccio.	Golo.	144.	232.
	Liamone.	88.	
Amiens.	Somme.	414.	767.
	Oise.	353.	
Angers.	Maine-et-Loire. . .	. . . . . .	271.
Angoulême. . . .	Charente.	200.	500.
	Dordogne.	300.	
Arras.	Pas-de-Calais. . . .	. . . . .	453.
Autun.	Saône-et-Loire. . .	275.	457.
	La Nièvre.	182.	
Avignon.	Gard.	108.	191.
	Vaucluse.	83.	
Bayeux.	Calvados.	. . . . . .	451.
Bayonne.	Landes.	175.	612.
	Basses-Pyrénées. .	275.	
	Hautes-Pyrénées. .	162.	
Besançon	Doubs.	345.	843.
	Jura	234.	
	Haute-Saône	264.	
Bordeaux.	Gironde.	. . . . . .	243.
Bourges.	Cher.	136.	257.
	Indre.	121.	

6

NOMS des DIOCÈSES.	NOMS des DÉPARTEMENS.	NOMBRE des SUCCURSALES	TOTAL par DIOCÈSE.
Brieuc (Saint) . .	Côtes-du-Nord. . . .	. . . . .	230?
Cahors.	Le Lot. . , ... {br} L'Aveyron.	453. {br} 412.	865.
Cambrai.	Nord. . . . . . . , . .	. . . . .	400.
Carcassonne. . .	Aude. . . . . {br} Pyrénées-Orientales.	238. {br} 85.	323.
Chambéry. . . .	Mont-Blanc. . . . . {br} Léman.	237. {br} 146.	383.
Clermont.	Allier. . . . . . . {br} Puy-de-Dôme. . . .	168. {br} 281.	449.
Coutances.	La Manche.	. . . . .	409.
Digne.	Hautes-Alpes. . . . {br} Basses-Alpes.	140. {br} 224.	364.
Dijon.	Haute-Marne. . . . {br} Côte-d'Or.	290. {br} 302.	592.
Evreux.	Eure.	. . . . .	394.
Saint-Flour. . . .	Haute-Loire. . . . {br} Cantal.	149. {br} 90.	239.
Gand.	L'Escaut. . . . . . {br} La Lys.	226. {br} 156.	382.
Grenoble.	Isère.	. . . . .	282.
Liège.	L'Ourte. . . . . . {br} Meuse-Inférieure. . .	219. {br} 170.	389.
Limoges.	La Creuse. . . . . . {br} La Corrèze. . . . . . {br} La Haute-Vienne. . .	135. {br} 168. {br} 126.	429.
Lyon.	Rhône. . . . . {br} Loire. . . . . {br} Ain.	167. {br} 188. {br} 220.	575.
Malines.	Deux-Nèthes. . . . . {br} La Dyle.	97. {br} 206.	303.

NOMS des DIOCÈSES.	NOMS des DÉPARTEMENS.	NOMBRE des SUCCURSALES	TOTAL par DIOCÈSE.
Mans (le). . . .	La Sarthe.	238.	419.
	La Mayenne. . . .	181.	
Mayence.	Mont–Tonnerre. . .	. . . . .	152.
Meaux.	Seine-et-Marne. . .	283.	598.
	Marne.	315.	
Mende.	Ardèche.	138.	240.
	Lozère.	102.	
Metz.	Ardennes.	343.	1,105.
	Forêts.	381.	
	Moselle.	381.	
Montpellier. . . .	Hérault.	204.	504.
	Tarn.	300.	
Namur.	Sambre-et-Meuse. . .	. . . . .	194.
Nancy.	Meuse.	312.	920.
	Meurthe.	373.	
	Vosges.	235.	
Nantes.	Loire-Inférieure. . .	. . . . .	123.
Nice.	Alpes-Maritimes. . .	. . . . .	95.
Orléans.	Le Loiret.	200.	392.
	Loir-et-Cher. . . .	192.	
Paris.	La Seine.	. . . . .	73.
Poitiers. . . . ~.	Deux-Sèvres. . . .	203.	367.
	Vienne.	164.	
Quimper.	Finistère.	. . . . .	182.
Rennes.	Ille-et-Villaine. . .	. . . . .	217.
Rochelle (la). . .	Charente - Inférieure.	183.	344.
	Vendée.	161.	
Rouen.	Seine-Inférieure. . .	. . . . .	322.
Seez.	Orne.	. . . . .	327.
Soissons.	Aisne.	. . . . .	389.
Strasbourg. . .	Haut – Rhin.	283.	515.
	Bas-Rhin.	232.	

NOMS des DIOCÈSES.	NOMS des DÉPARTEMENS.	NOMBRE des succursales.	TOTAL par DIOCÈSE.
Toulouse.	Haute–Garonne. . .	405.	597.
	Ariege.	192.	
Tournay.	Jemmape.		299.
Tours.	Indre–et–Loire. . . .		166.
Treves.	La Sarre. . . . ·. . .	, .	196.
Troyes.	L'Aube.	243.	552.
	L'Yonne.	309.	
Valence.	Drôme.		127.
Vannes.	Morbihan.		147.
Versailles.	Seine–et–Oise.	405.	661.
	Eure–et–Loir.	256.	
			24,000.

Décret impérial qui rectifie celui du 5 nivose an XIII sur les Succursales.

Au palais des Tuileries, le 3 ventose an XIII.

ART. I. Le tableau des succursales annexé au décret du 5 nivose dernier, est rectifié ainsi qu'il suit :

DIOCÈSES.	DÉPARTEMENS.	NOMBRE des SUCCURSALES.
Besançon.	Le Doubs.	280.
	La Haute–Saône.	229.
Chambéry.	Le Mont–Blanc.	243.
Saint–Flour.	Le Cantal.	151.
Mende.	L'Ardeche.	206.
Metz.	Les Forêts.	366.
	La Moselle.	300.
Toulouse..	L'Ariége	208.
	La Haute–Garonne. . . .	365.
Troyes..	L'Aube.	303.
	L'Yonne.	334.

2. Les répartitions autres que celles ci-dessus, sont maintenues telles qu'elles sont portées au tableau annexé au décret du 5 nivose dernier.

Extrait des minutes de la secrétairerie d'état.

Au palais de Rambouillet, le 19 mai 1811.

Avis du conseil d'état relatif à la quotité et au mode de paiement du traitement des vicaires. (Séance du 17 mai 1811.)

Le conseil d'état, qui, d'après le renvoi ordonné par S. M., a entendu le rapport de la section de l'intérieur sur celui du ministre de ce département, concernant le mode de paiement des vicaires des cures ou succursales dont la nécessité aura été constatée, et sur la quotité de ce traitement,

Est d'avis, que la quotité du traitement des vicaires est réglée par l'art. 40 du décret du 30 décembre 1809, qui en fixe le *maximum* à 500 fr., et le *minimum* à 300 fr.;

Que le mode de paiement est réglé par le même décret, attendu, 1°. que l'art. 39, en cas d'insuffisance des revenus de la fabrique pour effectuer ce paiement, renvoie à procéder comme il est dit art. 49; 2°. que l'art. 49 porte qu'en cas d'insuffisance des revenus de la fabrique, on établira ce qui doit être demandé aux paroissiens, qui y pourvoiront dans les formes réglées au chapitre 4; 3°. que, dans le chapitre 4, la manière de procéder est en effet réglée, et que l'art. 99 dit qu'*en cas d'insuffisance des revenus communaux, le conseil délibérera sur les moyens de subvenir* aux dépenses, *selon les règles prescrites par la loi;*

Que dans les dépenses le traitement des vicaires se trouve compris, d'après le renvoi de l'art. 39 à l'art. 49 et de l'art. 49 au chap. IV et à l'art. 99;

Que conséquemment, si la nécessité y oblige, et si les communes le peuvent, les conseils municipaux ont la faculté de voter une imposition pour le paiement des vicaires;

Que ce vote toutefois doit, avant d'être exécuté, être autorisé en conseil d'état, sur le rapport du ministre de l'intérieur.

Décret impérial relatif aux cérémonies publiques,' préséances, honneurs civils et militaires.

Au palais de Saint-Cloud, le 24 messidor an XII.

Napoléon, etc.
Le conseil d'état entendu ;
Décrète :

PREMIÈRE PARTIE.

Des Rangs et Préséances.

~~~~~~~~~~~~~~~~~~~

TITRE PREMIER.

Des Rangs et Séances des diverses autorités dans les cérémonies publiques.

SECTION PREMIÈRE.

Dispositions générales.

ART. 1. Ceux qui, d'après les ordres de l'Empereur, devront assister aux cérémonies publiques, y prendront rang et séance dans l'ordre qui suit :

Les princes français ;
Les grands dignitaires;
Les cardinaux ;
Les ministres;
Les grands officiers de l'empire;
Les sénateurs dans leur sénatorerie ;
Les conseillers d'état en mission;
Les grands officiers de la légion d'honneur, lorsqu'ils n'auront point de fonctions publiques qui leur assignent un rang supérieur ;
Les généraux de division commandant une division territoriale dans l'arrondissement de leur commandement;
Les premiers présidens des cours d'appel;
Les archevéques;

Le président du collège électoral de département, pendant la tenue de la session, et pendant les dix jours qui
précèdent l'ouverture, et qui suivent la clôture ;

Les préfets ;

Les présidens des cours de justice criminelle ;

Les généraux de brigade commandant un département;

Les évêques ;

Les commissaires généraux de police ;

Le président du collège électoral d'arrondissement,
pendant la tenue de la session, et pendant les dix jours
qui précèdent l'ouverture, et qui suivent la clôture;

Les sous-préfets ;

Les présidens des tribunaux de première instance ;

Le président du tribunal de commerce;

Les maires;

Les commandans d'armes ;

Les présidens des consistoires.

Les préfets conseillers d'état prendront leur rang de
conseillers d'état.

Lorsqu'en temps de guerre, ou pour toute autre raison, S. M. jugera à propos de nommer des gouverneurs
de places fortes, le rang qu'ils doivent avoir sera réglé.

2. Le sénat, le conseil d'état, le corps législatif, le
tribunat, la cour de cassation, n'auront rang et séance
que dans les cérémonies publiques auxquelles ils auront
été invités par lettres closes de S. M.

Il en sera de même des corps administratifs et judiciaires, dans les villes où l'Empereur sera présent.

Dans les autres villes, les corps prendront les rangs
réglés ci-après.

3. Dans aucun cas, les rangs et honneurs accordés à
un corps n'appartiendront individuellement aux membres
qui le composent.

4. Lorsqu'un corps ou un des fonctionnaires dénommés dans l'article 1er invitera, dans le local destiné à
l'exercice de ses fonctions, d'autres corps ou fonctionnaires publics pour y assister à une cérémonie, le corps
ou le fonctionnaire qui aura fait l'invitation, y conservera

sa place ordinaire; et les fonctionnaires invités garderont entre eux les rangs assignés par l'article 1er du présent titre.

SECTION II.

Des invitations aux Cérémonies.

5. Les ordres de l'Empereur, pour la célébration des cérémonies publiques, seront adressés aux archevêques et évêques, pour les cérémonies religieuses; et aux préfets, pour les cérémonies civiles.

6. Lorsqu'il y aura, dans le lieu de la résidence du fonctionnaire auquel les ordres de l'Empereur seront adressés, une ou plusieurs personnes désignées avant lui, dans l'article 1er, celui qui aura reçu lesdits ordres se rendra chez le fonctionnaire auquel la préséance est due, pour convenir du jour et de l'heure de la cérémonie.

Dans le cas contraire, ce fonctionnaire convoquera chez lui, par écrit, ceux des fonctionnaires publics placés après lui dans l'ordre des préséances, dont le concours sera nécessaire pour l'exécution des ordres de l'Empereur.

SECTION III.

De l'ordre suivant lequel les autorités marcheront dans les cérémonies publiques.

7. Les autorités appelées aux cérémonies publiques se réuniront chez la personne qui doit y occuper le premier rang.

8. Les princes, les grands dignitaires de l'Empire, et les autres personnes désignées en l'article 1er de la section première du présent titre, marcheront dans les cérémonies suivant l'ordre des préséances indiqué audit article; de sorte que la personne à laquelle la préséance sera due, ait toujours à sa droite celle qui doit occuper le second rang; à sa gauche, celle qui doit occuper le troisième, et ainsi de suite.

Ces trois personnes forment la première ligne du cor‑
tége ;

Les trois personnes suivantes, la deuxième ligne.

Les corps marcheront dans l'ordre suivant :

Les membres des cours d'appel ;

Les officiers de l'état-major de la division, non com‑
pris deux aides-de-camp du général qui le suivront,
immédiatement ;

Les membres des cours criminelles ;

Les conseils de préfectures, non compris le secrétaire
général, qui accompagnera le préfet ;

Les membres des tribunaux de première instance ;

Le corps municipal ;

Les officiers de l'état-major de la place ;

Les membres du tribunal de commerce ;

Les juges de paix ;

Les commissaires de police.

SECTION IV.

De la manière dont les diverses autorités seront placées
dans les cérémonies.

9. Il y aura, au centre du local destiné aux cérémonies
civiles et religieuses, un nombre de fauteuils égal à celui
des princes, dignitaires ou membres des autorités natio‑
nales présens, qui auront droit d'y assister. Aux céré‑
monies religieuses, lorsqu'il y aura un prince ou un
grand dignitaire, on placera devant lui un prie-dieu avec
un tapis et un carreau. En l'absence de tout prince,
dignitaire ou membre des autorités nationales, le centre
sera réservé, et personne ne pourra s'y placer.

Les généraux de divisions commandant les divisions
territoriales,

Les premiers présidens des cours d'appel, et les arche‑
vêques, seront placés à droite ;

Les préfets,

Les présidens des cours criminelles ;

Les généraux de brigade commandant les départemens ;

Les évêques, seront placés à gauche;

Le reste du cortége sera placé en arrière.

Les préfets conseillers-d'état prendront leur rang de conseillers-d'état.

Ces fonctionnaires garderont entre eux les rangs qui leur sont respectivement attribués.

10. Lorsque, dans les cérémonies religieuses, il y aura impossibilité absolue de placer dans le chœur de l'église la totalité des membres des corps invités, lesdits membres seront placés dans la nef, et dans un ordre analogue à celui des chefs.

11. Néanmoins, il sera réservé, de concert avec les évêques ou les curés et les autorités civiles et militaires, le plus de stalles qu'il sera possible ; elles seront destinées de préférence aux présidens et procureurs impériaux des cours ou tribunaux, aux principaux officiers de l'état-major de la division et de la place, à l'officier supérieur de gendarmerie, et au doyen et membres des conseils de préfecture.

12. La cérémonie ne commencera que lorsque l'autorité qui occupera la première place aura pris séance.

Cette autorité se retirera la première.

13. Il sera fourni aux autorités réunies pour les cérémonies, des escortes de troupes de ligne ou de gendarmerie, selon qu'il sera réglé au titre des honneurs militaires.

SECONDE PARTIE.

Des honneurs militaires et civils.

TITRE II.

Saint-Sacrement.

ART 1. Dans les villes où, en exécution de l'art. 45 de la loi du 18 germinal an X, les cérémonies religieuses pourront avoir lieu hors des édifices consacrés au culte catholique, lorsque le saint-sacrement passera à la vue d'une garde ou d'un poste, les sous-officiers et soldats

prendront les armes, les présenteront, mettront le genou
droit en terre, inclineront la tête, porteront la main
droite au chapeau, mais resteront couverts. Les tambours
battront aux champs : les officiers se mettront à la tête de
leur troupe, salueront de l'épée, porteront la main gauche
au chapeau, mais resteront couverts ; le drapeau saluera.

Il sera fourni, du premier poste devant lequel passera
le saint-sacrement, au moins deux fusiliers pour son
escorte. Ces fusiliers seront relevés de poste en poste,
marchèront couverts près du saint-sacrement, l'arme dans
le bras droit.

Les gardes de cavalerie monteront à cheval, mettront
le sabre à la main ; les trompettes sonneront la marche;
les officiers, les étendards et guidons salueront.

2. Si le saint-sacrement passe devant une troupe sous
les armes, elle agira ainsi qu'il vient d'être ordonné aux
gardes ou postes.

3. Une troupe en marche fera halte, se formera en
bataille, et rendra les honneurs prescrits ci-dessus.

4. Aux processions du saint-sacrement, les troupes
seront mises en bataille sur les places où la procession
devra passer. Le poste d'honneur sera à la droite de la
porte de l'église par laquelle la procession sortira. Le régiment d'infanterie qui portera le premier numéro prendra
la droite; celui qui portera le second, la gauche; les
autres régimens se formeront ensuite alternativement à
droite et à gauche : les régimens d'artillerie à pied occuperont le centre de l'infanterie.

Les troupes à cheval viendront après l'infanterie. Les
carabiniers prendront la droite, puis les cuirassiers,
ensuite les dragons, chasseurs et hussards.

Les régimens d'artillerie à cheval occuperont le centre
des troupes à cheval.

La gendarmerie marchera à pied entre les fonctionnaires publics et les assistans.

Deux compagnies de grenadiers escorteront le saint-
sacrement; elles marcheront en file, à droite et à gauche
du dais. A défaut de grenadiers, une escorte sera fournie
par l'artillerie ou par des fusiliers, et, à défaut de

ceux-ci, par des compagnies d'élite des troupes à cheval, qui feront le service à pied.

La compagnie du régiment portant le premier numéro occupera la droite du dais; celle du second la gauche.

Les officiers resteront à la tête des files. Les sous-officiers et soldats porteront le fusil sur le bras droit.

5. L'artillerie fera trois salves pendant le temps que durera la procession, et mettra en bataille sur les places, ce qui ne sera pas nécessaire pour la manœuvre du canon.

TITRE III.

Sa Majesté impériale.

SECTION PREMIÈRE.

Honneurs militaires.

ART. 1. Lorsque S. M. I. devra entrer dans une place, toute la garnison prendra les armes. La moitié de l'infanterie sera mise en bataille sur le glacis, à droite et à gauche de la porte par laquelle S. M. devra entrer, et l'autre moitié sur les places que S. M. devra traverser : les sous-officiers et soldats présenteront les armes; les officiers et les drapeaux salueront ; les tambours battront aux champs.

Toute la cavalerie ira au devant de S. M. I. jusqu'à une demi-lieue de la place, et l'escortera jusqu'à son logis.

Les officiers et les étendards salueront.

Les trompettes sonneront la marche.

2. Lorsque S. M. I. arrivera dans un camp, si l'on a été prévenu de son arrivée, toutes les troupes se mettront en bataille en avant du front de bandière, et rendront les honneurs prescrits article 1. La plus ancienne brigade de cavalerie se portera au-devant de S. M. I. jusqu'à une demi-lieue du camp; les gardes et piquets prendront les armes et monteront à cheval.

3. Dans le cas où S. M. arrivera ou passera inopinément dans un camp, les gardes et piquets prendront les armes ou monteront à cheval : les officiers se porteront prompte-

ment sur le front de bandière; les sous-officiers et soldats
s'y rendront de même avec promptitude et sans armes; ils
s'y formeront en bataille, et y resteront jusqu'à nouvel
ordre.

4. On regardera comme le poste d'honneur le côté qui
sera à droite en sortant du logis de S. M. I.; mais si l'empereur ne loge pas dans la place, et qu'il ne fasse que
la traverser, le poste d'honneur sera à la droite de la
porte de la ville par laquelle S. M. I. entrera.

5. Les officiers généraux employés, s'il y en a dans la
place, se mettront à la tête des troupes.

Le gouverneur de la place, s'il en a été nommé un
pour commander en cas de siége, le commandant d'armes
et les autres officiers de l'état-major de la place se trouveront à la première barrière pour en présenter les clefs
à S. M. I.

6. Le maire et les adjoints, accompagnés par une garde
d'honneur, de trente hommes au moins, fournie par la
garde nationale sédentaire, se rendront à cinq cents pas
environ hors de la place pour présenter les clefs de la ville
à S. M.

7. Il sera fait trois salves de toute l'artillerie de la place
après que S. M. I. aura passé les ponts.

Il en sera de même de toute l'artillerie d'un camp de
paix, et non à la guerre, à moins d'un ordre formel.

8. Si S. M. I. s'arrête dans la place ou dans le camp, et
quoique les troupes de sa garde soient près de sa personne,
les régimens d'infanterie de la garnison, à commencer
par le premier numéro, fourniront, chacun à leur tour,
une garde composée d'un bataillon avec son drapeau, et
commandée par le colonel.

9. Il sera mis pareillement devant le logis de S. M. I.
un escadron de cavalerie de la garnison, commandé par
le colonel. Cet escadron fournira deux vedettes, le sabre
à la main, devant la porte de S. M. Les escadrons de la
garnison le relèveront chacun à leur tour, suivant l'ordre
prescrit article 4 du titre 2.

10. Dès que l'Empereur sera arrivé, les colonels qui
commanderont ladite garde, prendront les ordres et la

consigne du grand-maréchal de la cour, ou de celui qui en fera les fonctions. Si S. M. I. conserve tout ou partie de cette garde, elle sera particulièrement destinée à fournir des sentinelles autour du logis de S. M.

11. Lorsque S. M. I. sortira de la place, l'infanterie sera disposée ainsi qu'il est dit article 1.

La cavalerie se portera sur son passage hors de la place pour la suivre jusqu'à une demi-lieue hors de la barrière.

Dès que S. M. I. en sera sortie, on la saluera par trois décharges de toute l'artillerie.

12. Si S. M. I. passe devant des troupes en bataille, l'infanterie présentera les armes; les officiers salueront, ainsi que les drapeaux; les tambours battront aux champs. Dans la cavalerie, les étendards, les guidons et les officiers salueront; les trompettes sonneront la marche.

13. Si S. M. I. passe devant une troupe en marche, cette troupe s'arrêtera, se formera en bataille si elle n'y est pas, et rendra à S. M. les honneurs prescrits ci-dessus.

14. Si S. M. passe devant un corps-de-garde, poste ou piquet, les troupes prendront les armes et les présenteront; les tambours battront aux champs.

La cavalerie montera à cheval et mettra le sabre à la main; les trompettes sonneront la marche.

Les officiers salueront de l'épée ou du sabre.

Les sentinelles présenteront les armes.

15. Pendant le temps que S. M. I. restera dans une place ou camp, elle donnera le mot d'ordre. Si le ministre de la guerre est présent, c'est lui qui recevra l'ordre et le rendra aux troupes. En son absence, ce sera le colonel-général de la garde de service, à moins que le corps de troupe ne soit commandé par un maréchal de l'empire, qui, dans ce cas, le recevra directement.

16. Lorsque S. M. I. recevra les officiers de la garnison ou du camp, chaque corps lui sera présenté, en l'absence du connétable et du ministre de la guerre, par le colonel général de la garde de service, à qui les corps s'adresseront à cet effet.

17. Lors des voyages de l'Empereur, la gendarmerie nationale de chaque arrondissement sur lequel S. M. pas-

sera, se portera sur la grande route, au point le plus voisin de sa résidence, et s'y mettra en bataille.

18. Un officier supérieur ou subalterne de gendarmerie,
pris parmi ceux employés dans le département, pourra
précéder, à cheval, immédiatement la voiture de S. M.
Cette voiture pourra être immédiatement suivie par deux
officiers ou sous-officiers de la gendarmerie du département, marchant après le piquet de la garde.

19. Lorsque le général de la division dans laquelle
l'Empereur se trouvera, accompagnera S. M., il se placera, et marchera près la portière de gauche. Les autres
places autour de la voiture de S. M. seront occupées
par les officiers du palais ou de la garde impériale, et
autres personnes que S. M. aura spécialement nommées
pour l'accompagner.

20. Il ne sera rendu aucuns honneurs, ni civils, ni
militaires, à aucun officier-civil ou militaire à Paris, et
dans les lieux où se trouvera l'Empereur, pendant tout le
temps de sa résidence, et pendant les vingt-quatre heures
qui précéderont son arrivée, et les vingt-quatre heures qui
suivront son départ.

SECTION II.

Honneurs civils.

21. Dans les voyages que S. M. fera, et qui auront
été annoncés par les ministres, sa réception aura lieu de
la manière suivante.

22. Le préfet viendra, accompagné d'un détachement
de gendarmerie et de la garde nationale du canton, la
recevoir sur la limite du département.

Chaque sous-préfet viendra pareillement la recevoir sur
la limite de son arrondissement.

Les maires des communes l'attendront, chacun sur la
limite de leurs municipalités respectives : ils seront accompagnés de leurs adjoints, du conseil municipal, et d'un
détachement de la garde nationale.

23. A l'entrée de l'Empereur dans chaque commune,
toutes les cloches sonneront. Si l'église se trouve sur son

passage, le curé ou desservant se tiendra sur la porte, en habits sacerdotaux, avec son clergé.

24. Dans les villes où S. M. s'arrêtera ou séjournera, les autorités et les fonctionnaires civils et judiciaires seront avertis de l'heure à laquelle l'Empereur leur accordera audience, et présentés à S. M. par l'officier du palais à qui ces fonctions sont attribuées.

25. Ils seront admis, devant elle, dans l'ordre des séances établi art. 1er. de la première partie.

26. Tous fonctionnaires ou membres de corporation non compris dans l'article précité, ne seront point admis, s'ils ne sont mandés par ordre de S. M. I. ou sans sa permission spéciale.

27. Lorsque S. M. I. aura séjourné dans une ville, les mêmes autorités qui l'auront reçue à l'entrée se trouveront à sa sortie, pour lui rendre leurs hommages, si elle sort de jour.

28. Les honneurs, soit civils, soit militaires, à rendre à l'Impératrice, sont les mêmes que ceux qui seront rendus à l'Empereur, à l'exception de la présentation des clefs, et de tout ce qui est relatif au commandement et au mot d'ordre.

TITRE IV.

Prince impérial.

ART. 1. Les honneurs à rendre au prince impérial, lorsqu'il n'accompagnera pas S. M. l'Empereur, seront déterminés par un décret particulier; il en sera de même de ceux à lui rendre quand l'Empereur sera présent.

Le Régent.

2. Le régent recevra les mêmes honneurs que les princes français.

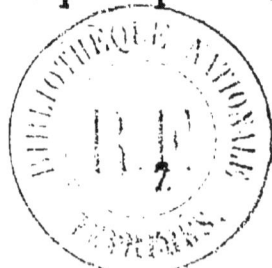

TITRE V.

Princes Français.

SECTION PREMIÈRE.

Honneurs militaires.

ART. 1. Les honneurs d'entrée ou de sortie d'une place ou d'un camp, qui doivent être rendus aux princes, aux grands dignitaires, ministres, grands officiers de l'empire, en vertu des dispositions contenues dans les titres suivans, ne le seront jamais qu'en exécution d'un ordre spécial, adressé par le ministre de la guerre aux généraux commandant les divisions ou les armées.

2. Quand les princes passeront dans une place, toute la garnison prendra les armes ; un quart de l'infanterie sera mise en bataille hors de la porte par laquelle ils devront entrer ; le reste sera disposé sur les places qu'ils devront traverser, et présentera les armes au moment de leur passage.

Moitié de la cavalerie ira au-devant d'eux jusqu'à un quart de lieue de la place, et les escortera jusqu'à leur logis ; le reste de la cavalerie sera mise en bataille sur leur passage.

Les drapeaux, étendards ou guidons, et les officiers supérieurs, salueront.

L'état-major les recevra à la barrière, mais ne leur présentera pas les clefs, cet honneur étant uniquement réservé à S. M. I.

3. Ils seront salués, à leur entrée et à leur sortie de la place, par vingt-un coups de canon.

4. Ils auront une garde de cent hommes avec un drapeau, commandée par un capitaine, un lieutenant et un sous-lieutenant. La garde sera à leur logis avant leur arrivée ; elle sera fournie, le premier jour, par le régiment qui portera le premier numéro, et ensuite par les autres à tour de rôle.

5. Quand les princes arriveront dans un camp, si l'on a été prévenu du moment de leur arrivée, l'infanterie et la cavalerie se mettront en bataille, en avant du front de bandière ; le plus ancien régiment de cavalerie se portera au-devant d'eux ; les gardes et les piquets prendront les armes, et monteront à cheval.

6. Dans le cas où les princes arriveront ou passeront inopinément dans un camp, les gardes ou piquets prendront les armes ou monteront à cheval ; les officiers se porteront promptement sur le front de bandière ; les sous-officiers et soldats sortiront de leurs tentes, et borderont la haie dans la rue du camp, et y resteront jusqu'à nouvel ordre.

7. Si les princes arrivent devant une troupe en bataille, l'infanterie présentera les armes ; la cavalerie mettra le sabre à la main ; les officiers supérieurs, les drapeaux, étendards ou guidons salueront ; les tambours battront aux champs ; les trompettes sonneront la marche.

8. Si les princes passent devant une troupe en marche, la troupe s'arrêtera, se formera en bataille si elle n'y est point, et rendra les honneurs ci-dessus prescrits.

9. S'ils passent devant un corps-de-garde, poste ou piquet, les soldats prendront les armes, et les porteront ; les tambours battront aux champs ; la cavalerie montera à cheval et mettra le sabre à la main ; les trompettes sonneront la marche ; les sentinelles présenteront les armes.

10. Il leur sera fait des visites de corps, en grande tenue. L'officier-général le plus élevé en grade, ou, à son défaut, le commandant de la place, prendra leurs ordres pour la réception des corps, et les présentera.

Le mot d'ordre sera porté aux princes par un officier de l'état-major général de l'armée, et, dans les places, par un adjudant de place.

11. Lorsque les princes feront partie du corps de troupes qui composeront un camp, ou formeront une garnison, ils ne recevront plus, à dater du lendemain de leur arrivée, jusqu'à la veille de leur départ, que les honneurs dus à leur grade militaire.

7.

12. Lorsque les princes quitteront une place ou un camp, ils recevront les mêmes honneurs qu'à leur entrée.

SECTION II.

Honneurs civils.

13. Lorsque les princes voyageront dans les départemens, et qu'il aura été donné avis officiel de leur voyage par les ministres, il leur sera rendu les honneurs ci-après.

14. Les maires et adjoints les recevront à environ deux cent cinquante pas en avant de l'entrée de leur commune; et si les princes doivent s'y arrêter ou y séjourner, les maires les conduiront au logement qui leur aura été destiné. Dans les villes, un détachement de la garde nationale ira à leur rencontre à deux cent cinquante pas en avant du lieu où le maire les attendra.

15. Dans les chefs-lieux de département ou d'arrondissement, les préfets ou sous-préfets se rendront à la porte de la ville pour les recevoir.

16. Ils seront complimentés par les fonctionnaires et autorités mentionnées au titre I, article 1.

Les cours d'appel s'y rendront seulement par députation composée du premier président, du procureur-général-impérial, et de la moitié des juges. Les autres cours et tribunaux s'y rendront en corps.

17. Lorsqu'ils sortiront d'une ville dans laquelle ils auront séjourné, les maires et adjoints se trouveront à la porte par laquelle ils devront sortir, accompagnés d'un détachement de la garde nationale.

TITRE VI.

Les Grands-Dignitaires de l'Empire.

Les grands-dignitaires de l'empire recevront, dans les mêmes circonstances, les mêmes honneurs civils et militaires que les princes.

TITRE VII.

Des Ministres.

SECTION PREMIÈRE.

Honneurs militaires.

ART. 1. Les ministres recevront les honneurs suivans :

1°. Ils seront salués de quinze coups de canon.

2°. Un escadron de la cavalerie ira à leur rencontre à un quart de lieue de la place : elle sera commandée par un officier supérieur, et les escortera jusqu'à leur logis. Ils seront salués par les officiers supérieurs et les étendards de cet escadron, et les trompettes sonneront la marche.

3°. La garnison prendra les armes, sera rangée sur les places qu'ils devront traverser, et présentera les armes au moment de leur passage.

4°. Ils auront une garde d'infanterie composée de soixante hommes avec un drapeau, commandée par un capitaine et un lieutenant : cette garde sera placée avant leur arrivée. Le commandant de la place ira les recevoir à la barrière.

Le tambour de la garde battra aux champs, et la troupe présentera les armes.

5°. Les postes, gardes ou piquets d'infanterie devant lesquels ils passeront, prendront et porteront les armes ; ceux de cavalerie monteront à cheval, et mettront le sabre à la main ; les sentinelles présenteront les armes ; les tambours battront aux champs ; les trompettes sonneront la marche.

6°. Il leur sera fait des visites de corps en grande tenue.

7°. Ils seront salués et reconduits à leur sortie, ainsi qu'il a été dit pour leur entrée.

2. Le ministre de la guerre recevra de plus les honneurs suivans :

Il sera tiré, pour le ministre de la guerre, dix-neuf coups de canon.

Le quart de la cavalerie ira jusqu'à une demi-lieue au-devant de lui.

Sa garde sera composée de quatre-vingts hommes, commandés par trois officiers, et sera composée de grenadiers.

Il sera tiré pour le ministre-directeur dix-sept coups de canon. Sa garde sera de quatre-vingts hommes, commandée par trois officiers, mais composée de fusiliers.

Le ministre de la guerre aura un officier d'ordonnance de chaque corps : cet officier sera pris parmi les lieutenans. Le ministre-directeur en aura un aussi de chaque corps, pris parmi les sous-lieutenans.

Le ministre de la guerre donnera le mot d'ordre en l'absence de l'Empereur. Il sera porté au ministre-directeur, au camp, par un officier d'état-major; et dans les places, par un adjudant de place.

Le ministre de la marine recevra dans les chefs-lieux d'arrondissement maritime les mêmes honneurs que le ministre de la guerre.

SECTION II.

Honneurs civils.

3. Les ministres recevront dans les villes de leur passage les mêmes honneurs que les grands-dignitaires de l'empire, sauf les exceptions suivantes :

Les maires, pour les recevoir, les attendront à la porte de la ville.

Le détachement de la garde nationale ira au-devant d'eux à l'entrée du faubourg, ou, s'il n'y en a point, à cent cinquante pas en avant de la porte.

4. Les cours d'appel les visiteront par une députation composée d'un président, du procureur-général ou substitut, du quart des juges.

Les autres cours et tribunaux s'y rendront par députation composée de la moitié de la cour ou du tribunal

Pour le grand-juge, ministre de la justice, les députa-tions des tribunaux seront semblables à celles déterminées pour les princes et grands-dignitaires.

Les maires et adjoints iront, au moment de leur départ, prendre congé d'eux dans leur logis.

TITRE VIII.

Les Grands-Officiers de l'Empire.

SECTION PREMIÈRE.

Honneurs militaires.

ART. 1. Les maréchaux d'empire dont les voyages auront été annoncés par le ministre de la guerre, rece-vront, dans l'étendue de leur commandement, les hon-neurs suivans:

1°. Ils seront salués de treize coups de canon.

2°. Un escadron ira à leur rencontre, à un quart de lieue de la place, et les escortera jusqu'à leur logis; ils seront salués par les officiers supérieurs et l'étendard de cet escadron; les trompettes sonneront la marche.

3°. La garnison prendra les armes, et sera rangée sur les places qu'ils devront traverser, et présentera les armes. Les officiers supérieurs, étendards et drapeaux, salueront.

4°. Ils auront une garde de cinquante hommes, com-mandée par un capitaine et un lieutenant. Elle sera placée avant leur arrivée, et aura un drapeau. Le commandant de la place ira les recevoir à la barrière.

5°. Les postes, gardes et piquets sortiront, porteront les armes, ou monteront à cheval: les sentinelles présen-teront les armes; les tambours battront aux champs, et les trompettes sonneront la marche.

6°. Il leur sera fait des visites de corps en grande tenue: ils donneront le mot d'ordre.

7°. A leur sortie, ils seront traités comme à leur entrée.

2. Les maréchaux d'empire voyageant hors de leur commandement, et dont le voyage aura été annoncé par

le ministre de la guerre, recevront les honneurs prescrits
art. 1er, mais avec les modifications suivantes :

Ils ne seront salués que de onze coups de canon ; une
seule compagnie de cavalerie, commandée par le capitaine, ira à leur rencontre.

Le commandant de la place ira les recevoir chez eux. Le
mot d'ordre leur sera porté, au camp, par un officier de
l'état-major, et dans les places par un adjudant de place.

3. Les grands-officiers d'empire, colonels ou inspecteurs-généraux, recevront les honneurs suivans :

Ils seront reçus comme les maréchaux d'empire, voyageant hors de leur commandement, avec cette différence
que les troupes ne présenteront point les armes, que les
officiers supérieurs et drapeaux ne salueront point, et qu'il
ne sera tiré que sept coups de canon ; mais ils trouveront
tous les corps de leur arme en bataille devant leur logis :
ces corps les salueront, et laisseront une vedette si c'est
de la cavalerie, et une sentinelle si c'est de l'infanterie.

4. Les grands-officiers civils seront reçus comme les
grands-officiers de l'empire colonels ou inspecteurs-
généraux ; mais ils ne seront salués que de cinq coups de
canon, et leur garde ne sera placée qu'après leur arrivée.

5. Lorsque les colonels, inspecteurs-généraux, et les
autres grands-officiers civils, feront partie d'un camp ou
d'une garnison, ils ne recevront plus, à dater du lendemain de leur arrivée, et jusqu'à la veille de leur départ,
que les honneurs affectés à leur grade militaire.

Ils recevront, le jour de leur départ, les mêmes honneurs qu'à celui de leur arrivée.

SECTION II.

Honneurs civils.

6. Les grands-officiers de l'empire recevront les honneurs suivans :

Les maires et adjoints se trouveront à leur logis avant
leur arrivée.

Ils trouveront à l'entrée de la ville un détachement de la garde nationale sous les armes.

Les cours d'appel, autres cours et tribunaux se rendront chez eux de la même manière que chez les ministres.

Les maires et adjoints iront prendre congé d'eux dans leur logis au moment de leur départ.

7. Les maréchaux d'empire recevront, dans l'étendue de leur commandement, les mêmes honneurs civils que les ministres.

TITRE·IX.

Le Sénat.

SECTION PREMIERE.

Honneurs militaires.

ART. 1. Lorsque le sénat en corps se rendra chez S. M. I., ou à quelque cérémonie, il lui sera fourni une garde de cent hommes à cheval, qui seront divisés en avant, en arrière et sur les flancs du cortége : à défaut de cavalerie, cette garde sera fournie par l'infanterie.

2. Les corps-de-garde, postes ou piquets prendront les armes, ou monteront à cheval à son passage.

3. S'il passe devant une troupe en bataille, les officiers supérieurs salueront.

4. Les sentinelles présenteront les armes, et les tambours rappelleront.

5. Lorsque les sénateurs voudront faire leur entrée d'honneur dans le chef-lieu de leur sénatorerie, ce qu'ils ne pourront faire qu'une fois seulement, le ministre de la guerre donnera ordre de leur rendre les honneurs suivans :

6. Ils entreront dans une place en voiture, accompagnés de leur suite.

7. Le commandant de la place se trouvera à la barrière pour les recevoir et les accompagner.

8. Les troupes seront en bataille sur leur passage ;

Les officiers supérieurs salueront ;

Les tambours appelleront ;

On tirera cinq coups de canon, et de même à leur sortie.

9. Il sera envoyé au-devant d'eux, à un quart de lieue, un détachement de vingt hommes de cavalerie, commandé par un officier, avec un trompette, qui les escortera jusqu'à leur logis. Outre ce détachement, il sera envoyé à leur rencontre quatre brigades de gendarmerie commandées par un lieutenant. Le capitaine de la gendarmerie se trouvera à la porte de la ville, et les accompagnera.

10. Il leur sera donné une garde de trente hommes, commandée par un lieutenant ; le tambour rappellera.

Il sera placé deux sentinelles à la porte de leur logis.

11. Les postes ou gardes devant lesquels ils passeront, prendront et porteront les armes, ou monteront à cheval; les tambours ou trompettes rappelleront ; les sentinelles présenteront les armes.

12. Il leur sera fait des visites de corps.

13. Les honneurs attribués par les articles 6, 7 et 8, leur seront rendus lors de leur première entrée dans toutes les places de l'arrondissement de leur sénatorerie. Toutes les fois qu'ils viendront dans le chef-lieu, après leur première entrée, on leur rendra les honneurs prescrits art. 10, 11 et 12.

14. Les sentinelles feront face, et présenteront les armes à tout sénateur qui passera à leur portée, revêtu de son costume.

SECTION II.

Honneurs civils.

15. Les sénateurs allant prendre possession de leur sénatorerie, recevront dans les villes du ressort du tribunal d'appel dans l'étendue duquel elle sera placée et où ils s'arrêteront, les honneurs suivans :

Un détachement de la garde nationale sera sous les armes à la porte de la ville.

Les maires et adjoints se trouveront à leur logis avant leur arrivée.

Ils seront visités immédiatement après leur arrivée, par toutes les autorités nommées après eux dans le titre *des Préséances*

Les cours d'appel s'y rendront par une députation composée d'un président, du procureur-général et de quatre juges; les autres cours et tribunaux, par une députation composée de la moitié de la cour ou tribunal.

S'ils séjournent vingt-quatre heures dans la ville, ils rendront, en la personne des chefs des autorités ou corps dénommés dans le titre premier, les visites qu'ils auront reçues.

Les maires et adjoints iront prendre congé d'eux au moment de leur départ.

16. S'il se trouve dans la ville où le sénateur s'arrêtera une personne ou autorité nommée avant lui dans l'ordre des préséances, il ira lui faire une visite dès qu'il aura reçu celles qui lui sont dues.

17. Les sénateurs venant dans leur sénatorerie faire leur résidence annuelle, ne recevront d'honneurs civils que dans le chef-lieu de leur sénatorerie. Ils trouveront un détachement de la garde nationale à leur porte, les maires et adjoints dans leur logis. Les personnes ou autorités nommées après eux dans l'ordre des préséances, les visiteront dans les vingt-quatre heures : et ils rendront ces visites dans les vingt-quatre heures suivantes.

TITRE X.

Le Conseiller-d'Etat.

SECTION PREMIERE.

Honneurs militaires.

ART. 1. Les conseillers-d'état en mission recevront, dans les chefs-lieux des départemens où leur mission les appellera, d'après les ordres que le ministre de la guerre donnera, les honneurs attribués aux sénateurs lors de leur première entrée dans leur sénatorerie.

2. Il leur sera rendu, dans les autres places de l'arrondissement où ils seront en mission, les honneurs fixés pour les sénateurs par les art. 10, 11 et 12 du titre IX.

3. Les sentinelles feront face et présenteront les armes à tout conseiller-d'état qui passera à leur portée, revêtu de son costume.

SECTION II.

Honneurs civils.

4. Il sera rendu au conseiller-d'état en mission, les mêmes honneurs civils qu'aux sénateurs lors de leur première entrée. Ils rendront les visites qu'ils auront reçues des autorités constituées, en la personne de leurs chefs, s'ils séjournent vingt-quatre heures dans la ville; ils feront, dans le même cas, des visites aux personnes désignées avant eux dans le titre *des Préséances.*

TITRE XI.

Grands-Officiers de la Légion d'honneur, Chefs de cohorte.

SECTION PREMIÈRE.

Honneurs militaires.

ART. 1. Quand les grands-officiers de la légion d'honneur, chefs de cohorte, se rendront pour la première fois au chef-lieu de leur cohorte, ils seront reçus comme les sénateurs dans leur sénatorerie; habituellement ces grands-officiers recevront, dans le chef-lieu de leur cohorte, les honneurs déterminés pour les sénateurs par les art. 10, 11 et 12.

2. Les sentinelles présenteront les armes aux grands-officiers et commandans de la légion d'honneur; elles les porteront pour les officiers et les légionnaires.

SECTION II.

Honneurs civils.

3. Lorsque les grands-officiers chefs de cohorte se rendront pour la première fois au chef-lieu de la cohorte, il en sera de même dans le chef-lieu de la cohorte que des sénateurs lors de leur première entrée.

Lorsqu'ils y reviendront ensuite, ils seront reçus comme les sénateurs venant faire leur résidence annuelle.

TITRE XII.

Le Corps législatif et le Tribunat.

Art. 1. Lorsque le corps législatif et le tribunat se rendront en corps chez S. M. I., à quelque fête ou cérémonie publique, il leur sera fourni par la garnison une garde d'honneur pareille à celle déterminée pour le sénat.

2. Lorsque ces corps passeront devant un corps-de-garde, poste ou piquet, la troupe prendra les armes, ou montera à cheval pour y rester jusqu'à ce qu'ils soient passés.

L'officier qui commandera le poste sera à la tête, et saluera.

3. Les sentinelles porteront les armes à tout membre du corps législatif ou du tribunat qui passera à leur portée, revêtu de son costume.

TITRE III.

Les Ambassadeurs français et étrangers.

SECTION PREMIÈRE.

Honneurs militaires.

Art. 1. Il ne sera, sous aucun prétexte, rendu aucune

espèce d'honneur militaire à un ambassadeur français ou étranger, sans l'ordre formel du ministre de la guerre.

2. Le ministre des relations extérieures se concertera avec le ministre de la guerre, pour les honneurs à rendre aux ambassadeurs français ou étrangers. Le ministre de la guerre donnera des ordres pour leur réception.

SECTION II.

Honneurs civils.

3. Il en sera des honneurs civils pour les ambassadeurs français ou étrangers, ainsi qu'il est dit ci-dessus pour les honneurs militaires.

TITRE XIV.

Les Généraux de division.

SECTION PREMIERE.

Honneurs militaires.

ART. 1. Les généraux de division commandant en chef une armée ou un corps d'armée, recevront, dans toute l'étendue de l'empire, les honneurs fixés article 3 du titre VIII, pour les maréchaux d'empire non employés; et dans l'étendue de leur commandement, les honneurs fixés article 2 du même titre, pour les maréchaux d'empire hors de leur commandement.

2. Les généraux de division commandant une division militaire territoriale, lorsqu'ils voudront faire leur entrée d'honneur dans les places, citadelles et châteaux de leur division, ce qu'ils ne pourront faire qu'une seule fois pendant le temps qu'ils y commanderont, en donneront avis aux généraux commandant dans les départemens, et ceux-ci aux commandans d'armes, qui donneront l'ordre de rendre les honneurs militaires ci-après :

3. Ils entreront dans la place en voiture ou à cheval, à leur option.

4. Le commandant d'armes se trouvera à la barrière pour les accompagner.

5. Ils seront salués de cinq coups de canon.

6. La garnison se mettra en bataille sur leur passage : celle du chef-lieu de département sera commandée par l'officier général ou supérieur commandant le département. Les officiers supérieurs, les drapeaux et étendards, les salueront ; les troupes porteront les armes ; les tambours et trompettes appelleront. Ils seront reçus de la même manière, la première et la dernière fois où ils verront les troupes, pour les inspecter ou exercer. Dans les autres circonstances, ils ne seront salués ni par les officiers supérieurs, ni par les drapeaux ou étendards.

7. Il sera envoyé, à un quart de lieue au-devant d'eux, un détachement de trente hommes de cavalerie, commandé par un officier avec un trompette : ce détachement les escortera jusqu'à leur logis.

8. On enverra à leur logis, après leur arrivée, une garde de cinquante hommes, commandée par un capitaine et un lieutenant.

Le tambour appellera.

9. Le gouverneur ou le commandant d'armes prendra l'ordre d'eux le jour de leur arrivée et celui de leur départ ; les autres jours, ils le donneront à l'adjudant de place.

10. Ils auront habituellement deux sentinelles à la porte de leur logis ; les sentinelles seront tirées des compagnies de grenadiers.

11. Les gardes ou postes des places ou quartiers, prendront les armes ou monteront à cheval, quand ils passeront devant eux ; les tambours et trompettes appelleront.

12. Ils donneront le mot d'ordre.

13. Il leur sera fait des visites de corps en grande tenue.

14. A leur sortie, il sera tiré cinq coups de canon.

15. Ils seront reconduits par un détachement de cavalerie, pareil à celui qu'ils auront eu à leur arrivée.

16. Le commandant d'armes les suivra jusqu'à la barrière, et prendra d'eux le mot d'ordre.

17. Quand, après un an et un jour d'absence, ils retourneront dans les places, après y avoir fait leur entrée

d'honneur, ils y recevront les honneurs ci-dessus prescrits,
sauf que les troupes ne prendront point les armes, et
qu'on ne tirera point de canon.

18. Les généraux de division employés auront une garde
de trente hommes, commandée par un lieutenant ;

Le tambour rappellera.

19. Les gardes ou postes des places ou quartiers prendront les armes ou monteront à cheval, quand ils passeront
devant eux ; les tambours et trompettes desdites gardes
rappelleront.

20. Quand ils verront les troupes pour la première ou
dernière fois, les officiers supérieurs salueront ; les étendards et drapeaux ne salueront pas ; les tambours et trompettes appelleront.

21. Il leur sera fait des visites de corps en grande tenue;
et le mot d'ordre leur sera porté par un officier de l'état-
major de l'armée ou de la place.

22. Ils auront habituellement, à la porte de leur logis,
deux sentinelles tirées des grenadiers.

23. Les généraux de division inspecteurs recevront,
pendant le temps de leur inspection seulement, les mêmes
honneurs que les généraux de division employés.

SECTION II.

Honneurs civils.

24. Les généraux de division, commandant une armée ou un corps d'armée recevront, dans l'étendue de
leur commandement, les honneurs civils attribués aux
maréchaux d'empire, article 7 du titre VIII.

Les généraux de division commandant une division
territoriale, recevront la visite du président du tribunal
d'appel et de toutes les autres personnes ou chefs des autorités nommés après eux dans l'article des Préséances: ils
rendront les visites dans les vingt-quatre heures.

Ils visiteront, dès le jour de leur arrivée, les personnes
dénommées avant eux dans l'ordre des préséances : les visites
leur seront rendues dans les vingt-quatre heures par les
fonctionnaires employés dans les départemens.

TITRE XV.

Les Généraux de brigade.

SECTION PREMIÈRE.

Honneurs militaires.

ART. 1. Lorsque les généraux de brigade commandant un département feront leur entrée d'honneur dans les places, citadelles et châteaux de leur commandement, ce qu'ils ne pourront faire qu'une fois, ils en préviendront le général commandant la division, qui prescrira de leur rendre les honneurs déterminés pour les généraux de division, commandant une division territoriale ; excepté qu'il ne sera point tiré de canon, et qu'ils n'auront qu'une garde de trente hommes commandée par un lieutenant, et que le tambour prêt à battre ne battra point. Il sera envoyé au-devant d'eux, à un quart de lieue de la place, une garde de cavalerie, composée de douze hommes, commandée par un maréchal-des-logis. Cette garde les escortera jusqu'à leur logis.

Lors de leur sortie, ils seront traités comme à leur entrée.

2. Quand les généraux-commandant un département verront les troupes pour la première et dernière fois, les officiers supérieurs les salueront ; les tambours seront prêts à battre, les trompettes à sonner.

3. Les gardes et postes prendront les armes, et les porteront.

Les gardes à cheval monteront à cheval, et mettront le sabre à la main.

Les sentinelles présenteront les armes.

4. Ils auront habituellement à la porte de leur logis deux sentinelles tirées des fusiliers.

5. Il leur sera fait des visites de corps en grande tenue ; et le mot d'ordre leur sera porté par un sergent.

6. Les généraux de brigade employés auront quinze

hommes de garde commandés par un sergent; un tambour conduira cette garde, mais ne restera point.

Les gardes prendront et porteront les armes, ou monteront à cheval, et mettront le sabre à la main ; les tambours et trompettes seront prêts à battre ou à sonner.

Ils auront une sentinelle tirée des fusiliers. Il leur sera fait des visites de corps.

Quand ils verront les troupes pour la première et dernière fois, ils seront salués par les officiers supérieurs.

Le mot d'ordre leur sera porté par un sergent.

SECTION II.

Honneurs civils.

7. Les généraux de brigade commandant un département, recevront, dans les vingt-quatre heures de leur arrivée, la visite des personnes nommées après eux dans l'ordre des *préséances*, et les rendront dans les vingt-quatre heures suivantes.

Ils visiteront, dans les vingt-quatre heures de leur arrivée, les personnes nommées avant eux dans l'ordre des *préséances* : les visites leur seront rendues dans les vingt-quatre heures suivantes, par les fonctionnaires employés dans les départemens.

TITRE XVI.

Les Adjudans-commandans.

ART. 1. Les adjudans-commandans qui auront des lettres de service de S. M. pour commander dans un département, auront une garde de dix hommes, commandée par un caporal.

Cette garde et les postes, à leur passage, se mettront en bataille et se reposeront sur les armes. Le mot d'ordre leur sera porté par un sergent.

2. Les adjudans-commandans, chefs d'état-major d'une division, auront une sentinelle à la porte du lieu où se tiendra leur bureau.

3. Toutes les sentinelles présenteront les armes aux adjudans-commandans.

4. Les adjudans-commandans qui auront des lettres de service de S. M. pour commander dans un département, recevront la visite des commissaires-généraux de police, et de toutes les personnes nommées après ces commissaires : ils rendront les visites dans les vingt-quatre heures. Ils visiteront, dans les mêmes vingt-quatre heures, les personnes nommées avant les commissaires de police, qui leur rendront la visite dans les vingt-quatre heures suivantes.

TITRE XVII.

Les Préfets.

SECTION PREMIÈRE.

Honneurs militaires.

ART. 1. Lorsqu'un préfet conseiller-d'état entrera pour la première fois dans le chef-lieu de son département, il y sera reçu par les troupes de ligne, d'après les ordres qu'en donnera le ministre de la guerre, comme un conseiller-d'état en mission; de plus, la gendarmerie de tout l'arrondissement du chef-lieu de la préfecture ira à sa rencontre : elle sera commandée par le capitaine du département.

2. Lorsque le préfet ne sera point conseiller-d'état, la garnison prendra les armes; la gendarmerie ira à sa rencontre, mais on ne tirera point de canon, et la cavalerie de ligne n'ira point au-devant de lui.

3. Pendant tout le temps où un préfet sera en tournée, il sera, s'il est conseiller-d'état, accompagné par un officier de gendarmerie et six gendarmes, et par un maréchal-des-logis et quatre gendarmes, s'il n'est point conseiller-d'état.

4. Lorsque les préfets entreront dans une autre ville que le chef-lieu de leur département, pendant leur tournée,

les postes prendront les armes, les tambours seront prêts à battre.

5. Il sera établi un corps-de-garde à l'entrée de la préfecture : cette garde sera proportionnée au besoin du service, et commandée par un sergent.

6. Elle sera fournie par les troupes de ligne, en cas d'insuffisance par les vétérans nationaux, et, à leur défaut, par la garde nationale sédentaire.

7. Le préfet donnera les consignes particulières à cette garde.

8. Le mot d'ordre lui sera porté chaque jour par un sergent.

9. Les sentinelles lui porteront les armes dans toute l'étendue du département, lorsqu'il passera revêtu de son costume.

10. Quand il sortira de la préfecture, sa garde prendra et portera les armes.

11. Lors des fêtes et cérémonies publiques, une garde d'honneur, composée de trente hommes de troupes de ligne, commandée par un officier, accompagnera le préfet, de la préfecture au lieu de la cérémonie, et l'y reconduira.

12. A défaut de troupes de ligne, le capitaine de gendarmerie sera tenu de fournir au préfet, sur sa réquisition, une escorte de deux brigades au moins, commandées par un officier.

13. Lorsque le préfet, accompagné du cortége ci-dessus, passera à portée d'un corps-de-garde, les troupes prendront et porteront les armes; le tambour sera prêt à battre.

14. Il lui sera fait des visites de corps.

SECTION II.

Honneurs civils.

15. Le préfet, arrivant pour la première fois dans le chef-lieu de son département, sera reçu à la porte de la ville par le maire et ses adjoints accompagnés d'un déta-

chement de la garde nationale, et d'un détachement de gendarmerie, commandé par le capitaine. Cette escorte le conduira à son hôtel, où il sera attendu par le conseil de préfecture et le secrétaire-général, qui le complimenteront.

16. Il sera visité, aussitôt après son arrivée, par les autorités nommées après lui dans l'article *des préséances*. Il rendra ces visites dans les vingt-quatre heures. Il recevra aussi les autres fonctionnaires inférieurs qui viendront le complimenter.

17. Il fera, dans les vingt-quatre heures, une visite au général commandant la division militaire, et au premier président de la cour d'appel, qui la lui rendront dans les vingt-quatre heures suivantes. Il visitera aussi, s'il y en existe, les autres autorités ou personnes placées avant lui dans l'ordre des préséances.

18. Lors de sa première tournée dans chaque arrondissement du département, il lui sera rendu les mêmes honneurs dans les chefs-lieux d'arrondissement; il rendra les visites aux présidens des tribunaux, au maire et au commandant d'armes, dans les vingt-quatre heures.

19. Les sous-préfets, arrivant dans le chef-lieu de leur sous-préfecture, seront attendus dans leur demeure par le maire, qui les complimentera. Ils y recevront la visite des chefs des autorités dénommées après eux, et la rendront dans les vingt-quatre heures.

S'il existe dans le chef-lieu de la sous-préfecture des autorités dénommées avant eux, ils leur feront une visite dans les vingt-quatre heures de leur arrivée : ces visites leur seront rendues dans les vingt-quatre heures suivantes.

TITRE XVIII.

Les Commandans d'armes.

SECTION PREMIÈRE.

Honneurs militaires.

ART. 1. Les commandans d'armes auront, à la porte de leur logis, une sentinelle tirée du corps-de-garde le plus voisin et des compagnies de fusiliers, s'ils ne sont pas officiers-généraux; s'ils le sont, la sentinelle sera tirée des grenadiers.

2. Les postes, à leur passage, sortiront et se mettront en bataille, se reposant sur les armes.

3. Les postes de cavalerie monteront à cheval, mais ne mettront point le sabre à la main.

4. Ils prendront le mot d'ordre du ministre de la guerre, des maréchaux d'empire et des officiers-généraux, dans les cas prévus par le présent décret, et les donneront dans les autres circonstances.

5. Les sentinelles leur présenteront les armes.

6. Il leur sera fait des visites de corps par les troupes qui arriveront dans la place, ou qui y passeront.

7. Quand bien même ils seroient officiers-généraux, ils ne recevront que les honneurs fixés ci-dessus.

8. Les sentinelles porteront les armes aux adjudans de place.

SECTION II.

Honneurs civils.

9. Les commandans d'armes, à leur arrivée dans la ville où ils commandent, feront la première visite aux autorités supérieures, et recevront celles des autorités inférieures.

Toutes ces visites seront faites dans les vingt-quatre heures, et rendues dans les vingt-quatre heures suivantes.

TITRE XIX.

Les Archevêques et Evêques.

SECTION PREMIÈRE.

Honneurs militaires.

ART. 1. Lorsque les archevêques et évêques feront leur première entrée dans la ville de leur résidence, la garnison, d'après les ordres du ministre de la guerre, sera en bataille sur les places que l'évêque ou l'archevêque devra traverser.

Cinquante hommes de cavalerie iront au-devant d'eux jusqu'à un quart de lieue de la place.

Ils auront, le jour de leur arrivée, l'archevêque, une garde de quarante hommes, commandée par un officier; et l'évêque, une garde de trente hommes, aussi commandée par un officier : ces gardes seront placées après leur arrivée.

2. Il sera tiré cinq coups de canon à leur arrivée, et autant à leur sortie.

3. Si l'évêque est cardinal, il sera salué de douze volées de canon, et il aura, le jour de son entrée, une garde de cinquante hommes, avec un drapeau, commandée par un capitaine, lieutenant ou sous-lieutenant.

4. Les cardinaux, archevêques ou évêques, auront habituellement une sentinelle tirée du corps-de-garde le plus voisin.

5. Les sentinelles leur présenteront les armes.

6. Il leur sera fait des visites de corps.

7. Toutes les fois qu'ils passeront devant des postes, gardes ou piquets, les troupes se mettront sous les armes, les postes de cavalerie monteront à cheval; les sentinelles présenteront les armes; les tambours et trompettes rappelleront.

8. Il ne sera rendu des honneurs militaires aux cardinaux qui ne seront en France ni archevêques ni évêques, qu'en vertu d'un ordre spécial du ministre de la guerre, qui déterminera les honneurs à leur rendre.

SECTION II.

Honneurs civils.

9. Il ne sera rendu des honneurs civils aux cardinaux qui ne seront en France ni archevêques ni évêques, qu'en vertu d'un ordre spécial, lequel déterminera, pour chacun d'eux, les honneurs qui devront leur être rendus.

10. Les archevêques ou évêques qui seront cardinaux, recevront, lors de leur installation, les honneurs rendus

aux grands officiers de l'empire : ceux qui ne le seront point, recevront ceux rendus aux sénateurs.

Lorsqu'ils rentreront après une absence d'un an et un jour, ils seront visités chacun par les autorités inférieures, auxquelles ils rendront la visite dans les vingt-quatre heures suivantes : eux-mêmes visiteront les autorités supérieures dans les vingt-quatre heures de leur arrivée, et leur visite leur sera rendue dans les vingt-quatre heures suivantes.

TITRE XX.

Les Cours de Justice.

SECTION PREMIÈRE.

Honneurs militaires.

ART. 1. Lorsque la cour de cassation se rendra en corps près S. M., ou à une cérémonie publique, il lui sera donné une garde d'honneur composée de quatre-vingts hommes, commandée par un officier supérieur. Les postes devant lesquels cette cour passera avec son escorte, présenteront les armes, et les tambours rappelleront.

2. Lorsqu'une cour d'appel se rendra à une fête ou cérémonie publique, il lui sera donné une garde d'honneur de cinquante hommes, commandée par un capitaine et un lieutenant.

3. Il sera donné une escorte de vingt-cinq hommes, dans les mêmes circonstances, à une cour criminelle; cette garde sera commandée par un lieutenant.

4. Il sera donné à un tribunal de première instance une garde de quinze hommes, commandée par un sergent.

5. Même garde de quinze hommes sera donnée à une municipalité en corps, d'une ville au-dessus de cinq mille ames, se rendant à une fête ou cérémonie publique. Il en sera fourni une de cinq hommes à une municipalité des lieux au-dessous de cinq mille ames.

6. Les gardes devant lesquelles passeront les corps dé-

nommés dans le précédent titre, prendront les armes, les porteront pour les cours d'appel, et se reposeront dessus pour les cours de justice criminelle, de première instance et les municipalités.

7. Les tambours rappelleront pour les cours d'appel, et seront prêts à battre pour les autres cours judiciaires et pour les municipalités.

8. A défaut de troupes de ligne, les capitaines de gendarmerie prendront des mesures pour fournir aux cours d'appel deux brigades d'escorte, une aux cours de justice criminelle; et deux gendarmes aux cours de première instance.

SECTION II.

Honneurs civils.

9. Lorsque le premier président de la cour de cassation sera installé, toutes les cours et tous les tribunaux de la ville où résidera ladite cour de cassation, iront le complimenter : la cour d'appel, par une députation du premier président, du procureur-général et de quatre juges ; les autres cours et tribunaux, par une députation composée de la moitié de chaque cour ou tribunal.

Il recevra aussi les félicitations du préfet conseiller-d'état, et de tous les fonctionnaires dénommés après ce préfet.

Il rendra les visites dans les vingt-quatre heures, et il fera, dans le même laps de temps, des visites à toutes les personnes dénommées avant le préfet conseiller-d'état.

10. Les premiers présidens des autres cours et tribunaux recevront, lors de leur installation, les visites des autorités dénommées après eux, et résidant dans la même ville ; ces visites seront faites dans les vingt-quatre heures de leur installation, et rendues dans les vingt-quatre heures suivantes. Lesdits présidens iront, dans les premières vingt-quatre heures de leur installation, visiter les autorités supérieures en la personne de leurs chefs ; ceux-ci leur rendront leurs visites dans les vingt-quatre heures suivantes.

TITRE XXI.

Les Officiers avec troupes.

ART. 1. Les sentinelles de tous les corps présenteront les armes à tous les colonels.

2. A leur arrivée, les officiers de leur régiment se rassembleront, en grande tenue, pour leur faire une visite de corps.

3. Ils auront une sentinelle à la porte de leur logis, tout le temps de leur séjour à leur régiment.

4. A leur passage, la garde de police de leur régiment sortira sans armes.

5. Les sentinelles de leurs corps présenteront les armes aux majors, chefs de bataillon et d'escadron. Quand ils commanderont le régiment, ils jouiront des mêmes honneurs que le colonel.

6. Les sentinelles de tous les corps porteront les armes à tous les capitaines, lieutenans et sous-lieutenans de tous les corps et de toutes les armes.

TITRE XXII.

Les Inspecteurs aux revues.

ART. 1. Les inspecteurs en chef aux revues, lorsqu'ils seront en tournée dans leur arrondissement, ou en mission particulière, auront à la porte de leur logis une sentinelle, tirée du corps-de-garde le plus voisin, laquelle sera placée sitôt après leur arrivée.

Les sentinelles leur présenteront les armes.

2. Tant qu'ils seront dans l'exercice de leurs fonctions, le mot d'ordre leur sera porté par un sergent.

3. Il leur sera fait des visites de corps.

4. Les sentinelles porteront les armes aux inspecteurs.

5. Le mot d'ordre leur sera porté par un sergent.

6. Les sentinelles porteront les armes aux sous-inspecteurs.

TITRE XXIII.

Les Commissaires des Guerres.

ART. 1. Le commissaire-général d'une armée, et les commissaires-ordonnateurs en chef auront à la porte de leur logis une sentinelle qui, ainsi que toutes les autres sentinelles, leur présentera les armes.

2. Le mot d'ordre leur sera donné par un sergent.

3. Il leur sera fait des visites de corps.

4. Les commissaires-ordonnateurs employés auront une sentinelle à la porte du lieu où se tiendra leur bureau, pour le jour seulement.

5. Les sentinelles leur porteront les armes.

6. Le mot d'ordre leur sera porté par un sergent.

7. Les sentinelles porteront les armes aux commissaires des guerres.

TITRE XXIV.

Gardes et Piquets.

ART. 1. Les officiers et soldats de piquet sortiront sans armes pour les officiers-généraux qui seront de jour.

2. Les gardes de la tête du camp prendront les armes pour les princes, grands-dignitaires et officiers de l'empire, pour le commandant de l'armée et d'un corps d'armée.

Les tambours battront aussi aux champs.

3. Lesdites gardes de la tête du camp se mettront sous les armes et en haie, pour les généraux de division et généraux de brigade employés; mais les tambours ne battront pas.

4. Les postes qui seront autour de l'armée, rendront les mêmes honneurs.

TITRE XXV.

Dispositions générales.

ART. 1. A S. M. l'Empereur seul est réservé le droit d'avoir deux vedettes à la porte de son palais.

Il en sera accordé une aux colonels-généraux des troupes à cheval, lorsqu'il y aura dans la place un régiment de leur arme.

2. Les détachemens et postes destinés à la garde de S. M. ne prennent les armes pour rendre des honneurs militaires qu'à S. M. elle-même, ou aux personnes à qui elle a accordé ou accordera cette prérogative.

3. On ne rendra point d'honneurs après la retraite ni avant la diane.

4. Les gardes d'honneur ne rendront des honneurs militaires qu'aux personnes supérieures ou égales en grade ou en dignité à celles près desquelles elles seront placées; et alors les honneurs restent les mêmes.

5. Les honneurs militaires ne se cumulent point; on ne reçoit que ceux affectés à la dignité ou grade supérieur.

6. Les officiers-généraux qui ne commandent que par *interim* ou que pendant l'absence des commandans titulaires, n'ont droit qu'aux honneurs militaires de leur grade et de leur emploi.

7. Les gardes ou troupes quelconques qui se rencontreront en route, se céderont mutuellement la droite.

8. Dans le cas où les garnisons ne seront pas assez nombreuses pour fournir des gardes aux officiers-généraux employés qui se trouveront dans la place, ou lorsque lesdits officiers-généraux jugeront à propos de ne pas conserver leur garde en entier, on mettra seulement des sentinelles à la porte de leur logis; savoir : deux sentinelles tirées des grenadiers, à la porte d'un général de division; et deux, tirées des fusiliers, à la porte d'un général de brigade.

Le nombre d'hommes nécessaires pour fournir ces sentinelles sera placé dans le corps-de-garde le plus voisin du logement où ces sentinelles devront être posées.

9. Les troupes qui passeront dans les places, ou qui n'y séjourneront qu'un ou deux jours, ne seront point tenues d'y fournir de garde d'honneur.

10. A défaut d'infanterie, la cavalerie fournira les différens postes et sentinelles à pied.

11. Les troupes ne fourniront, dans aucun cas, des sentinelles d'honneur que celles ci-dessus nommées.

12. Pour les visites de corps, en grande tenue, les officiers d'infanterie seront en baudrier, hausse-col et bottes;

Les officiers de troupes à cheval, en bottes, sabres, casque ou schakos.

Pour les visites de corps, non en grande tenue, les officiers d'infanterie seront sans hausse-col; et ceux des troupes à cheval porteront, au lieu de casque ou schakos, leurs chapeaux ordinaires.

13. Le mot d'ordre sera toujours donné par la personne du grade le plus élevé.

14. Défend S. M. I. à tout fonctionnaire ou autorité publique d'exiger qu'on lui rende d'autres honneurs que ceux qui viennent d'être attribués à sa dignité, corps ou grade; et à tout fonctionnaire civil et militaire, de rendre à qui que ce soit au-delà de ce qui est prescrit ci-dessus.

TITRE XXVI.

Des Honneurs funèbres.

SECTION PREMIÈRE.

Honneurs funèbres militaires.

ART. 1. Il sera rendu des honneurs funèbres par les troupes aux personnes désignées dans les titres 5, 6, 7 et 8 *des honneurs militaires*; il en sera rendu aux militaires de tous les grades; il en sera rendu aux sénateurs morts dans leur sénatorerie, aux conseillers-d'état morts dans le cours de leur mission, aux sénateurs et aux conseillers d'état, aux membres du tribunat et du corps législatif, morts dans l'exercice de leurs fonctions, et dans la ville où leurs corps respectifs tiendront leurs séances, à tous les membres de la légion d'honneur, et aux préfets dans leur département.

2. La totalité de la garnison assistera au convoi de toutes les personnes ci-dessus désignées pour l'entrée d'honneur desquelles elle se fût mise sous les armes.

Pour les autres, il n'assistera que des détachemens dont la force et le nombre seront déterminés ci-après.

Pour un général de division employé, la moitié de la garnison prendra les armes : pour un général de brigade employé, le tiers de la garnison prendra les armes.

Pour un général de division en non activité, le tiers de la garnison prendra les armes. Pour un général de brigade en non activité, le quart de la garnison.

Pour un général de division en retraite ou réformé, le quart de la garnison; pour un général de brigade en retraite ou réforme, le cinquième.

Dans aucun cas, il n'y aura néanmoins au-dessous de deux cents hommes au convoi des généraux de division, et de cent cinquante au convoi des généraux de brigade.

Pour tout sénateur qui mourra dans la ville où le sénat tiendra ses séances, pour tout conseiller-d'état mort dans l'exercice de ses fonctions, et dans la ville où siégera le conseil-d'état; pour tout tribun et membre du corps légis-latif qui décédera pendant la session législative, et dans la ville où leurs corps respectifs seront réunis, la garnison fournira quatre détachemens de cinquante hommes, com-mandés chacun par un capitaine et un lieutenant; les quatre détachemens seront aux ordres d'un chef de ba-taillon ou d'escadron.

Pour un adjudant commandant en activité, quatre dé-tachemens ;

En non activité, trois détachemens;

En retraite ou réforme, deux;

Pour les gouverneurs, la totalité de la garnison;

Pour les commandans d'armes, la moitié;

Pour les adjudans de place, un détachement;

Pour les inspecteurs en chef aux revues, quatre déta-chemens;

Pour les inspecteurs, trois ;

Pour les sous-inspecteurs, deux ;

Pour les ordonnateurs en chef, quatre;

Pour les ordonnateurs, trois ;

Pour les commissaires des guerres, deux ;

Si les inspecteurs ou commissaires des guerres ne sont point en activité, il y aura, dans chaque grade, un détachement de moins.

3. Les colonels seront traités comme les adjudans-commandans.

Les majors en activité, deux détachemens ;

En retraite ou réforme, un détachement ;

Les chefs de bataillon et d'escadron seront traités comme les majors.

Les capitaines en activité, retraite ou réforme, auront un détachement ;

Les lieutenans et sous-lieutenans, un demi-détachement;

Les sous-officiers, un quart de détachement ;

Les caporaux et brigadiers, un huitième de détachement.

Les grands officiers de la légion d'honneur, comme les généraux de division employés ;

Les commandans comme les colonels;

Les officiers comme les capitaines ;

Les légionnaires comme les lieutenans.

4. Les troupes qui marcheront pour rendre des honneurs funèbres, seront commandées, lorsque la garnison entière prendra les armes, par l'officier général ou supérieur du grade le plus élevé, ou le plus ancien dans le grade le plus élevé, employé dans la garnison.

Quand il n'y aura que partie déterminée de la garnison qui marchera, les troupes seront commandées par un officier du même grade que celui à qui on rendra des honneurs funèbres.

Quand il ne marchera que des détachemens, quatre seront commandés par un colonel , trois par un major, deux par un chef de bataillon ou d'escadron, un par un capitaine, un demi par un lieutenant, un quart par un sergent ou maréchal-des-logis, un huitième par un caporal ou brigadier.

5. L'infanterie fournira, autant que faire se pourra, les détachemens pour les convois funèbres; à défaut d'infanterie, ils seront fournis par les troupes à cheval.

6. Chaque corps fournira proportionnellement à sa force, et les individus seront pris proportionnellement dans chaque compagnie.

7. La cavalerie marchera toujours à pied pour rendre les honneurs funèbres.

8. Pour les colonels qui mourront sous leurs drapeaux, le régiment entier marchera en corps au convoi;

Pour les majors, la moitié du corps, avec deux drapeaux ou étendards;

Pour les chefs de bataillon ou d'escadron, leur bataillon ou escadron, avec son drapeau ou étendard;

Pour un capitaine, sa compagnie;

Pour un lieutenant ou sous-lieutenant, son peloton.

Les dispositions du présent article sont indépendantes de celles prescrites article 3.

9. Les troupes qui seront commandées feront trois décharges de leurs armes : la première, au moment où le convoi sortira de l'endroit ou le corps étoit déposé; la seconde, au moment où le corps arrivera au cimetière; la troisième après l'enterrement, en défilant devant la fosse.

La poudre sera fournie par les magasins de l'état.

10. Les sous-officiers et soldats porteront l'arme, la platine sous le bras gauche.

11. On tirera, pour les princes et grands-dignitaires, un coup de canon de demi-heure en demi-heure, depuis leur mort jusqu'au départ du convoi;

D'heure en heure, pour les ministres et grands-officiers.

Pour tous les autres fonctionnaires, on tirera, pendant le temps de leur exposition, autant de coups de canon qu'il leur en est accordé pour leur entrée d'honneur.

Il sera de plus tiré, au moment où le corps sera mis en terre, trois décharges de canon, chacune égale à celle qui leur est attribuée pour les honneurs militaires.

12. Les coins du poêle seront portés par quatre per-

sonnes du rang ou grade égal à celui du mort, ou à défaut, par quatre personnes du rang ou grade inférieur.

13. Il sera mis des crêpes aux drapeaux, étendards ou guidons qui marcheront aux convois ; les tambours seront couverts de serge noire ; il sera mis des sourdines et des crêpes aux trompettes.

Les frais de funérailles seront faits par l'état, pour tout individu mort sur le champ de bataille, ou dans les trois mois et des suites des blessures qu'il aura reçues.

14. Les crêpes ne resteront un an aux drapeaux que pour S. M. : pour le colonel du corps, ils y resteront jusqu'à son remplacement.

15. Tous les officiers porteront le deuil de leur colonel pendant un mois ; il consistera en un crêpe à l'épée : les deuils de famille ne seront portés qu'au bras gauche.

SECTION II.

Honneurs funèbres civils.

16. Lorsqu'une des personnes désignées dans l'article 1 du titre 1 mourra, toutes les personnes qui occuperont, dans l'ordre des préséances, un rang inférieur à celui du mort, assisteront à son convoi, et occuperont entre elles l'ordre prescrit par le susdit article.

Si des personnes qui occupent un rang supérieur dans l'ordre des préséances, veulent assister au convoi d'un fonctionnaire décédé, et qu'elles soient revêtues de leur costume, elles marcheront dans le rang qui leur est fixé dans ledit article.

Les corps assisteront en totalité au convoi des princes, des grands-dignitaires, des ministres, des grands-officiers de l'empire, des sénateurs dans leurs sénatoreries, et des conseillers d'état en mission ; pour les autres, ils y assisteront par députation.

17. Les ministres sont, chacun en ce qui le concerne, chargés de l'exécution du présent décret, qui sera inséré au Bulletin des lois.

9

Arrêté portant suppression des ordres monastiques et congrégations régulières dans les départemens de la Sarre, de la Roer, de Rhin-et-Moselle, et de Mont-Tonnerre (1).

Du 20 prairial an X.

___

Arrêté qui autorise l'établissement des dames de charité près du bureau de bienfaisance de la ville de Valence.

Paris, le 13 pluviose an XII.

___

Décret impérial qui ordonne la dissolution de plusieurs agrégations ou associations religieuses.

Au palais de Saint-Cloud, le 3 messidor an XII.

ART. 1. A compter du jour de la publication du présent décret, l'agrégation ou association connue sous les noms de *Pères de la Foi*, *d'Adorateurs de Jésus* ou *Pacanaristes*, actuellement établie à Belley, à Amiens et dans quelques autres villes de l'empire, sera et demeurera dissoute.

Seront pareillement dissoutes toutes autres agrégations ou associations formées sous prétexte de religion, et non autorisées.

2. Les ecclésiastiques composant lesdites agrégations ou associations, se retireront, sous le plus bref délai, dans leurs diocèses, pour y vivre conformément aux lois et sous la juridiction de l'ordinaire.

3. Les lois qui s'opposent à l'admission de tout ordre religieux dans lequel on se lie par des vœux perpétuels, continueront d'être exécutées selon leur forme et teneur.

___

(1) Voyez l'arrêté pag. 20.

4. Aucune agrégation ou association d'hommes ou de femmes ne pourra se former à l'avenir sous prétexte de religion, à moins qu'elle n'ait été formellement autorisée par un décret impérial, sur le vu des statuts et réglemens selon lesquels on se proposeroit de vivre dans cette agrégation ou association.

5. Néanmoins les agrégations connues sous les noms de *Sœurs de la Charité*, de *Sœurs Hospitalières*, de *Sœurs de Saint-Thomas*, de *Sœurs de Saint-Charles* et de *Sœurs Vatelottes*, continueront d'exister en conformité des arrêtés des 1er nivose an IX, 24 vendémiaire an XI, et des décisions des 28 prairial an XI, et 22 germinal an XII; à la charge, par lesdites congrégations, de présenter, sous le délai de six mois, leurs statuts et réglemens, pour être vus et vérifiés en conseil-d'état, sur le rapport du conseiller-d'état chargé de toutes les affaires concernant les cultes.

6. Nos procureurs-généraux près nos cours, et nos procureurs-impériaux, sont tenus de poursuivre ou faire poursuivre, même par la voie extraordinaire, suivant l'exigence des cas, les personnes de tout sexe qui contreviendroient directement ou indirectement au présent décret, qui sera inséré au Bulletin des lois.

7. Le grand-juge ministre de la justice, et le conseil-d'état chargé de toutes les affaires, etc.

Décret impérial qui autorise les dames de la ci-devant congrégation de Notre-Dame de Châlons (*Marne*), *à reprendre l'exercice de leurs fonctions.*

Au Pont-de-Brique, le 11 thermidor an XII.

Les dames de la ci-devant congrégation de Notre-Dame de Châlons, vouées par leur institut à l'éducation gratuite des jeunes filles, sont autorisées à se réunir pour reprendre l'exercice de leurs fonctions.

Au palais des Tuileries, le 4 germinal an XIII.

L'institution de charité qui existoit précédemment à Saint-Lo, département de la Manche, sous le nom de *Filles du bon Sauveur*, destinées à soigner les malades de cette ville, et à tenir école gratuite pour l'instruction des pauvres filles, sera rétablie à la diligence du maire et du bureau de bienfaisance.

De notre camp impérial de Varsovie, le 25 janvier 1807.

Les sœurs de l'instruction chrétienne établies à Dourdan, département de Seine-et-Oise, en 1674, et autorisées par les lettres-patentes de l'année 1697, pourront se réunir de nouveau en communauté dans cette ville, et y vivre conformément aux statuts et réglemens annexés au décret.

Ostende, le 10 mars 1807.

Les dames charitables, connues dans le diocèse de Strasbourg sous le nom de *Sœurs de la Providence* ou *Sœurs Vatelottes*, et qui se consacrent à l'enseignement des pauvres et au soulagement des pauvres malades, pourront se réunir en communauté.

Finckenstein, le 23 avril 1807.

Les dames charitables, connues dans le diocèse d'Aix sous le nom de *Sœurs Hospitalières* ou *Sœurs de Nôtre-Dame-de-Grâce*, sont autorisées à se réunir en communauté.

Finckenstein, le 11 mai 1807.

Les dames charitables, connues à Bergerac sous le nom

de *Sœurs de la Miséricorde*, sont autorisées à se réunir de nouveau en communauté.

Dantzick, le 1er juin 1807.

Les Sœurs de la congrégation de Saint-Roch, à *Felletin*, département de la Creuse, sont autorisées à se réunir en communauté.

Au palais royal de Dresde, le 20 juillet 1807.

Les dames hospitalières connues, dans le diocèse de Poitiers sous le nom de *Sœurs de la Congrégation de Saint-Joseph de l'ordre de Saint-Augustin*, sont autorisées à se réunir en communauté.

Au palais de Saint-Cloud, le 12 août 1807.

1er *Décret.*

Les dames charitables, connues dans le diocèse de Metz sous le nom de *Sœurs de l'Enfance de Jésus et de Marie*, sont autorisées à se réunir en communauté.

2e.

Les dames charitables, connues sous le nom de *Sœurs Hospitalières d'Aix*, sont autorisées à se réunir en communauté.

Au palais de Fontainebleau, le 30 septembre 1807.

L'association religieuse des dames charitables, dites *de Refuge de Saint-Michel*, sont autorisées à se réunir en communauté.

Au palais impérial de Bordeaux, le 3 août 1808.

L'association des sœurs de la doctrine chrétienne de *Nancy*, dites *Sœurs Vatelottes*, sont autorisées à se réunir en communauté.

Décret impérial relatif aux congrégations des maisons hospitalières de femmes.

Au palais des Tuileries, le 18 février 1809.

Napoléon, empereur des Français, etc.

Voulant donner une preuve spéciale de notre protection aux maisons hospitalières,

Notre conseil d'état entendu,

Nous avons décrété et décrétons ce qui suit :

SECTION PREMIÈRE.

Dispositions générales.

ART. 1. Les congrégations ou maisons hospitalières de femmes, savoir, celles dont l'institution a pour but de desservir les hospices de notre empire, d'y servir les infirmes, les malades et les enfans abandonnés, ou de porter aux pauvres des soins, des secours, des remèdes à domicile, sont placées sous la protection de Madame, notre très-chère et honorée mère.

2. Les statuts de chaque congrégation ou maison séparée, seront approuvés par nous, et insérés au Bulletin des lois, pour être reconnus et avoir force d'institution publique.

3. Toute congrégation d'hospitalières dont les statuts n'auront pas été approuvés et publiés avant le 1er janvier 1810, sera dissoute.

4. Le nombre des maisons, le costume et les autres priviléges qu'il est dans notre intention d'accorder aux congrégations hospitalières, seront spécifiés dans les brevets d'institution.

5. Toutes les fois que des administrations des hospices ou des communes voudroient étendre les bienfaits de cette institution aux hôpitaux de leur commune ou arrondissement, les demandes seront adressées par les préfets à notre ministre des cultes, qui, de concert avec les supérieures

des congrégations, donnera des ordres pour l'établissement des nouvelles maisons : quand cela sera nécessaire, notre ministre des cultes soumettra l'institution des nouvelles maisons à notre approbation.

SECTION II.

Noviciats et Vœux.

6. Les congrégations hospitalières auront des noviciats, en se conformant aux règles établies à ce sujet par leurs statuts.

7. Les élèves ou novices ne pourront contracter des vœux si elles n'ont seize ans accomplis. Les vœux des novices, âgées de moins de vingt-un ans, ne pourront être que pour un an. Les novices seront tenues de présenter les consentemens demandés pour contracter mariage, par les art. 148, 149, 150, 159 et 160 du Code Napoléon.

8. A l'âge de vingt-un ans, ces novices pourront s'engager pour cinq ans. Ledit engagement devra être fait en présence de l'évêque (ou d'un ecclésiastique délégué par l'évêque), et de l'officier civil, qui dressera l'acte et le consignera sur un registre double, dont un exemplaire sera déposé entre les mains de la supérieure, et l'autre à la municipalité (et pour Paris, à la préfecture de police).

SECTION III.

Revenus, Biens et Donations.

9. Chaque hospitalière conservera l'entière propriété de ses biens et revenus, et le droit de les administrer et d'en disposer conformément au Code Napoléon.

10. Elle ne pourra, par acte entrevifs, ni y renoncer au profit de sa famille, ni en disposer, soit au profit de la congrégation, soit en faveur de qui que ce soit.

11. Il ne sera perçu, pour l'enregistrement des actes de donations, legs ou acquisitions, légalement faits en faveur des congrégations hospitalières, qu'un droit fixe d'un franc.

12. Les donations seront acceptées par la supérieure de la maison, quand la donation sera faite à une maison spéciale, et par la supérieure générale, quand la donation sera faite à toute la congrégation.

13. Dans tous les cas, les actes de donations ou legs doivent, pour la demande d'autorisation à fin d'accepter, être remis à l'évêque du lieu du domicile du donataire ou testateur, pour qu'il les transmette, avec son avis, à notre ministre des cultes.

14. Les donations, revenus et biens des congrégations religieuses, de quelque nature qu'ils soient, seront possédés et régis conformément au Code Napoléon; et ils ne pourront être administrés que conformément à ce code, et aux lois et réglemens sur les établissemens de bienfaisance.

15. Le compte des revenus de chaque congrégation ou maison séparée, sera remis, chaque année, à notre ministre des cultes.

SECTION IV.

Discipline.

16. Les dames hospitalières seront, pour le service des malades ou des pauvres, tenues de se conformer, 'dans les hôpitaux ou dans les autres établissemens d'humanité, aux réglemens de l'administration.

Celles qui se trouveront hors de service par leur âge ou par leurs infirmités, seront entretenues aux dépens de l'hospice dans lequel elles seront tombées malades, ou dans lequel elles auront vieilli.

17. Chaque maison, et même celle du chef-lieu, s'il y en a, sera, quant au spirituel, soumise à l'évêque diocésain, qui la visitera et réglera exclusivement.

18. Il sera rendu compte à l'évêque de toutes peines de discipline autorisées par les statuts, qui auroient été infligées.

19. Les maisons des congrégations hospitalières, comme toutes les autres maisons de l'état, seront soumises à la police des maires, des préfets et officiers de justice.

20. Toutes les fois qu'une sœur hospitalière auroit à porter des plaintes sur des faits contre lesquels la loi prononce des peines de police correctionnelle, ou autres plus graves, la plainte sera envoyée devant les juges ordinaires.

Décret impérial qui maintient les sœurs hospitalières de la charité de Saint-Vincent-de-Paule.

Au palais de Fontainebleau, le 8 novembre 1809.

Décrets impériaux contenant brevets d'institution publique de diverses sœurs hospitalières, et approbations de leurs statuts.

Au palais de Saint-Cloud, le 5 juin 1810.

1er *Décret.*

ART. 1. Les statuts des hospitalières attachées à l'hospice de *Dôle*, diocèse de Besançon, sont approuvés et reconnus.

2e.

Les statuts des hospitalières attachées à l'hospice de *Louhans*, diocèse d'Autun, sont approuvés et reconnus.

Au palais de Saint-Cloud, le 14 juin 1810.

Les statuts des sœurs de Sainte-Marthe de *Paris* sont approuvés et reconnus.

Au palais de Rambouillet, le 16 juillet 1810.

1er *Décret.*

Les statuts des sœurs de Saint-Joseph, établies à *Saint-Flour*, sont approuvés et reconnus.

2e.

Les statuts des hospitalières attachées à l'hospice des malades d'*Abbeville*, sont approuvés et reconnus.

3e.

Les statuts des hospitalières de la congrégation de la Sainte-Trinité de *Valence*, sont approuvés et reconnus.

4e.

Les statuts des hospitalières de *Paray-le-Monial*, diocèse d'Autun, sont approuvés et reconnus.

5e.

Les statuts des hospitalières de la congrégation de *Saint-Thomas de Villeneuve*, dont le chef-lieu est à Paris, sont approuvés et reconnus.

Au palais de Saint-Cloud, le 28 août 1810.

1er *Décret.*

Les statuts des hospitalières d'*Auxerre*, diocèse de Troyes, sont approuvés et reconnus.

2e.

Les statuts des hospitalières de la Croix, attachées à l'hospice d'*Ambert*, diocèse de Clermont, sont approuvés et reconnus.

3e.

Les statuts des sœurs de la Charité de *Besançon* sont approuvés et reconnus.

4e.

Les statuts des hospitalières de la Miséricorde de Jésus, attachées à l'hôpital Saint-Julien de la ville de *Château-Gontier*, diocèse du Mans, sont approuvés et reconnus pour la maison de Château-Gontier seulement.

L'affiliation de toutes autres maisons devra être autorisée en notre conseil ; faute de quoi, leur existence ne pourra avoir lieu.

Au palais de Fontainebleau, le 22 octobre 1810.

1er *Décret.*

Les statuts des hospitalières attachées à l'hospice général de *Falaise*, diocèse de Bayeux, sont approuvés et reconnus.

2e.

Les statuts des hospitalières de Notre-Dame de *Lizieux*, diocèse de Bayeux, sont approuvés et reconnus.

3e.

Les statuts des hospitalières attachées à l'hospice de *Honfleur*, diocèse de Bayeux, sont approuvés et reconnus.

4e.

Les statuts des hospitalières de *Lorgues* sont approuvés et reconnus.

5e.

Les statuts des hospitalières attachées à l'hôpital de *Belle-d'Ypres*, diocèse de Gand, sont approuvés et reconnus.

6e.

Les statuts des hospitalières attachées à l'hôpital Notre-Dame d'*Ypres*, diocèse de Gand, sont approuvés et reconnus.

7e.

Les statuts des dames charitables attachées à l'hospice

civil d'*Harcourt*, diocèse d'Evreux, sont approuvés et reconnus.

8e.

Les statuts des hospitalières sœurs de la charité de Jésus et de Marie, de *Gand*, sont approuvés et reconnus.

9e.

Les statuts des hospitalières attachées à l'hôpital des malades de la ville de *Gray*, diocèse de Besançon, sont approuvés et reconnus.

10e.

Les statuts des sœurs de la charité chrétienne, dites *Filles de Marie*, de Malines, sont approuvés et reconnus.

11e.

Les statuts des hospitalières attachées à l'hospice de *Mamers*, diocèse du Mans, sont approuvés et reconnus.

12e.

Les statuts des hospitalières attachées à l'Hôtel-Dieu d'*Orléans*, sont approuvés et reconnus.

13e.

Les statuts des hospitalières de la congrégation de Saint-Charles de *Lyon*, sont approuvés et reconnus.

14e.

Les statuts des hospitalières attachées aux hospices de *Magnac-Laval* et de *Bénévent*, diocèse de Limoges, sont approuvés et reconnus.

15e.

Les statuts des hospitalières attachées à l'hospice de *Marcigny*, diocèse d'Autun, sont approuvés et reconnus.

16e.

Les statuts des hospitalières de la Miséricorde de *Louviers*, diocèse d'Evreux, sont approuvés et reconnus.

17⁰.

Les statuts des hospitalières Augustines de *Louvain*, diocèse de Malines, sont approuvés et reconnus.

Au palais de Fontainebleau, le 2 novembre 1810.

1ᵉʳ. *Décret.*

Les statuts des hospitalières attachées à l'hospice d'*Ecouché*, diocèse de Séez, sont approuvés et reconnus; à la charge néanmoins, par lesdites hospitalières, de se conformer à l'art. 2 du décret du 18 février 1809, concernant les congrégations hospitalières.

2⁰.

Les statuts des hospitalières attachées à l'Hôtel-Dieu d'*Etampes*, diocèse de Versailles, sont approuvés et reconnus.

3⁰.

Les statuts de la congrégation des sœurs hospitalières de la ville d'*Eu* sont approuvés et reconnus ; et en conséquence, nous avons accordé et accordons à ladite congrégation le présent brevet d'institution publique.

4ᵉ.

Les statuts de la congrégation des sœurs de la Providence d'*Evreux* sont approuvés et reconnus.

Le nombre actuel des maisons de ladite congrégation pourra être augmenté, avec notre autorisation donnée en notre conseil-d'état, selon le besoin des hospices et des pauvres.

5⁰.

Les statuts des hospitalières attachées à l'Hôtel-Dieu de *Falaise* sont approuvés et reconnus.

6e.

Les statuts des hospitalières attachées à l'hôpital de *Dijon*, sont approuvés et reconnus.

7e.

Les statuts de la congrégation des sœurs hospitalières de l'Hôtel-Dieu de *Dieppe* sont approuvés et reconnus; en conséquence, nous avons accordé et accordons à ladite congrégation le présent brevet d'institution publique.

8e.

Les statuts des hospitalières attachées à l'hôpital de *Damme*, diocèse de Gand, sont approuvés et reconnus.

9e.

Les statuts des hospitalières attachées à l'hôpital de *Cuiseaux*, diocèse d'Autun, sont approuvés et reconnus; et en conséquence, nous avons accordé et nous accordons à cette congrégation le présent brevet d'institution publique.

10e.

Les statuts des hospitalières attachées à l'hospice de *Corbie* sont approuvés et reconnus.

11e.

Les statuts des hospitalières attachées à l'hospice de *Confolens*, diocèse d'Angoulême, sont approuvés et reconnus.

12e.

Les statuts des hospitalières attachées à l'hospice de *Brantôme*, diocèse d'Angoulême, sont approuvés et reconnus.

13e.

Les statuts des hospitalières attachées à l'hospice de *Brigueil*, diocèse d'Angoulême, sont approuvés et reconnus.

14e.

Les statuts des hospitalières attachées à l'Hôtel-Dieu de *Château-Thierry*, diocèse de Soissons, sont approuvés et reconnus.

15e.

Les statuts des hospitalières attachées à l'Hôtel-Dieu de la ville de *Chauny*, diocèse de Soissons, sont approuvés et reconnus.

16e.

Les statuts des hospitalières de Sainte-Marthe, attachées à l'hôpital de *Cluny*, diocèse d'Autun, sont approuvés et reconnus ; et en conséquence, nous avons accordé et accordons à cette congrégation le présent brevet d'institution publique.

17e.

Les statuts des hospitalières attachées à l'hospice de *Doué*, diocèse d'Angers, sont approuvés et reconnus, sans approbation de l'établissement d'aucun pensionnat dans leurs maisons, et sauf à y statuer ultérieurement.

18e.

Les statuts des sœurs de Sainte-Marthe, établies à *Dijon*, sont approuvés et reconnus.

19e.

Les statuts des hospitalières attachées à l'hôpital de *Saint-Laurent*, autrement dit, *hospice de Wenemaers*, diocèse de Gand, sont approuvés et reconnus.

Au palais de Fontainebleau, le 8 novembre 1810.

1er. *Décret.*

Les statuts des hospitalières Augustines, attachées aux hospices de *Bourg, Belley, Chalamont, Montbrison*,

Saint-Etienne, *Roanne*, *Saint-Chamond* et *Feurs*, diocèse de Lyon, sont approuvés et reconnus.

2e.

Les statuts des hospitalières attachées à l'hôpital général de *Bourges* sont approuvés et reconnus.

3e.

Les statuts des sœurs hospitalières de la charité de *Namur* sont approuvés et reconnus.

4e.

Les statuts des hospitalières de la Providence de *Nantes* sont approuvés et reconnus.

5e.

Les statuts des hospitalières de Saint-Joseph de *Nismes*, diocèse d'Avignon, sont approuvés et reconnus ; nous avons accordé et accordons à cette congrégation le présent brevet d'institution publique.

6e.

Les statuts des sœurs attachées à la maison de charité de *Nolay*, diocèse de Dijon, sont approuvés et reconnus.

7e.

Les statuts des hospitalières attachées à l'hospice de *Poligny*, diocèse de Besançon, et à l'hospice de *Neufchâteau*, diocèse de Nancy, sont approuvés et reconnus.

8e.

Les statuts de la congrégation des sœurs hospitalières de la Madelaine de *Rouen* sont approuvés et reconnus; et en conséquence, nous avons accordé et accordons à ladite congrégation le présent brevet d'institution publique.

Au palais de Fontainebleau, le 13 novembre 1810.

1ᵉʳ. *Décret.*

Les statuts de la congrégation hospitalière du Saint-Esprit de *Plerin*, diocèse de Saint-Brieuc, sont approuvés et reconnus.

Le nombre actuel des maisons de ladite congrégation, qui est de huit, pourra être augmenté, avec notre autorisation donnée en notre conseil, selon le besoin des hospices et des pauvres, et le vœu des communes.

2ᵉ.

Les statuts de la congrégation des sœurs hospitalières de la *Chapelle-au-Riboul*, diocèse du Mans, sont approuvés et reconnus.

Le nombre actuel des maisons de ladite congrégation pourra être augmenté, avec notre autorisation, etc.

3ᵉ.

Les statuts des hospitalières attachées à l'hôpital de *Velsicque*, diocèse de Gand, sont approuvés et reconnus.

4ᵉ.

Les statuts des hospitalières attachées à l'Hôtel-Dieu-le-Comte de *Troyes*, sont approuvés et reconnus.

5ᵉ.

Les statuts des hospitalières attachées à l'hospice civil de *Saint-Riquier*, sont approuvés et reconnus.

6ᵉ.

Les statuts des hospitalières de la ville de *Reims* sont approuvés et reconnus.

7ᵉ.

Les statuts des hospitalières de la Sainte-Trinité de *Pouancé*, diocèse d'Angers, sont approuvés et reconnus.

8e.

Les statuts des hospitalières attachées aux hospices de *Porentruy*, *Befort*, *Schelestadt* et *Saverne*, diocèse de Strasbourg, sont approuvés et reconnus.

9ᵉ.

Les statuts des hospitalières attachées à l'hospice de *Poperingue*, diocèse de Gand, sont approuvés et reconnus.

10ᵉ.

Les statuts des sœurs de Sainte-Marthe de *Périgueux* et de *Mussidan*, diocèse d'Angoulême, sont approuvés et reconnus.

11ᵉ.

Les statuts des hospitalières attachées à l'hospice civil de *Nuits*, diocèse de Dijon, sont approuvés et reconnus.

Au palais de Fontainebleau, le 15 novembre 1810.

1ᵉʳ. *Décret.*

Les statuts des hospitalières attachées à l'hopital Saint-Jacques de *Besançon* sont approuvés et reconnus.

Le nombre actuel des maisons de ladite congrégation pourra être augmenté avec notre autorisation donnée en conseil d'Etat.

2ᵉ.

Les statuts des hospitalières attachées aux hospices d'*Ath*, de *Lessines*, d'*Enghien*, de *Bligny*, *Saint-Ghislain*, de *Soignies*, de *Rœulx*, *Hautrage*, des sœurs noires de *Mons* et de *Lessines*, et des pauvres sœurs de *Mons*, diocèse de Tournay, sont approuvés et reconnus, sans qu'on puisse établir d'autres maisons sans notre autorisation en conseil d'Etat.

3ᵉ.

Les statuts des hospitalières attachées à l'hospice général des renfermés d'*Angers* sont approuvés et reconnus.

4ᵉ.

Les statuts des sœurs hospitalières attachées à l'hospice de la Poterie de *Bruges*, diocèse de Gand, sont approuvés et reconnus.

5°.

Les statuts des hospitalières de la Byloke de *Gand* sont approuvés et reconnus.

6ᵉ.

Les statuts des sœurs hospitalières de *Lens* sont approuvés et reconnus ; en conséquence, nous avons accordé auxdites sœurs le présent brevet d'institution publique.

7°.

Les statuts des sœurs Augustines de *Turnhout* sont approuvés et reconnus.

8ᵉ.

Les statuts des hospitalières attachées à l'Hôtel-Dieu de *Tréguier*, diocèse de Saint-Brieuc, sont approuvés et reconnus.

9°.

Les statuts des hospitalières attachées à l'hospice de *Tonnerre* sont approuvés et reconnus.

10ᵉ.

Les statuts des hospitalières attachées aux hospices de *Rennes*, de *Fougères* et de *Vitré*, diocèse de Rennes, sont approuvés et reconnus, sans qu'elles puissent établir de pensionnat d'éducation pour les enfans.

11ᵉ.

Les statuts des sœurs Augustines de *Malines* sont approuvés et reconnus.

12°.

Les statuts des hospitalières Augustines de *Lière* sont approuvés et reconnus.

10.

13ᵉ.

Les statuts des hospitalières attachées à l'hospice de *Bavière*, de la ville de Liège, sont approuvés et reconnus.

14ᵉ.

Les statuts des sœurs de la providence de *La Rochelle* sont approuvés et reconnus.

15ᵉ.

Les statuts des hospitalières attachées à l'Hôtel-Dieu de la *Ferté-Bernard*, diocèse du Mans, sont approuvés et reconnus.

16ᵉ.

Les statuts des hospitalières attachées à l'Hôtel-Dieu de *Laon*, diocèse de Soissons, sont approuvés et reconnus.

17ᵉ.

Les statuts des hospitalières attachées à l'Hôtel-Dieu de *Lannion*, diocèse de Saint-Brieuc, sont approuvés et reconnus.

18ᵉ.

Les statuts des sœurs Augustines d'*Herensthals* sont approuvés et reconnus.

19ᵉ.

Les statuts des sœurs Augustines de *Géel* sont approuvés et reconnus.

20ᵉ.

Les statuts des hospitalières Augustines de *Bruxelles*, diocèse de Malines, sont approuvés et reconnus.

21ᵉ.

Les statuts des hospitalières attachées à l'hospice de Saint-Jean de *Bruges*, diocèse de Gand, sont approuvés et reconnus.

22ᵉ.

Les statuts des hospitalières attachées à l'hospice civil

et militaire d'*Arnay-sur-Arroux*, diocèse de Dijon, sont approuvés et reconnus.

23e.

Les statuts des sœurs hospitalières de la ville d'*Arles* et *de la Rochefoucaud* sont approuvés et reconnus.

24e.

Les statuts des hospitalières attachées à l'hospice des invalides d'*Argentan*, diocèse de Sèez, sont approuvés et reconnus.

25e.

Les statuts des sœurs hospitalières attachées à l'Hôtel-Dieu et à l'hôpital-général d'*Angoulême* sont approuvés.

26e.

Les statuts des hospitalières attachées à l'hospice Saint-Charles d'*Angers* sont approuvés et reconnus.

27e.

Les statuts des hospitalières Augustines de *Vilvorde* sont approuvés et reconnus.

28e.

Les statuts des sœurs hospitalières de la ville d'*Aire* sont approuvés et reconnus; et en conséquence, nous avons accordé auxdites sœurs le présent brevet d'institution publique.

29e.

Les statuts des sœurs hospitalières de Saint-Jean d'*Arras* sont approuvés et reconnus.

30e.

Les statuts des sœurs hospitalières de la Maladrerie de *Boulogne* sont approuvés et reconnus.

31e.

Les statuts des hospitalières attachées à l'hôpital de Saint-Louis de *Caen* sont approuvés et reconnus.

32ᵉ.

Les statuts des sœurs hospitalières de la ville de *Calais* sont approuvés et reconnus.

33ᵉ.

Les statuts des hospitalières attachées à l'hopital de *Chagny* sont approuvés et reconnus.

34ᵉ.

Les statuts des hospitalières de *Montreuil* sont approuvés et reconnus.

35ᵉ.

Les statuts des hospitalières attachées à l'Hôtel-Dieu de *Quimper* et à celui de *Carhaïx*, diocèse de Quimper, sont approuvés et reconnus.

36ᵉ.

Les statuts des sœurs hospitalières de la Maladrerie de *Saint-Omer*, sont approuvés et reconnus.

37ᵉ.

Les statuts des hospitaliers de Saint-Jean établies à *Saint-Omer*, sont approuvés et reconnus.

Au palais des Tuileries, le 22 novembre 1810.

Les statuts des hospitalières attachées aux hospices de *Cambrai*, *Comices*, *Roubaix*, *Séclin*, *Tourcoing*, et des sœurs noires de *Bailleul*, diocèse de Cambrai, sont approuvés et reconnus.

Du 24 novembre 1810.

1ᵉʳ. *Décret.*

Les statuts de la congrégation des sœurs hospitalières de *Fécamp* sont approuvés et reconnus.

2ᵉ.

Les statuts des sœurs hospitalières Augustines de *Diest*, diocèse de Malines, sont approuvés et reconnus.

3ᵉ.

Les statuts des hospitalières attachées à l'hospice de *Chalais*, diocèse d'Angoulême, sont approuvés et reconnus.

Du 25 novembre 1819.

1ᵉʳ. *Décret.*

Les statuts des hospitalières attachées aux hospices de *Thiviers*, *Exideuil*, *Belvès*, *Terrasson*, *Bergerac*, *Beaumont* et *Riberac*, diocèse d'Angoulême, sont approuvés et reconnus. Aucune maison ne pourra être affiliée ultérieurement sans une autorisation donnée en notre conseil.

2ᵉ.

Les statuts des hospitalières attachées à l'hospice civil de *Baugé*, diocèse d'Angers, sont approuvés et reconnus, et seront obligatoires pour les maisons de *La Flèche*, *Beaufort*, *Laval*, *Moulins*, *Avignon*, *Nîmes* et *Lisle*.

3ᵉ.

Les statuts des hospitalières attachées à l'hospice des incurables de *Baugé*, diocèse d'Angers, sont approuvés et reconnus. Tout pensionnat n'est que toléré provisoirement, et jusqu'à ce qu'il ait été pourvu par nous au système d'éducation des personnes du sexe.

4ᵉ.

Les statuts des hospitalières attachées à l'Hôtel-Dieu de *Bayeux* sont approuvés et reconnus.

5ᵉ.

Les statuts des hospitalières attachées à l'hospice civil de *Beauvais* sont approuvés et reconnus.

6ᵉ.

Les statuts des hospitalières de Sainte-Marthe établies à *Belleville*, *Villefranche*, *Beaujeu*, *Saint-Bonnet-le-Château*, *Charlieu*, *Bagé-le-Châtel*, *Pont-de-Vaux*, *Thoissey* et *Châtillon-sur-Chalaronne*, diocèse de Lyon, sont approuvés et reconnus.

7ᵉ.

Les statuts des hospitalières sœurs de la Miséricorde établies dans la ville de *Bergerac* et au bourg de la Madeleine de la même ville, diocèse d'Angoulême, sont approuvés et reconnus.

8ᵉ.

Les statuts des hospitalières attachées à l'hospice civil et militaire de *Bernay*, diocèse d'Evreux, sont approuvés et reconnus.

9ᵉ.

Les statuts des hospitalières attachées à l'hospice civil et militaire de la *Charité-sur-Loire*, diocèse d'Autun, sont approuvés et reconnus.

10ᵉ.

Les statuts des hospitalières de Sainte-Marthe attachées aux hospices de *Lusignan* et *Saint-Maixent*, diocèse de Poitiers, sont approuvés et reconnus.

———

Au palais des Tuileries, le 14 décembre 1810.

1ᵉʳ. *Décret.*

Les statuts des hospitalières attachées à l'hôpital de *Wervich*, diocèse de Gand, sont approuvés et reconnus.

2ᵉ.

Les statuts des hospitalières attachées à l'hospice Saint-Jean à *Ypres*, diocèse de Gand, sont approuvés et reconnus.

3ᵉ.

Les statuts des hospitalières attachées à l'Hôtel-Dieu de *Soissons* sont approuvés et reconnus.

4ᵉ.

Les statuts des hospitalières attachées à l'Hôtel-Dieu de *Vire* sont approuvés et reconnus.

5ᵉ.

Les statuts des hospitalières attachées à l'hôpital civil de *Semur*, sont approuvés et reconnus.

6ᵉ.

Les statuts des hospitalières attachées à l'hospice de *Saint-Valery* sont approuvés et reconnus.

7ᵉ.

Les statuts des hospitalières attachées à l'Hôtel-Dieu de *Saint-Quentin*, diocèse de Soissons, sont approuvés et reconnus.

8ᵉ.

Les statuts des hospitalières attachées à l'hôpital de *Ruffec*, diocèse d'Angoulême, sont approuvés et reconnus.

9ᵉ.

Les statuts des hospitalières de Saint-Joseph, établies à *Poitiers* et à *Niort*, sont approuvés et reconnus.

10ᵉ.

Les statuts des hospitalières attachées à l'hospice des Orphelines de *Montreuil*, diocèse d'Arras, sont approuvés et reconnus.

11ᵉ.

Les statuts des hospitalières attachées à l'hospice de *Montpasier*, diocèse d'Angoulême, sont approuvés et reconnus.

12ᵉ.

Les statuts des hospitalières attachées à l'hospice des pauvres de *Montdidier* sont approuvés et reconnus.

13ᵉ.

Les statuts des hospitalières attachées à l'hospice de *Montbron*, diocèse d'Angoulême, sont approuvés et reconnus.

14ᵉ.

Les statuts des hospitalières attachées à l'Hôtel-Dieu de *Montdidier* sont approuvés et reconnus.

15ᵉ.

Les statuts des hospitalières attachées à l'hôpital Saint-Georges de *Menin*, diocèse de Gand, sont approuvés et reconnus.

16ᵉ.

Les statuts des hospitalières attachées à l'hôpital des Bénédictines de *Menin*, diocèse de Gand, sont approuvés et reconnus.

17ᵉ.

Les statuts des hospitalières attachées à l'hospice de *Lons-le-Saunier*, diocèse de Besançon, sont approuvés et reconnus.

18ᵉ.

Les statuts des hospitalières de la charité Notre-Dame attachées à l'hospice des malades de *Beziers*, diocèse de Montpellier, sont approuvés et reconnus.

19ᵉ.

Les statuts des hospitalières attachées au grand hospice d'*Auxonne*, diocèse de Dijon, sont approuvés et reconnus.

20ᵉ.

Les statuts des sœurs noires d'*Audenarde*, diocèse de Gand, sont approuvés et reconnus.

21e.

Les statuts des hospitalières attachées à l'hôpital d'*Audenarde*, diocèse de Gand, sont approuvés et reconnus.

22e.

Les statuts des hospitalières attachées à l'hospice d'*Aubeterre*, diocèse d'Angoulême, sont approuvés et reconnus.

23e.

Les statuts des hospitalières attachées à l'hospice d'*Arschot*, diocèse de Malines, sont approuvés et reconnus.

24e.

Les statuts des hospitalières de Sainte-Agnès d'*Arras*, sont approuvés et reconnus.

25e.

Les statuts des hospitalières attachées à l'hospice de la Charité de *Marseille*, sont approuvés et reconnus.

26e.

Les statuts des hospitalières attachées à l'Hôtel-Dieu de *Meaux* sont approuvés et reconnus.

27e.

Les statuts des hospitalières de Sainte-Anne de *Saumur*, qui ont des maisons à Montreuil-Bellay, Saint-Florent et Mazé, département de Maine et Loire ; à Candé, Saint-Maur, département d'Indre et Loire : à Thouars, département des Deux-Sèvres, et à Châtillon-sur-Indre, département de l'Indre, sont approuvés et reconnus : nous avons, en conséquence, accordé et accordons à ladite association le présent brevet d'institution publique.

Le nombre des maisons affiliées ne pourra être augmenté sans notre autorisation en conseil d'État.

28e.

Les statuts des hospitalières de l'Hôtel-Dieu de *Saumur* sont approuvés et reconnus.

29e.

Les statuts des hospitalières de Saint-Joseph d'*Avignon*, sont approuvés et reconnus.

30e.

Les statuts des hospitalières de *Riom*, diocèse de Clermont, sont approuvés et reconnus. Elles ne pourront consacrer leur institution à l'éducation de la jeunesse, ni à des pensionnats de retraite, qu'autant qu'elles y auroient été ultérieurement autorisées, après que les bases de l'établissement des maisons de cette nature auront été réglées par nous.

31e.

Les statuts des sœurs hospitalières de Saint-Joseph attachées à l'hospice de *La Flèche*, diocèse du Mans, sont approuvés et reconnus. Elles ne pourront consacrer leurs institutions à l'éducation de la jeunesse, etc.

32e.

Les statuts des hospitalières de *Clermont-Ferrand*, diocèse de Clermont, sont approuvés et reconnus. Elles ne pourront consacrer leur institution à l'éducation de la jeunesse, etc.

33e.

Les statuts des dames hospitalières de la Miséricorde de *Billom*, diocèse de Clermont, sont approuvés et reconnus.

Au palais des Tuileries, le 26 décembre 1810.

1er. *Décret.*

Les statuts dés hospitalières de Saint-Joseph de *Beaufort*, diocèse d'Angers, sont approuvés et reconnus.

2e.

Les statuts des hospitalières de la congrégation de Sainte-Chrétienne de *Metz*, sont approuvés et reconnus.

3ᵉ.

...uts de la congrégation des hospitaliers du Saint-
...t, dont le chef-lieu est à *Mâcon*, diocèse d'Autun,
...pprouvés et reconnus.

4ᵉ.

Les statuts des hospitalières de la Miséricorde de Jésus,
établies à *Vannes* et *Auray*, diocèse de Vannes, sont
approuvés et reconnus.

5ᵉ.

Les statuts des hospitalières de l'Hôtel-Dieu de *Paris*
sont approuvés et reconnus.

6ᵉ.

Les statuts des hospitalières attachées à l'hospice des
malades de *Mâcon*, diocèse d'Autun, sont approuvés et
reconnus; et, en conséquence, nous avons accordé et
accordons à cette congrégation, le présent brevet d'institution publique.

7ᵉ.

Les statuts des hospitalières attachées à l'Hôtel-Dieu
de *Guingamp*, diocèse de Saint-Brieuc, sont approuvés
et reconnus.

8ᵉ.

Les statuts des hospitalières attachées à l'Hôtel-Dieu
de *Caen*, diocèse de Bayeux, sont approuvés et reconnus.

9ᵉ.

Les statuts des hospitalières attachées au grand Hôtel-
Dieu de *Beaune*, sont approuvés et reconnus.

10ᵉ.

Les statuts des hospitalières de l'Instruction chrétienne
de *Troyes*, de Saint-Charles de *Nancy* et de Saint-Nicolas
de *Verneuil*, sont approuvés et reconnus.

Décret impérial contenant brevet d'institution publiq des maisons dites du Refuge, et approbation de leu statuts.

Au palais des Tuileries, le 26 décembre 1810.

Napoléon, Empereur des Français, etc.
Notre conseil d'Etat entendu,
Nous avons décrété et décrétons ce qui suit:

SECTION PREMIÈRE.

Dispositions générales.

ART. 1. Les maisons dites du *Refuge*, destinées à ramener aux bonnes mœurs les filles qui se sont mal conduites, seront, comme les maisons hospitalières de femmes, placées sous la protection de Madame, notre chère et auguste mère.

Les statuts de la maison de Paris, joints au présent décret, sont approuvés et reconnus.

2. Les statuts de chaque maison séparée, ou des maisons qui voudroient être affiliées à celle de Paris, seront approuvés par nous, et insérés au Bulletin des lois, pour être reconnus et avoir force d'institution publique d'après un rapport séparé.

3. Toute maison des sœurs du Refuge dont les statuts n'auront pas été approuvés et publiés avant le 1er. juillet 1811, sera dissoute.

4. Les congrégations ou maisons de Refuge se conformeront, pour les noviciats et les vœux, ainsi que pour les revenus, biens et donations, aux dispositions des 2e. et 3e. sections du réglement du 18 février 1809, concernant les congrégations hospitalières.

5. Il sera pourvu aux besoins des maisons actuellement existantes. Il ne pourra être tenu, dans les maisons de Refuge, de pensionnat pour l'éducation des enfans, s'il n'a été donné par nous à cet égard une autorisation spéciale, d'après l'organisation des établissemens pour l'éducation des personnes du sexe, sur lesquels il sera statué successivement par nous.

6. Lorsqu'une commune voudra établir une maison e Refuge, la demande en sera transmise par le préfet, vec son avis, au ministre des cultes, qui soumettra 'établissement des nouvelles maisons à notre approbation.

SECTION II.

Discipline.

7. Les sœurs du Refuge ne pourront recevoir dans leurs aisons que des personnes qui y entreroient volontaire- ment, celles qui seroient soumises à l'autorité de la police, ou celles qui y seroient envoyées par les pères ou conseils e famille, dans les formes établies par le code Napoléon.

8. Il sera tenu, par la supérieure, des registres séparés, l'un pour les personnes envoyées par les familles, et l'autre pour les personnes envoyées par la police : ces registres contiendront les noms, prénoms, âge et domicile de ces personnes, la date de leur entrée, celle de leur sortie; les noms, prénoms et domiciles des magistrats et des parens qui les y auront fait placer.

9. Le fonctionnaire public ou les parens par l'autorité desquels une fille sera dans une de ces maisons, sera tou- jours admis à lui parler, et à exiger qu'elle leur soit représentée.

10. Seront les maisons du Refuge, comme toutes les autres maisons de l'Etat, soumises à la police des maires, des préfets et officiers de justice.

11. Les sœurs du Refuge seront assujetties aux autres règles de discipline prescrites pour les sœurs hospitalières.

12. Les sœurs du Refuge ne pourront recevoir dans leurs maisons que les personnes soumises à l'autorité de la police, et qui y seront envoyées par ses ordres, ou qui seront envoyées par les pères ou conseils de famille, dans les formes établies par le code Napoléon. Toutes les fois qu'une personne qui sera dans la maison, voudra adresser une pétition à l'autorité administrative ou judiciaire, la supérieure sera tenue de laisser passer librement ladite pétition sans en prendre connoissance, et même de tenir la main à ce qu'elle soit envoyée à son adresse.

13. Le sous-préfet, ou à son défaut, le maire ; d'un part, et notre procureur-impérial près le tribunal civil ou son substitut, de l'autre, seront tenus de faire, chacu tous les trois mois, une visite dans les maisons des dama du Refuge, de se faire représenter les registres, d'entendre même en particulier, si elles le demandent, toutes les personnes qui y sont, de recevoir les réclamations, et de veiller à ce qu'il y soit fait droit, conformément aux lois, sans préjudice des visites que pourront faire tous nos pro· cureurs-généraux, toutes les fois qu'ils le jugeront convenable.

Les procès-verbaux de ces visites seront envoyés, par ceux qui les auront faites, à notre grand-juge ministre de la justice.

Décret impérial contenant brevet d'institution publique des sœurs hospitalières.

Au palais des Tuileries, le 6 janvier 1811.

Les statuts des hospitalières attachées à l'hospice d'*Eymet*, diocèse d'Angoulême, sont approuvés et reconnus.

Au palais des Tuileries, le 11 janvier 1811.

1er. Décret.

Les statuts des sœurs de la Providence de *Poitiers*, sont approuvés et reconnus.

2e.

Les statuts des hospitalières de la Congrégation de Saint-Alexis de *Limoges* sont approuvés et reconnus.

Le nombre actuel des maisons de ladite congrégation, qui est de trois, savoir, à *Limoges*, *Saint-Junien* et *Saint-Léonard*, pourra être augmenté, avec notre autorisation en conseil d'Etat, pour le besoin des hospices et des pauvres et les demandes des communes.

3ᵉ.

Les statuts des hospitalières attachées à l'hôpital de *Rebeck*, diocèse de Malines, sont approuvés et reconnus.

1ᵉʳ *Décret*.

Les statuts des sœurs de la Charité, Présentation de la Sainte-Vierge de *Janville*, diocèse de Versailles, sont approuvés et reconnus.

2ᵉ.

Les statuts de la congrégation des hospitalières de la Charité chrétienne de *Nevers*, diocèse d'Autun, sont approuvés et reconnus.

3ᵉ.

Les statuts de la congrégation des sœurs hospitalières d'*Ernemont*, sont approuvés et reconnus.

4ᵉ.

Les statuts de la congrégation de l'Instruction charitable, dite de *Saint-Maur*, diocèse de Paris, sont approuvés et reconnus.

Les statuts de la congrégation des sœurs de la Providence de *Sèez*, diocèse de Sèez, sont approuvés et reconnus.

1ᵉʳ *Décret*.

Les statuts de la congrégation des filles de la Providence de Saint-Remi d'*Auneau*, diocèse de Versailles, sont approuvés et reconnus.

11

2ᵉ.

Les statuts de la congrégation des sœurs attachées aux deux hospices des hommes et des femmes incurables de *Liége*, diocèse de Liége, sont approuvés et reconnus.

3ᵉ.

Les statuts des hospitalières attachées à l'hôpital de *Châtillon-sur-Seine*, diocèse de Dijon, sont approuvés et reconnus.

———

Au palais des Tuileries, le 16 février 1811.

1ᵉʳ. *Décret.*

Les statuts des sœurs hospitalières de Notre-Dame-de-Pitié, établies à *Cavaillon*, diocèse d'Avignon, sont approuvés et reconnus.

2ᵉ.

Les statuts des sœurs de la Charité de *Bourges* sont approuvés et reconnus.

Le nombre actuel des maisons de cette congrégation pourra être augmenté, avec notre autorisation en conseil d'état, selon le besoin des hospices et des pauvres, et les demandes des communes.

———

Au palais des Tuileries, le 27 février 1811.

1ᵉʳ. *Décret.*

Les statuts de la congrégation des Filles de la Sagesse de *Saint-Laurent-sur-Sèvres*, diocèse de la Rochelle, sont approuvés et reconnus.

Le nombre actuel des maisons de ladite congrégation ne pourra être augmenté qu'avec notre autorisation donnée en conseil d'état.

2ᵉ.

Les statuts des sœurs attachées à l'hospice de la Providence de *Beaugé*, diocèse d'Angers, sont approuvés et reconnus.

Les statuts des sœurs de Sainte-Marthe, attachées à l'hospice des malades de *Châlons-sur-Saône*, sont approuvés et reconnus.

Extrait des Minutes de la Secrétairerie d'Etat.

Au palais des Tuileries, le 25 mars 1811.

Avis du conseil d'état relatif aux sœurs du Verbe incarné de Dun et d'Azerable, département de la Haute-Vienne. (Séance du 22 mars 1811.)

Le conseil d'état qui, d'après le renvoi ordonné par S. M., a entendu le rapport de la section de l'intérieur sur celui du ministre des cultes, tendant à approuver les statuts des sœurs du Verbe incarné de *Dun* et d'*Azerable*, diocèse de Limoges, département de la Haute-Vienne;

Considérant que le décret du 18 février 1809 ne concerne que les hospitalières;

Que l'article 1 définissant et limitant leurs fonctions, elles ne peuvent en exercer d'autres;

Que la tenue d'un pensionnat de jeunes filles est incompatible avec le service des malades;

Que S. M. s'est réservée de pourvoir ultérieurement aux institutions destinées à l'éducation des femmes;

Est d'avis que le pensionnat établi chez les sœurs du Verbe incarné doit cesser à la réception du présent avis, et à la diligence du préfet et du maire, et que le procureur-impérial près le tribunal civil doit y tenir la main, et en certifier le procureur-général;

Que dans trois mois, pour tout délai, les établissemens doivent être dissous, si, dans cet intervalle, ils n'ont obtenu l'approbation des statuts qui les destinent exclusivement au service d'hospitalières;

Et que le présent avis soit inséré au Bulletin des lois. Approuvé, au palais des Tuileries, le 25 mars 1811.

Au palais des Tuileries, le 9 avril 1811.

1er. *Décret.*

Les statuts de la congrégation des sœurs de Saint-Joseph, dites *du Bon-Pasteur*, de *Clermont*, sont approuvés et reconnus.

Le nombre actuel des maisons de cette congrégation pourra être augmenté, avec notre autorisation donnée en conseil d'état, selon le besoin des hospices et des pauvres, et les demandes des communes.

2ª.

Les statuts des sœurs hospitalières de *Saint-Jean-de-Losne*, département de la Côte-d'Or, sont approuvés et reconnus.

3ᵉ.

Les statuts de la congrégation des sœurs hospitalières de la ville de *Sèez*, sont approuvés et reconnus.

4ᵉ.

Les statuts de la congrégation des sœurs hospitalières attachées à l'hospice de *Mortagne*, diocèse de Sèez, sont approuvés et reconnus.

5ᵉ.

Les statuts de la congrégation des sœurs hospitalières attachées à l'hospice civil de *Seurre*, diocèse de Dijon, sont approuvés et reconnus.

Extrait des Minutes de la Secrétairerie d'Etat.

Au palais de Saint-Cloud, le 6 juin 1811.

Avis du conseil d'état relatif aux maisons du Refuge établies dans plusieurs villes de l'Empire. (Séance du 31 mai 1811).

Le conseil d'état, qui, d'après le renvoi ordonné par

S. M., a entendu le rapport de la section de l'intérieur sur celui du ministre des cultes, concernant les sœurs du Refuge de Nantes, en date du 6 mars dernier,

Sa lettre du 5 mai suivant, sur le même établissement,

Est d'avis que l'approbation d'une institution du Refuge pour une ville, à la charge d'observer les mêmes réglemens que les sœurs du Refuge de Paris, et même de prendre des sœurs parmi ces dernières pour former l'établissement, ne constitue pas une affiliation ;

Que par conséquent les établissemens des sœurs du Refuge de Lyon et de Nantes ne sont pas affiliés à l'établissement de Paris, et doivent, au contraire, en être séparés, et s'administrer séparément sous la surveillance des autorités locales, sans aucune communication avec la maison de Paris, ni subordination envers elle et avec un noviciat particulier ;

Que le ministre des cultes doit présenter, dans le délai d'un mois, les statuts des maisons du Refuge de Caen, Versailles, Rennes, et autres villes, lesquelles maisons, affiliées d'abord à la maison de Paris, ont depuis cessé de l'être en vertu des décrets sur les dames du Refuge, et n'ont plus d'existence légale.

Décret impérial qui autorise l'institution des maisons de Refuge.

Au palais de Saint-Cloud, le 29 juin 1811.

L'institution de la maison de Refuge établie à *Caen*, département du Calvados, est approuvée.

Au palais de Trianon, le 23 juillet 1811.

1er *Décret.*

L'institution de la maison de Refuge établie à *Versailles*, département de Seine-et-Oise, est approuvée.

2ᶜ.

L'institution de la maison de Refuge établie à *La Rochelle*, département de la Charente-Inférieure, est approuvée.

3ᵉ.

Les statuts des sœurs du Verbe incarné de *Dun* et d'*Azerable*, diocèse de Limoges, sont approuvés et reconnus.

4ᵉ.

Les statuts des sœurs hospitalières de Saint-Paul, dites de *Saint-Maurice*, de *Chartres*, diocèse de Versailles, sont approuvés et reconnus.

Le nombre actuel des maisons de cette congrégation pourra être augmenté selon le besoin des hospices et des pauvres et les demandes des communes.

_____

Au palais de Saint-Cloud, le 14 août 1811.

L'institution de la maison de Refuge établie à *Rennes*, département d'Ille-et-Vilaine, est approuvée.

_____

Anvers, le 30 septembre 1811.

Les statuts des sœurs de la Providence de *Lisieux* sont approuvés et reconnus.

_____

Au palais d'Amsterdam, le 10 octobre 1811.

L'institution de la maison de Refuge établie à *Saint-Brieux*, département des Côtes-du-Nord, est approuvée.

_____

Au palais de Saint-Cloud, le 12 novembre 1811.

1ᵉʳ. *Décret.*

Les statuts des sœurs de la Charité, dites *Norbertines*,

établies à *Oosterhout*, département des Deux-Nèthes, sont approuvés et reconnus.

2ᵉ.

Les statuts des sœurs hospitalières de Saint-Jean de *Béthune* sont approuvés et reconnus.

Au palais de Saint-Cloud, le 14 novembre 1811.

Décret impérial portant suppression de toutes les corporations religieuses dans le département de la Lippe.

Décret impérial portant suppression des corporations religieuses et des ordres monastiques qui existent dans divers départemens réunis.

Au palais des Tuileries, le 3 janvier 1812.

ART. 1. Les corporations de religieux et de religieuses et ordres monastiques, dotés ou mendians, existans dans les départemens réunis en vertu des décrets des 24 avril, 15 mai, 9 juillet, 12 novembre et 13 décembre 1810, sont et demeurent supprimés.

2. Ne sont point compris dans le présent décret, le monastère du Saint-Bernard et du Simplon, les Ursulines de Brigues, les sœurs grises de la Charité de Sion, département du Simplon, et les congrégations dans lesquelles on ne fait pas de vœux perpétuels, et dont les individus sont uniquement consacrés par leur institution, soit à soigner les malades, soit au service de l'instruction publique. Il sera statué à leur égard par des décrets spéciaux.

3. Les dispositions de notre décret du 14 novembre 1811, portant suppression de toutes les corporations religieuses dans le département de la Lippe, recevront leur application dans ces départemens.

4. Les religieux profès et convers des départemens mentionnés en l'article 1, y compris celui de la Lippe, ne pou-

vant, aux termes du décret du 14 novembre dernier, se présenter à la liquidation qu'en représentant le certifica de la prestation du serment, seront déchus d'un tiers de la pension si le serment n'a pas été prêté avant le 1er. juillet prochain, de la moitié, s'il ne l'a pas été au 1er. octobre prochain, et de la totalité, s'il ne l'a point été au 1er. janvier 1813.

Au palais de l'Elysée, le 13 février 1812.

Les statuts des sœurs hospitalières de la Charité de *Beaune* sont approuvés et reconnus.

Au palais de l'Elysée, le 27 février 1811.

Les statuts des sœurs hospitalières attachées à l'hospice de *Rue* sont approuvés et reconnus.

Au palais de l'Elysée, le 12 mars 1812.

Les statuts des sœurs hospitalières de Notre-Dame de la Miséricorde de *Gênes* sont approuvés et reconnus.

Décret impérial relatif à l'organisation et à la discipline de la congrégation des chanoines hospitaliers du grand Saint-Bernard.

Au palais de l'Elysée, le 17 mars 1812.

Napoléon, empereur des Français, etc.

Avons décrété et décrétons ce qui suit :

ART. 1. Les chanoines hospitaliers du grand Saint-Bernard et ceux réunis de l'abbaye de Saint-Maurice, formeront une seule congrégation, qui suivra, pour son organisation et sa discipline intérieure, les statuts par nous approuvés et annexés au présent décret.

2. Le prévôt actuel est confirmé dans ses fonctions.

3. La surveillance de l'établissement est confiée à un conseil, composé du préfet du département, de l'évêque de Sion, et du président du conseil général du département, et, à son défaut, d'un autre membre dudit conseil, désigné par notre ministre des cultes.

4. Ce conseil déterminera le nombre des sujets qu'il conviendra d'admettre au noviciat, et arrêtera chaque année le compte des recettes et dépenses des maisons de la congrégation, le remettra au préfet, qui l'adressera, avec son avis, au ministre des cultes, pour être par lui approuvé.

5. Les chanoines se conformeront, pour ce qui concerne leurs biens personnels et ceux appartenant à la congrégation, ainsi que pour les donations faites à son profit, à la section III du décret du 18 février 1809, concernant les congrégations hospitalières de femmes.

6. Chaque maison de la congrégation est, quant au spirituel, soumise à l'évêque diocésain.

7. L'évêque ne pourra pourtant exercer cette juridiction que dans son diocèse, sur les actes ecclésiastiques, et non sur la discipline intérieure de la maison, à moins qu'il ne visite en personne l'établissement, et non par simple délégué.

8. Toutes les fois qu'un religieux auroit à porter des plaintes sur des faits contre lesquels la loi prononce des peines de police correctionnelle ou autres plus graves, la plainte sera renvoyée devant les juges ordinaires.

9. Lorsqu'une des cures ci-devant dépendantes du chapitre vaquera, le prévôt indiquera à l'évêque ceux des religieux distingués par leurs vertus et leurs longs travaux, et qui, ne pouvant plus faire le service hospitalier, sont encore en état de remplir les fonctions curiales; il joindra son avis à cette présentation, et le curé sera nommé dans la forme ordinaire.

10. Les autres religieux qui se trouveront hors de service par leur âge ou par leurs infirmités, seront entretenus, aux frais de la congrégation, de la maison de retraite.

Notre ministre des cultes, etc.

Décret impérial contenant brevet d'institution publiq
des sœurs de Saint-Joseph, et approbation de leur
statuts.

Au palais de Saint-Cloud, le 10 avril 1812.

Les statuts des sœurs de Saint-Joseph sont approuv
et reconnus.

Cette congrégation ne pourra avoir des établissemen
autres que ceux portés dans l'état, qu'en se conformant
l'art. 5 de notre décret du 18 février 1809, concernant le
congrégations d'hospitalières, et en obtenant notre autorisation au conseil d'état.

A Kœnigsberg, le 15 juin 1812.

Les statuts des sœurs de la Providence, dites de *Stras-*
bourg, sont approuvés et reconnus.

Le nombre actuel des maisons de ladite congrégation
est fixé à trente-trois ; il pourra être augmenté, avec notre
autorisation en conseil d'état, selon les besoins des hospices et des pauvres, et les demandes des communes.

A Gumbrien, le 20 juin 1812.

Les statuts des hospitalières de *Braine-le-Comte*, diocèse de Tournay, sont approuvés et reconnus.

Au quartier-général de Smolensk, le 24 août 1812.

Les statuts des sœurs de la Providence d'*Alençon*, diocèse de Sèez, sont approuvés et reconnus. Elles pourront
disposer de leurs biens et revenus, sans être liées par aucun
vœu contraire.

Décret impérial relatif à la société de la Charité maternelle.

Au palais de Saint-Cloud, le 25 juillet 1811.

Napoléon, empereur des Français, etc.

Sur le rapport de notre ministre de l'intérieur;

Notre conseil d'état entendu,

Nous avons décrété et décrétons ce qui suit:.

ART. 1. Le réglement pour la société de la Charité maternelle, qui sera joint au présent décret, est approuvé.

2. Les dispositions contraires contenues dans nos précédens décrets, sont rapportées.

3. Tous legs ou donations faits à la société de la Charité maternelle, pourront être acceptés par elle après qu'elle y aura été autorisée par nous en notre conseil, dans les formes prescrites pour les établissemens de Charité.

4. Notre ministre de l'intérieur est chargé de l'exécution du présent décret, qui sera inséré au bulletin des lois.

REGLEMENT.

TITRE PREMIER.

De la Société de la Charité maternelle.

ART. 1. La société de la Charité maternelle, formée sous la protection de S. M. l'impératrice et reine, conformément au décret impérial du 5 mai 1810, a pour but de secourir les pauvres femmes en couche, de pourvoir à leurs besoins, et d'aider à l'alaitement de leurs enfans.

2. La société sera composée de toutes les dames de l'empire qui auront souscrit, et qui seront agréées par S. M. l'impératrice.

3. Les affaires de la société seront administrées par un conseil général, un comité central et des conseils d'administration.

4. Il y aura un conseil d'administration dans chacune des quarante-quatre villes désignées dans le décret impérial, et dans chacune des villes, chefs-lieux de département.

5. Les dames composant ce conseil d'administration, présenteront, tous les trois mois, l'état sommaire de leurs opérations et de l'emploi de leurs fonds au comité central.

6. Le comité central, composé des vice-présidens, du secrétaire-général, du trésorier-général, de leurs substituts, de six dames du conseil d'administration de Paris, élues chaque année par ledit conseil, et de six conseillers nommés par S. M. l'impératrice, examine les comptes des conseils d'administration, leur répartit les fonds qui leur sont nécessaires, rédige les tableaux de situation, les rapports et les projets qui doivent être soumis au conseil général, et se rassemblent le 15 de chaque mois.

Il prendra les mesures qu'il jugera convenables pour établir successivement des conseils d'administration dans les chefs-lieux des départemens, et autres villes désignées dans le décret du 19 décembre.

7. Le conseil-général est composé des dignitaires, des dames nommées par S. M. l'impératrice et par des membres du comité central.

8. Il se rassemble au moins deux fois l'année, sous la présidence de S. M. l'impératrice : quatre dames du conseil d'administration de Paris, élues chaque année par ce conseil, y assistent.

9. Le secrétaire-général y rend compte à S. M. l'impératrice de la situation de la société; le trésorier-général, de l'emploi des fonds; les quatre dames du conseil d'administration de Paris y rendent un compte particulier et détaillé des opérations de ce conseil.

C'est dans ce conseil que le comité central propose à S. M. les nominations et les modifications qu'il pourra paroître convenable d'apporter aux réglemens.

TITRE II.

SECTION PREMIERE.

De l'Administration en général.

10. Les dames qui composent les conseils d'administration seront nommées par S. M. l'impératrice, sur la proposition du conseil d'administration ; cette proposition sera soumise à S. M. par le comité central. Pour la première formation, elles seront nommées par S. M. sur la proposition du comité central.

11. Les dames qui composoient l'administration de l'ancienne société à Paris, feront partie du conseil d'administration de la nouvelle société à Paris.

12. Le conseil d'administration sera composé de vingt-quatre dames au moins, et de quarante-huit au plus.

13. Le nombre des dames qui composeront les conseils d'administration des autres villes, sera ultérieurement fixé.

14. La liste des dames composant les conseils d'administration, sera imprimée et publiée annuellement, ainsi que la liste générale des dames de la société qui auront souscrit pour l'année courante.

15. Les conseils d'administration tiendront leur assemblée au moins une fois par mois, pour y traiter des affaires de leur administration, et y préparer les comptes qu'ils doivent rendre tous les trois mois au comité central.

16. Lorsqu'il vaquera une place de dame d'un conseil d'administration, le conseil proposera au comité central une dame pour remplir la place vacante ; le comité central soumetttra cette demande à l'approbation de S. M. l'impératrice.

SECTION II.

Des Fonds ; de leurs Division et Distribution.

17. Les fonds de la société se composent,

1°. De cinq cent mille francs accordés par S. M. l'Empereur et Roi ; 2°. du produit des souscriptions et des dons de charité.

18. Les souscriptions faites en 1810 sont censées des nées, et seront employées à pourvoir au service de 181

19. A l'avenir les souscriptions dateront du premi jour du trimestre qui suivra la déclaration de la sou cription.

20. Les souscriptions seront annuelles : on recevra d souscriptions au-dessous de la fixation portée en l'art. du titre II du décret du 5 mai 1810 ; et les personnes do la souscription seroit moindre, pourront cependant êt inscrites sur la liste générale dont il est parlé à l'art. 14.

21. Les fonds accordés par S. M. l'Empereur et Ro sont versés à la caisse d'amortissement, ainsi que le pro duit des souscriptions de Paris.

22. Le produit des souscriptions des autres villes d l'empire sera versé dans la caisse de leur conseil d'admi nistration.

23. Chaque conseil d'administration, tant à Paris qu dans les autres villes, aura un trésorier qu'il nommera, cette nomination doit être approuvée par le préfet.

24. Toutes les personnes qui voudront souscrire, adresseront leurs souscriptions soit au trésorier-général de la société, soit aux trésoriers des conseils d'administration, lesquels prendront les mesures convenables pour faire rentrer les sommes souscrites et en opérer le versement, pour Paris, à la caisse d'amortissement ; et pour les autres villes, dans la caisse de leur conseil d'administration : les trésoriers particuliers en préviendront le trésorier général.

25. Le trésorier général, ou son substitut, mettra tous les trois mois, à la disposition du conseil d'administration de Paris, la somme qui devra lui être répartie d'après les décisions du comité central.

26. Le comité central réglera et le trésorier-général opérera la répartition des fonds accordés par S. M. l'Empereur et Roi, tant à Paris qu'aux autres villes.

27. Chaque conseil d'administration prendra tous les mois dans sa propre caisse la somme qui aura été jugée nécessaire pour la distribution des secours.

28. Les conseils d'administration ne doivent jamais

s'engager que pour la somme qu'ils ont en caisse, ni compter sur l'espérance d'une recette extraordinaire pour remplir les promesses qu'ils feront aux mères qu'ils admettront, afin de n'être jamais exposés à manquer à leurs engagemens.

Les secours sont fixés, ainsi qu'il suit, à la somme de cent trente-huit francs.

Une layette	26 fr.
Frais de couche.	15
Quatorze mois à six francs.	84
En petits secours au choix de la dame. . .	13
Total. . . .	138

30. Si ces mères reçoivent de leur comité de bienfaisance, ou de quelqu'autres personnes, une layette ou des secours appliqués à l'enfant, il sera retranché sur ce que la société donne, une somme proportionnée à ce qu'elles auront reçu, la société voulant éviter les doubles emplois, et par là étendre ses bienfaits sur le plus d'individus possible.

Elle ne regardera pas comme double emploi ce que les comités de bienfaisance accorderont à la misère de la famille entière.

31. Les conseils d'administration engageront, dans le courant de l'année, la totalité des sommes qui leur auront été déléguées par le comité central. On comptera comme somme engagée, tout ce qui sera rentré par la perte de ceux qui seront morts.

SECTION III.

Des Fonctions des dames qui composent les conseils d'administration, et des Obligations qu'elles contractent.

32. Si le nombre des pauvres d'un arrondissement en rendoit le service trop pénible à Paris, il pourroit être divisé en vertu d'une délibération du conseil d'administration de cette ville.

33. Le conseil d'administration de Paris sera toujours

présidé par une des vice-présidentes de la société, lorsq
S. M. l'impératrice ne la présidera pas.

34. Les dames des douze arrondissemens de Par
pourront se faire aider par des personnes non compris
dans l'administration, mais présentées par elles et agréé
par le conseil d'administration.

35. Une des vice-présidentes ou une des dames d
conseil d'administration désignée par elle pour la rempl
cer, sera chargée, à Paris, de signer toutes les délibé
tions, de surveiller la rédaction des procès-verbaux d
comités et des assemblées ; elle en fera tenir le registre e
ceux de l'admission des enfans ; elle fera garder les rapports
extraits et certificats sur lesquels ils auront été reçus; ell
fera faire la correspondance et établir les comptes à rendre

36. La contribution des dames des conseils d'adminis
tration ayant des fonctions actives, sera volontaire : leur
soins étant, de tous les bienfaits, le plus précieux, ell
déposeront ce qu'elles voudront dans un tronc sur leque
sera écrit : *Contribution des dames ayant des fonctio
actives.* Ce tronc sera ouvert chaque année dans la pre
mière assemblée des conseils d'administration. La somme
qui s'y trouvera sera comptée et remise au trésorier ou à
la personne qu'il aura nommée à cet effet.

TITRE III.

*Réglemens relatifs aux pauvres, et à la classe qui doit
être appelée aux dons de la Société de la Charité
maternelle.*

37. Les personnes secourues par la société de la Charité maternelle sont divisées en deux classes :

Première classe : les femmes qui, ayant perdu leur
mari pendant leur grossesse, auront au moins un enfant
vivant;

Celles qui, ayant au moins un enfant vivant, auront un
mari tout-à-fait estropié ou attaqué d'une maladie qui ne
lui permettra pas de se livrer au travail nécessaire à la
subsistance de sa famille ;

Celles qui, étant infirmes elles-mêmes, auront deux enfans vivans.

Deuxième classe : Toutes les familles chargées au moins de deux enfans vivans, dont l'aîné sera en bas âge ; on comptera les enfans de différens lits au-dessous de quatorze ans.

38. Les mères, pour être admises, se présenteront dans le dernier mois de leur grossesse ; la dame de leur arrondissement prendra sur elles les renseignemens les plus positifs. S'il arrivoit qu'elles eussent ignoré l'existence de la société, ou qu'elles eussent espéré pouvoir s'en passer, il seroit encore temps de les proposer dans le premier mois de leur accouchement ; mais elles ne recevroient pas les frais de couche.

39. Pour être admises, les mères fourniront une copie de leur extrait de mariage, un certificat d'indigence et de bonnes mœurs de leur comité de bienfaisance ; un certificat signé du principal locataire ou de quelques voisins, lesquels attesteront que le mari et la femme vivent bien ensemble, et le nombre de leurs enfans vivans. Les veuves ajouteront à ces titres l'extrait mortuaire de leur mari ; et les infirmes, des certificats de médecin ou de chirurgien. Leurs certificats seront écrits en entier de la main de ceux qui les donneront : ces certificats seront faits sur papier libre.

40. Si l'on venoit à découvrir qu'une mère eût trompé la société sur le nombre de ses enfans ou sur les autres conditions imposées, elle seroit privée des dons qu'elle n'auroit obtenus que sur un faux rapport. Elle les perdroit également, si on s'apercevoit qu'elle en fît un mauvais usage.

41. Ces mères prendront l'engagement de nourrir elles-mêmes, ou d'élever au lait leurs enfans si par quelques causes extraordinaires elles ne pouvoient pas nourrir.

Si elles viennent à tomber malades assez sérieusement pour être obligées de cesser la nourriture, elles feront avertir la dame chargée de veiller sur elles : celle-ci amènera un médecin ou chirurgien, lequel constatera l'état de la mère et de l'enfant ; et s'il est nécessaire de donner une autre nourrice à l'enfant, la dame en enverra chercher une, le lui remettra, et se chargera de la dépense, quoi qu'elle doive excéder la somme engagée à chaque enfant

42. Lorsque les mères admises seront accouchées, elle enverront l'acte de naissance de leurs enfans à la dame chargée d'elles : cette dame leur fera remettre une layette, s'y transportera ou y enverra une personne sûre, pour examiner l'état de la mère et de l'enfant; et tout le temps qu'elle en sera chargée, elle suivra cette famille avec la plus scrupuleuse attention, pour juger si elle fait un bon emploi des secours que la société lui accorde.

43. Lorsqu'une mère viendra à mourir pendant le temps d'adoption d'un enfant, la société continuera de le soigner jusqu'à l'expiration de ce temps.

44. Chacun des conseils d'administration des villes de l'empire, en se conformant aux bases de morale, d'économie, et de justice indiquées par le présent réglement, pourra, par un réglement particulier, y faire les modifications jugées nécessaires, suivant les localités et le prix des matières et des denrées ; mais ces modifications devront être approuvées par le comité central.

Dispositions générales.

45. Tous les enfans adoptés par la société seront vaccinés par les soins et aux frais du conseil d'administration.

46. Dans l'administration de la Charité maternelle, toutes les fonctions seront gratuites, hors celles d'un agent près du conseil d'administration de Paris, et d'autres agens près des conseils des autres villes où il pourra en être besoin : ces agens feront les fonctions de secrétaire du conseil. Le traitement de ces agens sera fixé par le comité central, sur la proposition des conseils d'administration : ils seront nommés par les conseils.

47. En imprimant la liste générale des dames de la société, celle du conseil-général, ainsi que celle des dames composant les conseils d'administration, on ne fera mention sur aucunes de ces listes, de la quotité des souscriptions.

48. Les conseils d'administration qui recevront des

dons de charité en donneront avis au trésorier-général. Le montant en sera versé, à Paris, dans la caisse d'amortissement; et, dans les autres villes de l'empire, dans la caisse de leurs conseils d'administration.

Les noms des donateurs seront rendus publics par les soins du trésorier-général.

49. Les produits des souscriptions de chaque arrondissement de l'empire, seront employés exclusivement dans cet arrondissement, à moins que les donateurs n'en aient autrement disposé.

50. Le secrétaire-général est chargé de faire toutes les convocations ordonnées par S. M. l'impératrice. Il contresigne les brevets des dames, signés par S. M. l'impératrice.

51. Le vicaire-général de la grande aumônerie est substitut du secrétaire-général.

Le substitut du trésorier-général est nommé par S. M. l'impératrice.

52. Les convocations du comité central se font par une des vice-présidentes.

Décret impérial sur les Sépultures.

Au palais de Saint-Cloud, le 23 prairial an XII.

Napoléon, etc.

Sur le rapport du ministre de l'intérieur, le conseil d'état entendu,

Décrète :

TITRE PREMIER.

Des Sépultures, et des lieux qui leur sont consacrés.

ART. 1. Aucune inhumation n'aura lieu dans les églises, temples, synagogues, hôpitaux, chapelles publiques, et généralement dans aucun des édifices clos fermés où les citoyens se réunissent pour la célébration de leurs cultes, ni dans l'enceinte des villes et bourgs.

2. Il y aura, hors de chacune de ces villes ou bourgs, à la distance de trente-cinq à quarante mètres au moins de leur enceinte, des terrains spécialement consacrés à l'inhumation des morts.

3. Les terrains les plus élevés et exposés au nord seront choisis de préférence; ils seront clos de murs de deux mètres au moins d'élévation. On y fera des plantations, en prenant les précautions convenables pour ne point gêner la circulation de l'air.

4. Chaque inhumation aura lieu dans une fosse séparée: chaque fosse qui sera ouverte, aura un mètre cinq décimètres à deux mètres de profondeur, sur huit décimètres de largeur, et sera ensuite remplie de terre bien foulée.

5. Les fosses seront distantes les unes des autres de trois à quatre décimètres sur les côtés, et de trois à cinq décimètres à la tête et aux pieds.

6. Pour éviter le danger qu'entraîne le renouvellement trop rapproché des fosses, l'ouverture des fosses pour de nouvelles sépultures n'aura lieu que de cinq années en cinq années; en conséquence, les terrains destinés à former les lieux de sépulture seront cinq fois plus étendus que l'espace nécessaire pour y déposer le nombre présumé des morts qui peuvent y être enterrés chaque année.

TITRE II.

De l'Etablissement des nouveaux Cimetières.

7. Les communes qui seront obligées, en vertu des articles 1 et 2 du titre Ier., d'abandonner les cimetières actuels, et de s'en procurer de nouveaux hors de l'enceinte de leurs habitations, pourront, sans autre autorisation que celle qui leur est accordée par la déclaration du 10 mars 1776, acquérir les terrains qui leur seront nécessaires, en remplissant les formes voulues par l'arrêté du 7 germ. an IX.

8. Aussitôt que les nouveaux emplacemens seront disposés à recevoir les inhumations, les cimetières existans seront fermés, et resteront dans l'état où ils se trouveront, sans que l'on n'en puisse faire usage pendant cinq ans.

9. A partir de cette époque, les terrains servant maintenant de cimetières pourront être affermés par les communes auxquelles ils appartiennent; mais à condition qu'ils ne seront qu'ensemencés ou plantés, sans qu'il puisse y être fait aucune fouille ou fondation pour des constructions de bâtimens, jusqu'à ce qu'il en soit autrement ordonné.

TITRE III.

Des Concessions de terrains dans les Cimetières.

10. Lorsque l'étendue des lieux consacrés aux inhumations le permettra, il pourra y être fait des concessions de terrains aux personnes qui désireront y posséder une place distincte et séparée pour y fonder leur sépulture et celle de leurs parens ou successeurs, et y construire des caveaux, monumens ou tombeaux.

11. Les concessions ne seront néanmoins accordées qu'à ceux qui offriront de faire des fondations ou donations en faveur des pauvres et des hôpitaux, indépendamment d'une somme qui sera donnée à la commune, et lorsque ces fondations ou donations auront été autorisées par le gouvernement dans les formes accoutumées, sur l'avis des conseils municipaux et la proposition des préfets.

12. Il n'est point dérogé, par les deux articles précé-

dens, aux droits qu'a chaque particulier, sans besoin d'autorisation, de faire placer sur la fosse de son parent ou de son ami une pierre sépulcrale ou autre signe indicatif de sépulture, ainsi qu'il a été pratiqué jusqu'à présent.

13. Les maires pourront également, sur l'avis des administrations des hôpitaux, permettre que l'on construise dans l'enceinte de ces hôpitaux, des monumens pour les fondateurs et bienfaiteurs de ces établissemens, lorsqu'ils en auront déposé le désir dans leurs actes de donation, de fondation ou de dernière volonté.

14. Toute personne pourra être enterrée sur sa propriété, pourvu que ladite propriété soit hors ou à distance prescrite de l'enceinte des villes et bourgs.

TITRE IV.

De la Police des lieux de Sépulture.

15. Dans les communes où l'on professe plusieurs cultes, chaque culte doit avoir un lieu d'inhumation particulière; et dans le cas où il n'y auroit qu'un seul cimetière, on le partagera par des murs, haies ou fossés, en autant de parties qu'il y aura de cultes différens, avec une entrée particulière pour chacune, et en proportionnant cet espace au nombre d'habitans de chaque culte.

16. Les lieux de sépulture, soit qu'ils appartiennent aux communes, soit qu'ils appartiennent aux particuliers, seront soumis à l'autorité, police et surveillance des administrations municipales.

17. Les autorités locales sont spécialement chargées de maintenir l'exécution des lois et réglemens qui prohibent les exhumations non autorisées, et d'empêcher qu'il ne se commette dans les lieux de sépulture aucun désordre, ou qu'on s'y permette aucun acte contraire au respect dû à la mémoire des morts.

TITRE V.

Des Pompes funèbres.

18. Les cérémonies précédemment usitées pour les convois, suivant les différens cultes, seront rétablies, et

il sera libre aux familles d'en régler la dépense selon leurs moyens et facultés : mais hors de l'enceinte des églises et des lieux de sépulture, les cérémonies religieuses ne seront permises que dans les communes où l'on ne professe qu'un seul culte, conformément à l'art. 45 de la loi du 18 germinal an **X**.

19. Lorsque le ministre d'un culte, sous quelque prétexe que ce soit, se permettra de refuser son ministère pour l'inhumation d'un corps, l'autorité civile, soit d'office, soit sur la réquisition de la famille, commettra un autre ministre du même culte pour remplir ces fonctions ; dans tous les cas, l'autorité civile est chargée de faire porter, présenter, déposer et inhumer les corps.

20. Les frais et rétributions à payer aux ministres des cultes et autres individus attachés aux églises et temples, tant pour leur assistance aux convois que pour les services requis par les familles, seront réglés par le gouvernement, sur l'avis des évêques, des consistoires et des préfets, et sur la proposition du conseiller d'état chargé des affaires concernant les cultes. Il ne sera rien alloué pour leur assistance à l'inhumation des individus inscrits aux rôles des indigens.

21. Le mode le plus convenable pour le transport des corps sera réglé suivant les localités, par les maires, sauf l'approbation des préfets.

22. Les fabriques des églises et les consistoires jouiront seuls du droit de fournir les voitures, tentures, ornemens, et de faire généralement toutes les fournitures quelconques nécessaires pour les enterremens, et pour la décence ou la pompe des funérailles.

Les fabriques et consistoires pourront faire exercer ou affermer ce droit, d'après l'approbation des autorités civiles sous la surveillance desquelles ils sont placés.

23. L'emploi des sommes provenant de l'exercice ou de l'affermage de ce droit, sera consacré à l'entretien des églises, des lieux d'inhumation, et au paiement des desservans : cet emploi sera réglé et réparti sur la proposition du conseiller d'état chargé des affaires concernant les cultes ; et d'après l'avis des évêques et des préfets.

24. Il est expressément défendu à toutes autres personnes, quelles que soient leurs fonctions, d'exercer le droit susmentionné, sous telle peine qu'il appartiendra, sans préjudice des droits résultant des marchés existant, et qui ont été passés entre quelques entrepreneurs et les préfets ou autres autorités civiles, relativement aux convois et pompes funèbres.

25. Les frais à payer par les successions des personnes décédées, pour les billets d'enterrement, le prix des tentures, les bières et le transport des corps, seront fixés par un tarif proposé par les administrations municipales, et arrêté par les préfets.

26. Dans les villages et autres lieux où le droit précité ne pourra être exercé par les fabriques, les autorités locales y pourvoiront, sauf l'approbation des préfets.

Décret impérial relatif aux autorisations des officiers de l'état civil pour les inhumations.

Au palais de Saint-Cloud, le 4 thermidor an XIII.

Napoléon, empereur des Français;

Sur le rapport du grand-juge, ministre de la justice;

Vu l'art. 77 du Code civil, portant : « Aucune inhu-
» mation ne sera faite sans une autorisation sur papier
» libre et sans frais de l'officier de l'état civil ; »

Vu le décret du 23 prairial an XII, sur les sépultures, qui soumet à l'autorité, police et surveillance des administrations municipales, les lieux de sépulture, et accorde aux fabriques des églises et consistoires le droit exclusif de faire les fournitures nécessaires pour les enterremens ;

Le conseil d'état entendu,

Décrète :

ART. I. Il est défendu à tous maires, adjoints et membres d'administrations municipales, de souffrir le transport, présentation, dépôt, inhumation des corps, ni l'ouverture des lieux de sépulture ; à toutes fabriques d'églises et consistoires, ou autres ayant droit de faire les fournitures requises pour les funérailles, de livrer lesdites fournitures ; à tous curés, desservans et pasteurs, d'aller lever aucun corps, ou de les accompagner hors des églises et temples, qu'il ne leur apparoisse de l'autorisation donnée par l'officier de l'état civil pour l'inhumation, à peine d'être poursuivis comme contrevenant aux lois.

2. Le grand-juge ministre de la justice, etc.

———— —

Décret impérial qui déclare les articles 22 et 24 de celui du 23 prairial an XII sur les sépultures, non applicables aux personnes qui professent en France la religion juive.

Au palais des Tuileries, le 10 février 1806.

———— —

Décret impérial concernant la Sépulture des Empereurs, et la destination de l'église de Ste-Geneviève.

Au palais des Tuileries, le 20 février 1806.

Napoléon, empereur des Français, etc. ;

Sur les rapports de nos ministres de l'intérieur et des cultes,

Nous avons décrété et décrétons ce qui suit :

TITRE PREMIER.

ART. 1. L'église de Saint-Denis est consacrée à la sépulture des empereurs.

2. Il sera fondé un chapitre, composé de dix chanoines chargés de desservir cette église.

3. Les chanoines de ce chapitre seront choisis parmi les évêques âgés de plus de soixante ans, et qui se trouveroient hors d'état de continuer l'exercice des fonctions épiscopales. Ils jouiront, dans cette retraite, des honneurs, prérogatives et traitemens attachés à l'épiscopat.

Notre grand-aumônier sera chef de ce chapitre.

4. Quatre chapelles seront érigées dans l'église de Saint-Denis, dont trois dans l'emplacement qu'occupoient les

tombeaux des rois de la première, de la seconde et de la troisième race, et la quatrième dans l'emplacement destiné à la sépulture des empereurs.

5. Des tables de marbre placées dans chacune des chapelles des trois races, contiendront les noms des rois dont les mausolées existoient dans l'église de Saint-Denis.

6. Notre grand-aumônier soumettra à notre approbation un réglement sur les services annuels qu'il conviendra d'établir dans ladite église.

TITRE II.

7. L'église de Sainte-Géneviève sera terminée et rendue au culte, conformément à l'intention de son fondateur, sous l'invocation de Sainte-Géneviève, patrone de Paris.

8. Elle conservera la destination qui lui avoit été donnée par l'assemblée constituante, et sera consacrée à la sépulture des grands dignitaires, des grands officiers de l'empire et de la couronne, des sénateurs, des grands officiers de la légion d'honneur, et, en vertu de nos décrets spéciaux, des citoyens qui, dans la carrière des armes ou dans celle de l'administration et des lettres, auront rendu d'éminens services à la patrie. Leurs corps, embaumés, seront inhumés dans l'église.

9. Les tombeaux, déposés au Musée des Monumens français, seront transportés dans cette église pour y être rangés par ordre de siècles.

10. Le chapitre métropolitain de Notre-Dame, augmenté de six membres, sera chargé de desservir l'église de Sainte-Géneviève. La garde de cette église sera spécialement confiée à un archiprêtre choisi parmi les chanoines.

11. Il y sera officié solennellement le 3 janvier, fête de Sainte-Géneviève; le 15 août, fête de Saint-Napoléon et anniversaire de la conclusion du concordat; le jour des Morts et le premier dimanche de décembre, anniversaire du couronnement et de la bataille d'Austerlitz, et toutes les fois qu'il y aura lieu à des inhumations en exécution du présent décret. Aucune autre fonction religieuse ne pourra être exercée dans ladite église, qu'en vertu de notre approbation.

Décret impérial concernant le Service dans les églises et les Convois funèbres.

Au palais de Saint-Cloud, le 18 mai 1806.

Napoléon, empereur des Français, etc;

Sur le rapport de notre ministre de l'intérieur, notre conseil d'état entendu,

Nous avons décrété et décrétons ce qui suit :

TITRE PREMIER.

Règles générales pour les Eglises.

ART. 1. Les églises seront ouvertes gratuitement au public : en conséquence, il est expressément défendu de rien percevoir dans les églises et à leur entrée, de plus que le prix des chaises, sous quelque prétexte que ce soit.

2. Les fabriques pourront louer des bancs et des chaises suivant le tarif qui a été ou sera arrêté, et les chapelles de gré à gré.

3. Le tarif du prix des chaises sera arrêté par l'évêque et le préfet; et cette fixation sera toujours la même, quelles que soient les cérémonies qui auront lieu dans l'église.

TITRE II.

Service pour les morts dans les Eglises.

4. Dans toutes les églises, les curés, desservans et vicaires feront gratuitement le service exigé pour les morts indigens; l'indigence sera constatée par un certificat de la municipalité.

5. Si l'église est tendue pour recevoir un convoi funèbre, et qu'on présente ensuite le corps d'un indigent, il est défendu de détendre jusqu'à ce que le service de ce mort soit fini.

6. Les réglemens déjà dressés, et ceux qui le seront à l'avenir par les évêques sur cette matière, seront soumis par notre ministre des cultes, à notre approbation.

7. Les fabriques feront par elles-mêmes, ou feront faire

par entreprise aux enchères, toutes les fournitures nécessaires au service des morts dans l'intérieur de l'église, et
toutes celles qui sont relatives à la pompe des convois,
sans préjudice aux droits des entrepreneurs qui ont des
marchés existans.

Elles dresseront, à cet effet, des tarifs et des tableaux
gradués par classe ; ils seront communiqués aux conseils
municipaux et aux préfets, pour y donner leur avis, et
seront soumis, par notre ministre des cultes, pour chaque
ville, à notre approbation. Notre ministre de l'intérieur
nous transmettra pareillement, à cet égard, les avis des
conseils municipaux et des préfets.

8. Dans les grandes villes, toutes les fabriques se réuniront pour ne former qu'une seule entreprise.

TITRE III.

Du Transport des Corps.

9. Dans les communes où il n'existe pas d'entreprise
et de marchés pour les sépultures, le mode du transport
des corps sera réglé par les préfets et les conseils municipaux. Le transport des indigens sera fait gratuitement.

10. Dans les communes populeuses, où l'éloignement
des cimetières rend le transport coûteux, et où il est fait
avec des voitures, les autorités municipales, de concert
avec les fabriques, feront adjuger aux enchères l'entreprise de ce transport, des travaux nécessaires à l'inhumation et de l'entretien des cimetières.

11. Le transport des morts indigens sera fait décem-
ment et gratuitement : tout autre transport sera assujetti
à une taxe fixe ; les familles qui voudront quelque pompe
traiteront avec l'entrepreneur, suivant un tarif qui sera
dressé à cet effet.

Les réglemens et marchés qui fixeront cette taxe et le
tarif, seront délibérés par les conseils municipaux, et
soumis ensuite, avec l'avis du préfet, par notre ministre
de l'intérieur, à notre approbation.

12. Il est interdit, dans ces réglemens et marchés,
d'exiger aucune surtaxe pour les présentations et stations

à l'église, toute personne ayant également le droit d'y être présentée.

13. Il est défendu d'établir aucun dépositoire dans l'enceinte des villes.

14. Les fournitures précitées dans l'art. 11, dans les villes où les fabriques ne fournissent pas elles-mêmes, seront données ou en régie intéressée, ou en entreprise, à un seul régisseur ou entrepreneur. Le cahier des charges sera proposé par le conseil municipal, d'après l'avis de l'évêque, et arrêté définitivement par le préfet.

15. Les adjudications seront faites selon le mode établi par les lois et réglemens pour tous les travaux publics.

En cas de contestation entre les autorités civiles, les entrepreneurs et les fabriques, sur les marchés existans, il y sera statué sur les rapports de nos ministres de l'intérieur et des cultes.

L'arrêté du préfet de la Seine, du 5 mars 1806, est approuvé.

Décret impérial sur la Sépulture des Cardinaux.

Au palais des Tuileries, le 26 mars 1811.

ART. 1. L'art. 8 de notre décret du 20 février 1806, qui ordonne la sépulture à Sainte-Géneviève des personnes désignées audit article, sera applicable aux cardinaux.

2. L'art. 16 du tit. XXVI du décret du 24 messidor an XII, est applicable également aux cardinaux.

Décret impérial relatif au service des inhumations, et tarif des droits et frais à payer pour le service et la pompe des sépultures, ainsi que pour toute espèce de cérémonies funèbres.

Au palais de Saint-Cloud, le 18 août 1811.

ART. 1. Le service des inhumations est divisé en six classes, dont le tableau est annexé au présent décret. Le prix fixé pour chaque classe est le *maximum* qu'il est interdit de passer; mais ce prix peut être diminué dans la proportion des objets compris dans le tableau de chaque classe, qui ne seroient pas demandés par les familles, et dont elles donneroient contre-ordre par écrit.

2. Tout ordre pour un convoi doit être donné par écrit, indiquer la classe, désigner les objets fixés dans le tarif supplémentaire, qui seroient demandés par les familles. A cet effet, l'entrepreneur général du service fera imprimer des modèles d'ordre, en tête desquels seront relatés les art. 1, 2, 4 et 6 du présent décret : c'est uniquement sur ces modèles imprimés que les familles ou leurs fondés de pouvoir expliqueront leurs volontés.

3. Le service ordinaire et extraordinaire des inhumations sera adjugé à un seul entrepreneur, qui ne pourra augmenter le total de la dépense fixée par chaque classe, sous peine, en cas de contestation, de ne pouvoir répéter cet excédent devant les tribunaux, et d'une amende qui ne pourra excéder 1000 fr.

Cet article est commun aux fabriques, dont les receveurs seront responsables.

4. Il est défendu à l'entrepreneur des inhumations et à chaque fabrique, de faire imprimer séparément, soit le tableau des dépenses du service de l'entreprise, soit le tableau des dépenses fixées pour les cérémonies religieuses.

5. L'adjudication comprendra le droit exclusif de louer et de fournir les objets indiqués dans le tableau de toutes les classes, sauf les ornemens que les fabriques sont dans l'usage de se réserver, et qui consistent seulement en pièces de tenture du fond des autels, tapis de sanctuaire, couvertures des lutrins et des pupitres, des siéges des célébrans et des chantres.

6. L'entrepreneur sera tenu de transporter les corps à l'église ou au temple, toutes les fois qu'il n'aura pas reçu par écrit un ordre contraire, sans pouvoir demander aucune augmentation.

7. L'adjudication de service général sera faite par soumissions cachetées, lesquelles seront ouvertes au conseil de préfecture, en présence de deux commissaires des fabriques, désignés par M. l'archevêque de Paris. Le prix

de cette adjudication consistera dans une portion du produit de l'entreprise générale, laquelle devra être payée par l'entrepreneur aux fabriques et aux consistoires. La première mise à prix sera de 20 pour 100.

8. Les fabriques des églises de la ville de Paris mettront en bourse commune 25 pour 100 de la remise qui leur est allouée sur chaque convoi par l'entreprise générale; ce prélèvement sera versé par chaque fabrique entre les mains du trésorier de la fabrique de la cathédrale, lequel en tiendra un compte séparé. Chaque mois le compte général des prélèvemens du mois précédent sera fait par ledit trésorier, et partagé également entre toutes les fabriques.

9. Les cérémonies religieuses pour les corps présentés à l'église avec un certificat d'indigence, seront les mêmes que celles indiquées dans la sixième classe.

10. En cas que le produit de la taxe pour le transport des corps s'élève au-dessus de la somme à payer à l'entrepreneur pour ledit transport, le surplus sera affecté à la reconstruction ou à la réparation des cimetières de Paris.

11. En cas de contravention de la part de l'entrepreneur, ou du receveur des fabriques, notre procureur impérial est tenu de poursuivre d'office et de faire prononcer la restitution et l'amende portée en l'article 3.

12. Notre grand-juge ministre de la justice, nos ministres de l'intérieur et des cultes, sont chargés de l'exécution du présent décret.

Tarif et Tableaux des droits et frais à payer pour le
service et la pompe des sépultures et pour toute espèce
de cérémonies funèbres.

SERVICE ORDINAIRE.

CHAPITRE PREMIER.

Dispositions applicables à tous les Convois.
Transports.

Pour le transport d'enfans au-dessous de sept ans, dix francs.	10	00
De personnes au-dessus de cet âge, vingt fr. .	20	00

Bières.

Pour la bière d'un enfant de deux ans et au-dessous, deux francs.	2	00
Pour celles d'un enfant au-dessus de deux ans jusqu'à sept ans, trois francs.	3	00
Pour celle d'une personne de sept ans et au-dessus, six francs.	6	00
Pour une bière à six pans, sept francs cin-quante centimes.	7	50
Pour une bière à huit pans, neuf francs. . .	9	00

SERVICE EXTRAORDINAIRE.

CHAPITRE II.

Divisions par Classes des frais de Convois.

SECTION PREMIERE:

Ire. CLASSE.

Cérémonies religieuses.

Droit curial.	7	00
Présence du curé.	15	00
Deux vicaires.	8	00
Un confesseur en robe.	12	00

fr.　c.

Prêtres dont le nombre ne pourra être au-dessous de dix-huit, les chantres, serpens et aides de chœur. . . . . 60　00
Enfans de chœur. . . . . 12　00
Un sacristain-prêtre. . . . . 3　00
Aides de sacristie, suisses, bedeaux, porte-croix, porte-bénitier. . . . . 12　00
Receveur des convois. . . . . 9　00
Deux choristes prêtres. . . . . 4　00
Prêtre veilleur jour et nuit. . . . . 12　00
Grand'messe avec diacre et sous-diacre. . . . 12　00
Six souches à l'autel. . . . . 6　00
Offrande. 24　00
Conduite de trois prêtres au moins pour accompagner le corps jusqu'au cimetière. . . . 36　00
Ornemens de première classe, chandeliers, estrades, pièces de fond, lutrin, siéges des célébrans, sonnerie.. . . . . 88　00
Cierges, tant à l'autel qu'au corps, et à chaque membre du clergé célébrant ou assistant. . 280　00

TOTAL. . . . . 600　00

SERVICE PAR L'ENTREPRISE.

Ire. CLASSE.

1°. *A la Maison mortuaire.*

Tenture de l'appartement, jusqu'à concurrence de l'emploi de cent vingt mètres. . . . . . 60　00
Grande pièce de fond à croix de moire d'argent. 24　00
Estrade à trois gradins, couverte d'un tapis. . 24　00
Vingt-quatre chandeliers d'argent. . . . . . 24　00
Vingt-quatre cierges, cire fine, d'un demi-kilogramme. . . . . 96　00
Une croix et un bénitier d'argent. . . . . . 3　00

13

fr.   c.

Drap mortuaire en velours de soie, brodé en
   argent, parsemé de larmes, avec galons et
   franges d'argent.   40   00
Tenture du péristyle et de la façade extérieure
   de la maison, jusqu'à l'emploi de deux
   cents mètres. . . , ... , ...   100   00

                    TOTAL. 365, 00

2°. A l'Eglise ou au Temple.

Tenture du portail jusqu'à l'emploi de cent
   vingt mètres.   60   00
Tenture intérieure du chœur et de la nef,
   selon la grandeur de l'église, mais sans que
   le prix puisse jamais être porté au-dessus
   de.   500   00
Une litre de velours bordée en galons et franges
   d'argent, placée sur la tenture, jusqu'à
   l'emploi de quatre-vingts mètres.   320   00
Dais à cinq gradins, avec ses ornemens, garni
   de franges et galons d'argent.   300   00
Drap mortuaire de velours à croix, brodé en
   argent, parsemé de larmes et étoiles, bordé
   de franges et galons d'argent à torsades. . .   40   00
Baldaquin suspendu à la voûte de l'église au-
   dessus du dais, avec rideaux, draperies bor-
   dées en hermine, plumets en autruche, etc.   150   00
Quatre-vingts chandeliers d'argent, garnissant
   les gradins du dais.   80   00
Quatre cassolettes en bronze garnies. . . , . .   80   00
Douze fauteuils noirs, galonnés en argent. .   72   00
Cent chaises de deuil, garnies et galonnées.   150   00
Cent housses noires, pour autant de chaises
   ordinaires.   75   00
Tapis de pied dans le chœur, jusqu'à cent
   mètres.   100   00
Couverture des stalles, jusqu'à deux cents mètres. 100   00
Cent porte-lumières à quatre bobèches. . . .   300   00

                 TOTAL.   2327   00

3°. Cortége.

Corbillard attelé de quatre chevaux, avec la grande garniture, compris les harnois drapés, les housses brodées en argent, les plumets des chevaux, et les cinq plumets sur l'impériale du corbillard. 300 00
Cinq voitures de deuil drapées. 90 00
Douze voitures de deuil vernies. 180 00
Deux maîtres des cérémonies. 24 00
Trois officiers en manteaux portant les pièces d'honneur 36 00
Vingt-quatre hommes de deuil et le loyer de leur habillement. . . . . , ... 192 00
Trente-six torches ou flambeaux portés par les hommes de deuil, porteurs et autres. . . 108 00
Coussins brodés en argent pour recevoir les pièces d'honneur, et crêpes pour les couvrir. 60 00

TOTAL. 990 00

Relevé.

Cérémonies religieuses. 600 00
A la maison mortuaire. 365 00
A l'église ou au temple. 2327 00
Cortége. 990 00

TOTAL. 4282 00

SECTION II.

IIe. CLASSE.

Cérémonies religieuses.

Droit curial 6 00
Présence du curé. . . . . , . 12 00
Deux vicaires 6 00
Confesseur en robe. 8 00
Prêtres dont le nombre ne pourra être au-dessous de douze, chantres, serpens et aides de chœur 27 00

13.

	fr.	c.
Enfans de chœur.	9	00
Receveur des convois.	6	00
Un sacristain-prêtre.	2	00
Aide-de-sacristie, porte-croix, porte-béni-		
tier, suisses et bedeaux.	8	00
Deux choristes prêtres.	3	00
Prêtre veilleur jour et nuit.	9	00
Quatre souches à l'autel.	4	00
Messe avec diacre et sous-diacre.	6	00
Ornemens fournis par la fabrique.	40	00
Conduite de deux prêtres jusqu'au cimetière. .	18	00
Offrande.	12	00
Cierges, tant à l'autel qu'au corps, et aux		
membres du clergé.	124	00
TOTAL.	300	00

SERVICE PAR L'ENTREPRISE.

IIᵉ. CLASSE.

1°. A la Maison mortuaire.

	fr.	c.
Tenture de grande porte-cochère.	56	00
Pièce de fond à croix de moire d'argent. . .	4	00
Estrade double et tapis.	18	00
Douze chandeliers d'argent.	12	00
Douze cierges, cire fine, d'un demi-kilogramme.	48	00
Une croix et un bénitier.	3	00
Drap mortuaire comme de première classe. .	40	00
TOTAL.	161	00

2°. A l'Eglise ou au Temple.

	fr.	c.
Un double bandeau avec encadrement au		
portail	24	00
Tenture intérieure, compris le tapis de pied,		
fixée à.	400	00
Dais à quatre gradins, avec draperies et orne-		
mens galonnés en argent.	150	00

fr. c.

Représentation sous le dais, couverte en velours
noirs, galonnée à franges d'argent en torsades. 40 00
Vingt-quatre chandeliers d'argent. 24 00
Trente-six chaises de deuil garnies et autant de
housses. 60 00

TOTAL. . . . . : 698 00

3°. Cortège.

Corbillard attelé de deux chevaux, avec la
petite garniture à franges d'argent, y compris
la housse du siége, les housses, les harnois,
les plumets. 150 00
Deux voitures de deuil drapées. 36 00
Quatre voitures vernies. 60 00
Un maître des cérémonies. 12 00
Huit hommes de deuil et loyer de leur habil-
lement. 64 00
Douze torches ou flambeaux. 36 00

TOTAL. 358 00

Relevé.

Cérémonies religieuses. . . . . : . . . 300 00
A la maison mortuaire. 161 00
A l'église et au temple. 698 00
Cortège. . . . . . , ... 358 00
Objets non fixés. 283 00

TOTAL. 1,800 00

SECTION III.

III°. CLASSE.

Cérémonies religieuses.

Droit curial. 5 00
Présence du curé. 5 00
Deux vicaires. 5 00
Dix prêtres. 12 50
Confesseur 6 00

	fr.	c.
Receveur des convois.	4	50
Enfans de chœur.	6	00
Chantres et serpens	5	00
Porte-croix, sacristain, prêtre aide de sacristie, suisses et bedeaux.	10	00
Ornemens fournis par la fabrique.	22	00
Messe avec diacre et sous-diacre.	4	00
Douze cierges à l'autel et au corps.	45	00
TOTAL.	130	00

SERVICE PAR L'ENTREPRISE.

IIIe. CLASSE.

1°. A la Maison mortuaire.

Tenture de porte-cochère	30	00
Pièce de fond à croix de moire d'argent.	4	00
Estrade double et tapis.	18	00
Huit chandeliers.	8	00
Huit cierges, cire fine, d'un demi-kilogramme.	32	00
Croix et bénitier.	3	00
Drap mortuaire en drap noir, bordé de franges et galons d'argent.	12	00
TOTAL.	107	00

2°. A l'église ou au temple.

Un bandeau avec encadrement au portail.	18	00
Tenture intérieure, compris le tapis de pied, fixé à	150	00
Représentation en drap noir, à croix, larmes et étoiles d'argent	20	00
Estrade double, couverte en drap noir	18	00
Quarante housses de chaises.	30	00
TOTAL	236	00

fr. c.

3°. *Cortège.*

	fr.	c.
Corbillard drapé, à frange d'argent, attelé de deux chevaux............, ...	48	oo
Une voiture drapée	18	oo
Deux voitures vernies	3o	oo
Un maître des cérémonies...........	12	oo
Deux hommes de deuil	16	oo
Six flambeaux	18	oo
TOTAL	142	oo

Relevé.

Cérémonies religieuses	13o	oo
A la maison mortuaire............	107	oo
A l'église ou au temple	236	oo
Cortège...............	142	oo
Objets non fixés	85	oo
TOTAL	7oo	oo

SECTION IV.

IVe. CLASSE.

Cérémonies religieuses.

Droit curial...............	4	oo
Présence du curé...............	3	oo
Vicaire.................	2	oo
Receveur des convois	3	oo
Confesseur	3	oo
Six prêtres	7	5o
Deux chantres	2	oo
Enfans de chœur..............	3	oo
Porte-croix, sacristain, prêtre, aide-de sacristie, suisse et bedeau.............	5	oo
Messe, luminaire, et le poële seulement ...	17	5o
TOTAL	5o	oo

SERVICE DE L'ENTREPRISE.

IVᵉ. CLASSE.

1º. *A la Maison mortuaire.*

	fr.	c.
Tenture de petite porte-cochère	3o	00
Pièce de fond à croix de moire d'argent.. . .	4	oq
Estrade simple couverte d'un tapis	12	00
Six chandeliers.	6	00
Six cierges, cire ordinaire, d'un demi-kilo-gramme.	21	00
Croix et bénitier	3	00
Drap mortuaire en drap noir, bordé de franges et galons d'argent	12	00
TOTAL	88	00

2º. *A l'église.*

	fr.	c.
Un bandeau avec encadrement au portail . .	18	00

3º. *Cortége.*

	fr.	c.
Corbillard à franges d'argent, attelé de deux chevaux avec housses	36	00
Un maître des cérémonies.	12	00
Voiture vernie	15	00
TOTAL	63	00

Relevé.

	fr.	c.
Cérémonies religieuses.	5o	00
A la maison mortuaire	88	00
A l'église ou au temple	18	00
Cortége	63	00
Objets non fixés.	3i	00
TOTAL	250	00

SECTION. V.

Vᵉ. CLASSE.

Cérémonies religieuses.

	fr.	c.
Droit curial	3	00
Vicaire.	1	25
Receveur des convois . . . . , . . .	1	5o
Trois prêtres.	3	75
Porte-croix, suisse et bedeau	2	00
Messe basse et luminaire.	8	5o
TOTAL	20	00

SERVICE PAR L'ENTREPRISE.

Vᵉ. CLASSE.

Tenture de porte bâtarde, de boutique et d'allée	20	00
Pièce de fond à croix de moire d'argent. . . .	4	00
Un drap mortuaire à franges de laine.	6	00
Quatre chandeliers.	4	00
Quatre cierges d'un quart de kilogramme. . .	7	00
Une croix et un bénitier.	3	00
Corbillard à franges de laine avec les housses assorties	5o	00
Un drap mortuaire *idem.*	6	00
TOTAL.	8o	00

Relevé.

Cérémonies religieuses.	20	00
Frais de l'entreprise.	8o	00
TOTAL.	100	00

SECTION. VI.

VIᵉ. CLASSE

Cérémonies religieuses.

fr.   c.

Messe basse, luminaire, porte-croix, suisse,
bedeau et deux enfans de chœur.   10   00

SERVICE PAR L'ENTREPRISE.

Drap mortuaire à franges de laine.   6   00

TOTAL.   16   00

TARIF *des Objets non déterminés dans la distribution des classes.*

Pour la menuiserie et la charpente nécessaire
à la tenture, quand les portes ne sont point
surmontées d'une planche.   6   00
Pour un cent de billets en papier commun,
grand ou petit format, souscription et distribution dans Paris.   10   00
Idem en papier écu.   12   00
Idem en papier grand cornet ou écu double.   14   00
Idem en papier grand carré double ou papier
coquille d'Annonay , caractère financière.   16   00
Pour chaque carreau servant à s'agenouiller,
en drap bordé de galons d'argent.   1   50
Idem en velours.   3   00
Pour chaque corbillard qui sortira de Paris,
pour une autre destination que celle des
cimetières de cette ville, et qui sera conduit
dans le rayon du département de la Seine ,
en sus du prix porté dans chaque classe. .   24   00
Pour chaque voiture de deuil conduite dans
la même distance, en sus du prix ordinaire.   3   00
Pour indemnité de déplacement de l'ordon-
nateur des convois   6   00

	fr.	c.
Pour chacun des porteurs.	3	00
Pour un cercueil de plomb d'un mètre soixante-six centimètres de longueur.	200	00
Pour un cercueil de deux mètres.	250	00
Pour un cercueil en bois de chêne, garni de six poignées de fer poli.	48	00
Pour un *idem* de deux mètres.	60	00
Loyer d'un manteau de deuil de drap fin.	4	00
Idem en drap ordinaire.	2	00
Habillement complet de deuil pour un maître.	6	00
Idem pour un domestique.	4	00
Pour chaque voile de tambour.	6	00
Pour chaque écusson et chiffre en velours de soie brodé en argent.	24	00
Idem en drap brodé en argent.	12	00
Pour la fourniture de chaque paire de pleureuse en batiste fine.	4	50
Pour la fourniture d'un crêpe fin.	2	00
Idem commun.	1	50
Pour chaque paire de gants de castor noir.	3	00
Idem gants blancs fins.	1	80
Idem gants blancs communs.	1	20
Pour chaque pièce d'étoffe servant à couvrir les pauvres.	6	00
Pour le transport des corps au-delà des limites du département de la Seine, par lieue de poste, pour chaque corbillard ou voiture attelée de deux chevaux, allant à destination et autant pour le retour à Paris.	5	00
Par lieue de poste, et autant pour le retour, pour chaque paire de chevaux de plus qui seroient attelés aux corbillards ou voitures de deuil.	3	00
Par lieue de poste, et autant pour le retour à Paris, pour l'ordonnateur des inhumations qui accompagneroit le convoi.	2	00

Loi relative à l'établissement de Séminaires.

Paris , le 23 ventose an XII.

Au nom du peuple français, Bonaparte, premier consul, proclame loi de la république le décret suivant, rendu par le corps législatif le 23 ventôse an XII, conformément à la proposition faite par le gouvernement le 18 dudit mois, communiquée au tribunal le même jour.

Décret.

ART. 1. Il y aura par chaque arrondissement métropolitain, et sous le nom de *Séminaire*, une maison d'instruction pour ceux qui se destinent à l'état ecclésiastique.

2. On y enseignera la morale, le dogme, l'histoire ecclésiastique, et les maximes de l'église gallicane ; on y donnera les règles de l'éloquence sacrée.

3. Il y aura des examens ou exercices publics sur les différentes parties de l'enseignement.

4. A l'avenir, on ne pourra être nommé évêque, vicaire-général, chanoine, ou curé de première classe, sans avoir soutenu un exercice public et rapporté un certificat de capacité sur tous les objets énoncés en l'art. 2.

5. Pour toutes les autres places et fonctions ecclésiastiques, il suffira d'avoir soutenu un exercice public sur la morale et sur le dogme, et d'avoir obtenu, sur ces objets, un certificat de capacité.

6. Les directeurs et professeurs seront nommés par le premier consul, sur les indications qui seront données par l'archevêque et les évêques suffragans.

7. Il sera accordé une maison nationale et une bibliothèque pour chacun des établissemens dont il s'agit, et il sera assigné une somme convenable pour l'entretien et les frais desdits établissemens.

8. Il sera pourvu, par des réglemens d'administration publique, à l'exécution de la présente loi.

Soit la présente loi revêtue du sceau de l'état, insérée au Bulletin des lois, inscrite dans les registres des autorités judiciaires et administratives, et le grand-juge, ministre de la justice, chargé d'en surveiller la publication.

A Paris, le 3 germinal an XII de la république.

Décret impérial portant établissement de Bourses et Demi-Bourses dans les séminaires diocésains.

Au palais de Fontainebleau , le 30 septembre 1807.

Napoléon , empereur des Français, roi d'Italie, et protecteur de la confédération du Rhin ;

Voulant faire proposer l'établissement des séminaires diocésains, favoriser l'éducation de ceux de nos sujets qui se destinent à l'état ecclésiastique, et assurer aux pasteurs des églises de notre empire des successeurs qui imitent leur zèle, et qui, par leurs mœurs et l'instruction qu'ils auront reçue, méritent également la confiance de nos peuples,

Nous avons décrété et décrétons ce qui suit :

ART. 1. A dater du 1er. janvier prochain, il sera entretenu, à nos frais, dans chaque séminaire diocésain, un nombre de bourses et demi-bourses, conformément au tableau ci-joint.

2. Ces bourses et demi-bourses seront accordées par nous, sur la présentation des évêques.

3. Notre trésor public paiera annuellement, pour cet objet, 400 fr. par bourse et 200 fr. par demi-bourse.

4. Notre ministre du trésor est chargé, en ce qui le concerne, de l'exécution du présent décret, qui sera inséré au Bulletin des lois.

(*Suit l'état de répartition.*)

ÉTAT *de répartition, entre les Evêchés, des deux mille quatre cent Bourses et demi-Bourses créées par le décret de ce jour.*

ÉVÊCHÉS.	NOMBRE de Bourses et demi-Bourses affecté à chaque Evêché.		
	Entières.	Demies.	TOTAUX.
Paris....................	34.	68.	102.
Troyes..................	12.	24.	36.
Amiens.................	14	28.	42.
Soissons................	11.	22.	33.
Arras..................	10.	20.	30.
Cambrai................	14.	28.	42.
Versailles..............	20.	40.	60.
Meaux.................	14.	28.	42.
Orléans................	12.	24.	36.
Malines................	16.	32.	48.
Namur.................	4.	8.	12.
Tournai................	11.	22.	33.
Aix-la-Chapelle........	14.	28.	42.
Treves.................	7.	14.	21
Gand..................	25.	50.	33.
Liége..................	14.	28.	42.
Mayence...............	8.	16.	24.
Besançon..............	14.	28.	42.
Autun.................	14.	28.	42.
Metz..................	20.	40.	60.
Strasbourg.............	14.	28.	42.
Nancy.................	22.	44.	66.
D jou.................	14.	28.	42.
Lyon..................	21.	42.	63.
Mende.................	11.	22.	33.
Grenoble...............	11.	22	33.
Valence...............	6.	12.	18.
Chambéry..............	14.	28.	42.
Aix...................	14.	28.	42.
Nice..................	7.	14.	21.
Avignon...............	14.	28.	42.
Ajaccio................	10.	20.	30.
Digne.................	4.	8.	12.
Vintimille.............	».	».	».
Toulouse..............	15.	30.	45.

ÉVÊCHÉS.	NOMBRE de Bourses et demi-Bourses affecté à chaque Evêché.		
	Entières.	Demies.	TOTAUX.
Cahors.	14.	28.	42.
Montpellier.	10.	20.	30.
Carcassonne.	9.	18.	27.
Agen.	16.	32.	48.
Bayonne. . . . . , ...	19.	38.	57.
Bordeaux.	13.	26.	39.
Poitiers.	14.	28.	42.
La Rochelle.	15.	30.	45.
Angoulême.	18.	36.	54.
Bourges.	11.	22.	33.
Clermont.	18.	36.	54.
Saint-Flour.	12.	24.	36.
Limoges.	17.	34.	51.
Tours.	7.	14.	21.
Le Mans.	17.	34.	51.
Angers.	9.	18.	27.
Nantes.	9.	18.	27.
Rennes.	12.	24.	36.
Vannes.	10.	20.	30.
Saint-Brieuc.	12.	24.	36.
Quimper.	12.	24.	36.
Rouen	15.	30.	45.
Coutances.	14.	28.	42.
Bayeux.	12.	24.	36.
Séez. . . . . . , ...	10.	20.	30.
Evreux.	10.	20.	30.
TOTAUX.	800.	1,600.	2,400.

Décret impérial concernant les Elèves des Séminaires.

Au palais des Tuileries, le 9 avril 1809.

ART. 1. Pour être admis dans les séminaires maintenus par l'art. 3 de notre décret du 17 mars comme écoles spéciales de théologie, les élèves devront justifier qu'ils ont reçu le grade de bachelier dans la faculté des lettres.

2. Les élèves actuellement existans dans lesdits séminaires pourront y continuer leurs études, quoiqu'ils n'aient pas rempli la condition ci-dessus.

3. Aucune autre école, sous quelque dénomination que ce puisse être, ne peut exister en France, si elle n'est régie par des membres de l'université impériale, et soumise à ses règles.

4. Le grand-maître de notre université impériale et son conseil accorderont un intérêt spécial aux écoles secondaires que les départemens, les villes, les évêques ou les particuliers voudront établir, pour être consacrées plus spécialement aux élèves qui se destinent à l'état ecclésiastique.

5. La permission de porter l'habit ecclésiastique pourra être accordée aux élèves desdites écoles, dont les *prospectus* et les réglemens seront approuvés par le grand-maître et le conseil de l'université, toutes les fois qu'ils ne contiendront rien de contraire aux principes généraux de l'institution.

6. Le grand-maître pourra autoriser dans nos écoles secondaires ou lycées, des fondations de bourses, demi-bourses ou toutes autres dotations, pour des élèves destinés à l'état ecclésiastique.

Décret impérial qui dispense de la conscription militaire les Élèves des Séminaires du culte catholique.

Paris, 29 mars 1811.

(Décret non imprimé.)

Loi relative à la formation d'un corps enseignant, sous le nom d'Université impériale.

Du 10 mai 1806.

Napoléon, par la grâce de Dieu, etc.

Le corps-législatif a rendu le 10 mai 1806, le décret suivant, conformément à la proposition faite au nom de l'Empereur, et après avoir entendu les orateurs du conseil d'état et des sections du tribunat le même jour.

Décret.

ART. 1. Il sera formé, sous le nom d'*Université impériale*, un corps chargé exclusivement de l'enseignement et de l'éducation publics dans tout l'empire.

2. Les membres du corps enseignant contracteront des obligations civiles, spéciales et temporaires.

3. L'organisation du corps enseignant sera présentée en forme de loi au corps législatif, à la session de 1810.

Collationnée à l'original, etc.

Décret impérial portant organisation de l'Université impériale.

Au palais des Tuileries, le 17 mars 1808.

Napoléon, par la grâce de Dieu, etc.

Vu la loi du 10 mai 1806, portant création d'un corps enseignant;

Notre conseil d'état entendu,

Nous avons décrété et décrétons ce qui suit :

TITRE PREMIER.

Organisation générale de l'Université.

ART. 1. L'enseignement public, dans tout l'empire, est confié exclusivement à l'université.

2. Aucune école, aucun établissement quelconque d'instruction ne peut être formé hors de l'université impériale, et sans l'autorisation de son chef.

14

3. Nul ne peut ouvrir d'école, ni enseigner publiquement, sans être membre de l'université impériale, et
gradué par l'une de ses facultés. Neanmoins l'instruction,
dans les séminaires, dépend des archevêques et évêques,
chacun dans son diocèse. Ils en nomment et révoquent
les directeurs et professeurs. Ils sont seulement tenus de
se conformer aux réglemens, pour les séminaires, par
nous approuvés.

4. L'université impériale sera composée d'autant d'académies qu'il y a de cours d'appel.

5. Les écoles appartenant à chaque académie seront
placées dans l'ordre suivant :

1°. Les facultés, pour les sciences approfondies et la
collation des grades ;

2°. Les lycées, pour les langues anciennes, l'histoire,
la rhétorique, la logique et les élémens des sciences
mathématiques et physiques ;

3°. Les colléges, écoles secondaires communales, pour
les élémens des langues anciennes et les premiers principes
de l'histoire et des sciences ;

4°. Les institutions, écoles tenues par des instituteurs
particuliers, où l'enseignement se rapproche de celui des
colléges ;

5°. Les pensions, pensionnats appartenant à des maîtres
particuliers, et consacrés à des études moins fortes que
celles des institutions ;

6°. Les petites écoles, écoles primaires, où l'on apprend
à lire, à écrire, et les premières notions du calcul.

TITRE II.

De la Composition des Facultés.

6. Il y aura dans l'université impériale cinq ordres de
facultés ; savoir :

1°. Des facultés de théologie ;

2°. Des facultés de droit ;

3°. Des facultés de médecine ;

4°. Des facultés des sciences mathématiques et physiques ;

5°. Des facultés des lettres.

7. L'évêque ou l'archevêque du chef-lieu de l'académie présentera au grand-maître les docteurs en théologie, parmi lesquels les professeurs seront nommés. Chaque présentation sera de trois sujets au moins, entre lesquels sera établi le concours sur lequel il sera prononcé par les membres de la faculté de théologie.

Le grand-maître nommera, pour la première fois, les doyens et professeurs entre les docteurs présentés par l'archevêque ou l'évêque, ainsi qu'il est dit ci-dessus.

Les doyens et professeurs des autres facultés seront nommés, pour la première fois, par le grand-maître.

Après la première formation, les places de professeurs vacantes dans ces facultés seront données au concours.

8. Il y aura autant de facultés de théologie que d'églises métropolitaines ; et il y en aura une à Strasbourg, et une à Genève pour la religion réformée.

Chaque faculté de théologie sera composée de trois professeurs au moins ; le nombre pourra en être augmenté, si celui des élèves paroît l'exiger.

9. De ces trois professeurs, l'un enseignera l'histoire ecclésiastique, l'autre le dogme, et le troisième la morale évangélique.

10. Il y aura à la tête de chaque faculté de théologie un doyen, qui sera choisi parmi les professeurs.

11. Les écoles actuelles de droit formeront douze facultés du même nom, appartenant aux académies dans les arrondissemens desquelles elles sont situées. Elles resteront organisées comme elles le sont par la loi du 22 ventôse an XII, et le décret impérial du 4e jour complémentaire de la même année.

12. Les cinq écoles actuelles de médecine formeront cinq facultés du même nom, appartenant aux académies dans lesquelles elles sont placées.

Elles conserveront l'organisation déterminée par la loi du 19 ventôse an XI.

13. Il sera établi auprès de chaque lycée, chef-lieu d'une académie, une faculté des sciences. Le premier professeur de mathématiques du lycée en fera nécessairement partie. Il sera ajouté trois professeurs, l'un de

14.

mathématiques, l'autre d'histoire naturelle, et le troisième de physique et de chimie. Le proviseur et le censeur y seront adjoints.

L'un des professeurs sera doyen.

14. A Paris, la faculté des sciences sera formée de la réunion de deux professeurs du collége de France, dé deux du muséum d'histoire naturelle, de deux de l'école polytechnique, et de deux professeurs de mathématiques des lycées.

Un de ces professeurs sera nommé doyen.

Le lieu où elle siégera, ainsi que celui de la faculté des lettres, sera déterminé par le chef de l'université.

15. Il y aura auprès de chaque lycée chef-lieu d'une académie, une faculté des lettres ; elle sera composée du professeur de belles-lettres du lycée, et de deux autres professeurs.

Le proviseur et le censeur pourront leur être adjoints.

Le doyen sera choisi parmi les trois premiers membres.

A Paris, la faculté des lettres sera formée de trois professeurs du collége de France et de trois professeurs de belles-lettres des lycées.

Le lieu où elle siégera, ainsi que celui où se tiendront les actes de la faculté des sciences de Paris, sera déterminé par le chef de l'université.

TITRE III.

Des Grades des Facultés, et des Moyens de les obtenir.

§. 1. Des Grades en général.

16. Les grades dans chaque faculté seront au nombre de trois, savoir : le baccalauréat, la licence, le doctorat.

17. Les grades seront conférés par les facultés, à la suite d'examens et d'actes publics.

18. Les grades ne donneront pas le titre de membre de l'université, mais ils seront nécessaires pour l'obtenir.

§. 2. Des Grades de la Faculté des Lettres.

19. Pour être admis à subir l'examen du baccalauréat dans la faculté des lettres, il faudra, 1°. être âgé au

moins de seize ans ; 2°. répondre sur tout ce qu'on enseigne dans les hautes classes des lycées.

20. Pour subir l'examen de la licence dans la même faculté, il faudra, 1°. produire ses lettres de bachelier, obtenues depuis un an; 2°. composer en latin et en françois sur un sujet et dans un temps donnés.

21. Le doctorat, dans la faculté des lettres, ne pourra être obtenu qu'en présentant son titre de licencié, et en soutenant deux thèses, l'une sur la rhétorique et la logique, l'autre sur la littérature ancienne : la première devra être écrite et soutenue en latin.

§. 3. *Des Grades de la Faculté des Sciences mathématiques et physiques.*

22. On ne sera reçu bachelier dans la faculté des sciences, qu'après avoir obtenu le même grade dans celle des lettres, et qu'on répondant sur l'arithmétique, la géométrie, la trigonométrie rectiligne, l'algèbre et son application à la géométrie.

23. Pour être reçu licencié dans la faculté des sciences, on répondra sur la statique et sur le calcul différenciel et intégral.

24. Pour être reçu docteur dans cette faculté, on soutiendra deux thèses, soit sur la mécanique et l'astronomie, soit sur la physique et la chimie, soit sur les trois parties de l'histoire naturelle, suivant celle de ces sciences à l'enseignement de laquelle on déclarera se destiner.

§. 4. *Des Grades des Facultés de Médecine et de Droit.*

25. Les grades des facultés de médecine et de droit continueront à être conférés d'après les lois et réglemens établis pour ces écoles.

26. A compter du 1er. octobre 1815, on ne pourra être admis au baccalauréat dans les facultés de droit et de médecine, sans avoir au moins le grade de bachelier dans celle des lettres.

§. 5. *Des Grades de la Faculté de Théologie.*

27. Pour être admis à subir l'examen du baccalauréat

en théologie, il faudra, 1°. être âgé de vingt ans ; 2°. être
bachelier dans la faculté des lettres; 3°. avoir fait un cours
de trois ans dans une des facultés de théologie. On n'ob-
tiendra les lettres de bachelier qu'après avoir soutenu une
thèse publique.

28. Pour subir l'examen de la licence en théologie,
il faudra produire ses lettres de bachelier obtenues depuis
un an au moins.

On ne sera reçu licencié dans cette faculté, qu'après
avoir soutenu deux thèses publiques, dont l'une sera nécessairement en latin.

Pour être reçu docteur en théologie, on soutiendra
une dernière thèse générale.

TITRE IV.

*De l'Ordre qui sera établi entre les membres de
l'Université; des Rangs et des Titres attachés aux
fonctions.*

§. 1. *Des rangs parmi les Fonctionnaires.*

29. Les fonctionnaires de l'université impériale prendront rang entre eux dans l'ordre suivant:

RANGS.	RANGS	
	D'ADMINISTRATION.	D'ENSEIGNEMENT.
1er.	Le grand-maître.	
2e.	Le chancelier.	
3e.	Le trésorier.	
4e.	Les conseillers à vie.	
5e.	Les conseillers ordinaires.	
6e.	Les inspecteurs de l'université.	
7e.	Les recteurs des académies.	
8e.	Les inspecteurs des académies.	
9e.	Les doyens des facultés.	
10e.	. . . .	Les professeurs des facultés.
11e.	Les proviseurs } des lycées.	
12e.	Les censeurs	
13e.	. . . .	Les professeurs des lycées.
14e.	Les principaux des collèges.	
15e.	. . . .	Les agrégés.
16e.	. . . .	Les régens des collèges.
17e.	Les chefs d'institution.	
18e.	Les maîtres de pension.	
19e.	. . . .	Les maîtres d'étude.

3o. Après la première formation de l'université impériale, l'ordre des rangs sera suivi dans la nomination des fonctionnaires, et nul ne pourra être appelé à une place qu'après avoir passé par les places inférieures.

Les emplois formeront aussi une carrière qui présentera, au savoir et à la bonne conduite, l'espérance d'aspirer aux premiers rangs de l'université impériale.

31. Pour remplir les diverses fonctions énumérées ci-dessus, il faudra avoir obtenu, dans les différentes facultés, des grades correspondans à la nature et à l'importance de ces fonctions :

1°. Les emplois de maîtres d'étude et de pensions ne pourront être occupés que par des individus qui auront obtenu le grade de bachelier dans la faculté des lettres.

2°. Il faudra être bachelier dans les deux facultés des lettres et des sciences pour devenir chef d'institution.

3°. Les principaux et les régens des colléges, les agrégés et professeurs des sixième et cinquième, des quatrième et troisième classes des lycées, devront avoir le grade de bachelier dans les facultés des lettres ou des sciences, suivant qu'ils enseigneront les langues ou les mathématiques.

4°. Les agrégés et professeurs de deuxième et de première classe dans les lycées, devront être licenciés dans les facultés relatives à leurs classes.

5°. Les agrégés et professeurs de belles-lettres et de mathématiques transcendantes dans les lycées, devront être docteurs dans les facultés des lettres ou des sciences.

6°. Les censeurs seront licenciés dans ces deux facultés.

7°. Les proviseurs, au grade de docteur dans les lettres, joindront celui de bachelier dans les sciences.

8°. Les professeurs des facultés et les doyens devront être docteurs dans leurs facultés respectives.

§. 2. *Des Titres attachés aux fonctions.*

32. Il est créé, parmi les gradués fonctionnaires de l'université, des titres honorifiques destinés à distinguer les fonctions éminentes, et à récompenser les services rendus à l'enseignement.

Ces titres séront au nombre de trois ; savoir :

1º. Les titulaires ; 2º. les officiers de l'université ; 3º. les officiers des académies.

33. A ces titres seront attachées, 1º. des pensions qui seront données par le grand-maître ; 2º. une décoration qui consistera dans une double palme brodée sur la partie gauche de la poitrine. La décoration sera brodée en or pour les titulaires, en argent pour les officiers de l'université, et en soie bleue et blanche pour les officiers des académies.

34. Seront titulaires de l'université impériale, dans l'ordre suivant :

1º. Le grand-maître de l'université,

2º. Le chancelier *idem*,

3º. Le trésorier *idem*,

4º. Les conseillers à vie *idem*.

35. Seront, de droit, officiers de l'université, les conseillers ordinaires de l'université, les inspecteurs de l'université, les recteurs, les inspecteurs des académies, les doyens et professeurs des facultés.

Le titre d'officier de l'université pourra aussi être accordé par le grand-maître aux proviseurs, censeurs et aux professeurs des deux premières classes des lycées, les plus recommandables par leurs talens et par leurs services.

36. Seront, de droit, officiers des académies, les proviseurs, censeurs et professeurs des deux premières classes des lycées et les principaux des colléges.

Le titre d'officier des académies pourra aussi être accordé par le grand-maître aux autres professeurs des lycées, ainsi qu'aux régens des colléges et aux chefs d'institution, dans le cas où ces divers fonctionnaires auroient mérité cette distinction par des services éminens.

37. Les professeurs et agrégés des lycées, les régens des colléges et les chefs d'institution qui n'auroient pas les titres précédens, porteront, ainsi que les maîtres de pension et les maîtres d'étude, le seul titre de *Membres de l'Université*.

TITRE V.

Des Bases de l'Enseignement dans les écoles de l'Université.

38. Toutes les écoles de l'université impériale prendront pour base de leur enseignement :

1º. Les préceptes de la religion catholique ;

2º. La fidélité à l'empereur, à la monarchie impériale, dépositaire du bonheur des peuples, et à la dynastie napoléonienne, conservatrice de l'unité de la France et de toutes les idées libérales proclamées par les constitutions ;

3º. L'obéissance aux statuts du corps enseignant, qui ont pour objet l'uniformité de l'instruction, et qui tendent à former, pour l'état, des citoyens attachés à leur religion, à leur prince, à leur patrie, et à leur famille ;

4º. Tous les professeurs de théologie seront tenus de se conformer aux dispositions de l'édit de 1682, concernant les quatre propositions contenues en la déclaration du clergé de France de ladite année.

TITRE VI.

Des Obligations que contractent les membres de l'Université.

39. Aux termes de l'art. 2 de la loi du 10 mai 1806, les membres de l'université impériale, lors de leur installation, contracteront par serment les obligations civiles, spéciales et temporaires qui doivent les lier au corps enseignant.

40. Ils s'engageront à l'exacte observation des statuts et réglemens de l'université.

41. Ils promettront obéissance au grand-maître dans tout ce qu'il leur commandera pour notre service et pour le bien de l'enseignement.

42. Ils s'engageront à ne quitter le corps enseignant et leurs fonctions, qu'après en avoir obtenu l'agrément du grand-maître, dans les formes qui vont être prescrites.

43. Le grand-maître pourra dégager un membre de

l'université de ses obligations, et lui permettre de quitter
le corps : en cas de refus du grand-maître, et de persis-
tance de la part d'un membre de l'université dans la
résolution de quitter le corps, le grand-maître sera tenu
de lui délivrer une lettre d'*exeat* après trois demandes
consécutives, réitérées de deux mois en deux mois.

44. Celui qui aura quitté le corps enseignant sans
avoir rempli ces formalités, sera rayé du tableau de l'université, et encourra la peine attachée à cette radiation.

45. Les membres de l'université ne pourront accepter
aucune fonction publique ou particulière et salarié
sans la permission authentique du grand-maître.

46. Les membres de l'université seront tenus d'instruire
le grand-maître et ses officiers de tout ce qui viendroit à
leur connoissance de contraire à la doctrine et aux principes du corps enseignant, dans les établissemens d'instruction publique.

47. Les peines de discipline qu'entraîneroit la violation
des devoirs et des obligations, seront,

1º. Les arrêts ;

2º. La réprimande en présence d'un conseil académique ;

3º. La censure en présence du conseil de l'université;

4º. La mutation pour un emploi inférieur;

5º. La suspension de fonctions pour un temps déterminé, avec ou sans privation totale ou partielle du traitement ;

6º. La réforme ou la retraite donnée avant le temps de
l'éméritat, avec un traitement moindre que la pension
des émérites ;

7º. Enfin, la radiation du tableau de l'université.

48. Tout individu qui aura encouru la radiation, sera
incapable d'être employé dans aucune administration
publique.

49. Les rapports entre les peines et les contraventions
aux devoirs, ainsi que la graduation de ces peines d'après
les différens emplois, seront établis par des statuts.

TITRE VII.

Des Fonctions et Attributions du grand-maître de l'Université.

50. L'université impériale sera régie et gouvernée par le grand maître, qui sera nommé et révocable par nous.

51. Le grand-maître aura la nomination aux places administratives et aux chaires des colléges et des lycées ; il nommera également les officiers des académies et ceux de l'université, et il fera toutes les promotions dans le corps enseignant.

52. Il instituera les sujets qui auront obtenu les chaires des facultés, d'après des concours dont le mode sera déterminé par le conseil de l'université.

53. Il nommera et placera dans les lycées les élèves qui auront concouru pour obtenir des bourses entières ou partielles.

54. Il accordera la permission d'enseigner et d'ouvrir des maisons d'instruction aux gradués de l'université qui la lui demanderont, et qui auront rempli les conditions exigées par les réglemens pour obtenir cette permission.

55. Le grand-maître nous sera présenté par notre ministre de l'intérieur, pour nous soumettre chaque année, 1°. le tableau des établissemens d'instruction, et spécialement des pensions, institutions, colléges et lycées ; 2°. celui des officiers des académies et des officiers de l'université ; 3°. le tableau de l'avancement des membres du corps enseignant qui l'auront mérité par leurs services. Il fera publier ces tableaux à l'ouverture de l'année scolaire.

56. Il pourra faire passer d'une académie dans une autre, les régens et principaux des colléges entretenus par les communes, ainsi que les fonctionnaires et professeurs des lycées, en prenant l'avis de trois membres du conseil.

57. Il aura le droit d'infliger les arrêts, la réprimande, la censure, la mutation et la suspension des fonctions (art. 47), aux membres de l'université qui auront manqué assez gravement à leurs devoirs pour encourir ces peines.

58. D'après les examens, et sur les rapports favorables des facultés, visés par les recteurs, le grand-maître ratifiera les réceptions. Dans le cas où il croira devoir refuser cette ratification, il en sera référé à notre ministre de l'intérieur, qui nous en fera son rapport, pour être pris par nous, en notre conseil d'état, le parti qui sera jugé convenable.

Lorsqu'il le jugera utile au maintien de la discipline, le grand-maître pourra faire recommencer les examens pour l'obtention des grades.

59. Les grades, les titres, les fonctions, les chaires, et en général tous les emplois de l'université impériale, seront conférés aux membres de ce corps par des diplômes donnés par le grand-maître, et portant le sceau de l'université.

60. Il donnera aux différentes écoles les réglemens de discipline qui seront discutés par le conseil de l'université.

61. Il convoquera et présidera ce conseil, et il en nommera les membres, ainsi que ceux des conseils académiques, comme il sera dit aux titres suivans.

62. Il se fera rendre compte de l'état des recettes et des dépenses des établissemens d'instruction, et il le fera présenter au conseil de l'université par le trésorier.

63. Il aura le droit de faire afficher et publier les actes de son autorité, et ceux du conseil de l'université: ces actes devront être munis du sceau de l'université, représentant un aigle portant une palme, suivant le modèle annexé au présent décret.

TITRE VIII.

Des Fonctions et Attributions du chancelier et du trésorier de l'Université.

64. Il y aura, immédiatement après le grand-maître, deux titulaires de l'université impériale; l'un aura le titre de *chancelier*, et l'autre celui de *trésorier*.

65. Le chancelier et le trésorier seront nommés et révocables par nous.

66. En l'absence du grand-maître, ils présideront le conseil suivant l'ordre de leur rang.

67. Le chancelier sera chargé du dépôt et de la garde des archives et du sceau de l'université; il signera tous les actes émanés du grand-maître et du conseil de l'université; il signera également les diplômes donnés pour toutes les fonctions. Il présentera au grand-maître les titulaires, les officiers de l'université et des académies, ainsi que les fonctionnaires qui devront prêter le serment. Il surveillera la rédaction du grand registre annuel des membres de l'université, dont il sera parlé au titre XII.

68. Le trésorier sera spécialement chargé des recettes et des dépenses de l'université; il veillera à ce que les droits perçus dans tout l'empire, au profit de l'université, soient versés fidèlement dans son trésor; il ordonnancera les traitemens et pensions des fonctionnaires de l'université. Il surveillera la comptabilité des lycées, des colléges et de tous les établissemens des académies; il en fera son rapport au grand-maître et au conseil de l'université.

TITRE IX.

Du Conseil de l'Université.

§ 1. De la Formation du Conseil.

69. Le conseil de l'université sera composé de trente membres.

70. Dix de ces membres, dont six choisis parmi les inspecteurs, et quatre parmi les recteurs, seront conseillers à vie ou conseillers-titulaires de l'université. Ils seront brevetés par nous.

Les conseillers-ordinaires, au nombre de vingt, seront pris parmi les inspecteurs, les doyens et professeurs des facultés, et les proviseurs des lycées.

71. Tous les ans, le grand-maître fera la liste des vingt conseillers-ordinaires qui doivent compléter le conseil pendant l'année.

72. Pour être conseiller à vie, il faudra avoir au moins dix ans d'ancienneté dans le corps de l'université, avoir

été cinq ans recteur ou inspecteur, et avoir siégé en cette qualité au conseil.

73. Un secrétaire-général, choisi parmi les conseillers ordinaires, et nommé par le grand-maître, rédigera les procès-verbaux des séances du conseil.

74. Le conseil de l'université s'assemblera au moins deux fois par semaine, et plus souvent si le grand-maître le trouve nécessaire.

75. Le conseil sera partagé pour le travail en cinq sections :

La première s'occupera de l'état et du perfectionnement des études ;.

La seconde, de l'administration et de la police des écoles ;

La troisième, de leur comptabilité ;

La quatrième, du contentieux ;

Et la cinquième, des affaires du sceau de l'université.

Chaque section examinera les affaires qui lui seront renvoyées par le grand-maître, et en fera le rapport au conseil qui en délibérera.

§. 2. *Des Attributions du Conseil.*

76. Le grand-maître proposera à la discussion du conseil, tous les projets de réglemens et de statuts qui pourront être faits pour les écoles de divers degrés.

77. Toutes les questions relatives à la police, à la comptabilité et à l'administration générale des facultés, des lycées et des colléges, seront jugées par le conseil, qui arrêtera les budgets de ces écoles sur le rapport du trésorier de l'université.

78. Il jugera les plaintes des supérieurs et les réclamations des inférieurs.

79. Il pourra seul infliger aux membres de l'université les peines de la réforme et de la radiation (art. 47), d'après l'instruction et l'examen des délits qui emporteront la condamnation à ces peines.

80. Le conseil admettra ou rejettera les ouvrages qui auront été ou devront être mis entre les mains des élèves, ou placés dans les bibliothèques des lycées et des colléges;

il examinera les ouvrages nouveaux qui seront proposés pour l'enseignement des mêmes écoles.

81. Il entendra le rapport des inspecteurs, au retour de leur mission.

82. Les affaires contentieuses relatives à l'administration générale des académies et de leurs écoles, et celles qui concerneront les membres de l'université en particulier par rapport à leurs fonctions, seront portées au conseil de l'université. Les décisions prises à la majorité absolue des voix, et après une discussion approfondie, seront exécutées par le grand-maître. Néanmoins il pourra y avoir recours à notre conseil d'état contre les décisions, sur le rapport de notre ministre de l'intérieur.

83. D'après la proposition du grand-maître, et sur la présentation de notre ministre de l'intérieur, une commission du conseil de l'université pourra être admise à notre conseil d'état, pour solliciter la réforme des réglemens et les décisions interprétatives de la loi.

84. Les procès-verbaux des séances du conseil de l'université seront envoyés, chaque mois, à notre ministre de l'intérieur; les membres du conseil pourront faire insérer dans ces procès-verbaux les motifs de leurs opinions, lorsqu'elles différeront de l'avis adopté par le conseil.

TITRE X.

Des Conseils académiques.

85. Il sera établi au chef-lieu de chaque académie un conseil composé de dix membres, désigné par le grand-maître parmi les fonctionnaires et officiers de l'académie.

86. Les conseils académiques seront présidés par les recteurs; ils s'assembleront au moins deux fois par mois, et même plus souvent si les recteurs le jugent convenable. Les inspecteurs des études y assisteront, lorsqu'ils se trouveront dans les chefs-lieux des académies.

87. Il sera traité dans les conseils académiques, 1°. de l'état des écoles de leurs arrondissemens respectifs; 2°. des abus qui pourroient s'introduire dans leur discipline, leur administration économique, ou dans leur enseigne-

ment, et des moyens d'y remédier ; 3°. des affaires contentieuses relatives à leurs écoles en général, où aux
membres de l'université résidant dans leurs arrondissemens ; 4°. des délits qui auroient pu être commis par ces
membres ; 5°. de l'examen des comptes des lycées et des
colléges situés dans leurs arrondissemens.

88. Les procès-verbaux et rapports de ces conseils
seront envoyés, par les recteurs, au grand-maître, et
communiqués par lui au conseil de l'université, qui en
délibérera, soit pour remédier aux abus dénoncés, soit
pour juger les délits et contraventions d'après l'instruction
écrite, comme il est dit à l'article 79. Les recteurs pourront joindre leur avis particulier aux procès-verbaux des
conseils académiques.

89. A Paris, le conseil de l'université remplira les
fonctions du conseil académique.

TITRE XI.

Des Inspecteurs de l'Université, et des Inspecteurs des Académies.

90. Les inspecteurs-généraux de l'université seront
nommés par le grand-maître, et pris parmi les officiers
de l'université ; leur nombre sera de vingt au moins, et
ne pourra excéder trente.

91. Ils seront partagés en cinq ordres, comme les
facultés ; ils n'appartiendront à aucune académie en particulier ; ils les visiteront alternativement et sur l'ordre du
grand-maître, pour reconnoître l'état des études et de la
discipline dans les facultés, les lycées et les colléges, pour
s'assurer de l'exactitude et des talens des professeurs, des
régens et des maîtres d'étude, pour examiner les élèves,
enfin pour en surveiller l'administration et la comptabilité.

92. Le grand-maître aura le droit d'envoyer dans les
académies, et pour des inspections extraordinaires, des
membres du conseil, autres que les inspecteurs de l'université, lorsqu'il y aura lieu d'examiner et d'instruire
quelque affaire importante.

93. Il y aura, dans chaque académie un ou deux inspecteurs particuliers, qui seront chargés, par ordre du recteur, de la visite et de l'inspection des écoles de leurs arrondissemens, spécialement des colléges, des institutions, des pensions, et des écoles primaires. Ils seront nommés par le grand-maître, sur la présentation des recteurs.

TITRE XII.

Des Recteurs des académies.

94. Chaque académie sera gouvernée par un recteur, sous les ordres immédiats du grand-maître, qui le nommera pour cinq ans, et le choisira parmi les officiers des académies.

95. Les recteurs pourront être renommés autant de fois que le grand-maître le jugera utile.

Ils résideront dans les chefs-lieux des académies.

96. Ils assisteront aux examens et réceptions des facultés. Ils viseront et délivreront les diplômes des gradués, qui seront de suite envoyés à la ratification du grand-maître.

97. Ils se feront rendre compte, par les doyens des facultés, les proviseurs des lycées et les principaux des colléges, de l'état de ces établissemens; et ils en dirigeront l'administration, surtout sous le rapport de la sévérité dans la discipline, et de l'économie dans les dépenses.

98. Ils feront inspecter et surveiller, par les inspecteurs particuliers des académies, les écoles, et surtout les colléges, les institutions et les pensions, et ils feront eux-mêmes des visites le plus souvent qu'il leur sera possible.

99. Il sera tenu dans chaque école, par l'ordre des recteurs, un registre annuel sur lequel chaque administrateur, professeur, agrégé, régent et maître d'étude, inscrira lui-même, et par colonnes, ses nom, prénoms, âge, lieu de naissance ainsi que les places qu'il a occupées, les emplois qu'il a remplis dans les écoles.

Les chefs des écoles enverront un double de ces registres aux recteurs de leurs académies, qui le feront parvenir au chancelier de l'université. Le chancelier fera dresser avec ces listes académiques, un registre général pour chaque année, lequel sera déposé aux archives de l'université.

TITRE XIII.

Des Réglemens à donner aux lycées, aux colléges, aux institutions, aux pensions, et aux écoles primaires.

100. Le grand-maître fera revoir, discuter et arrêter au conseil de l'université, les réglemens existans aujourd'hui pour les lycées et les colléges. Les changemens ou modifications qui pourront y être faits, devront s'accorder avec les dispositions suivantes :

101. A l'avenir, et après l'organisation complète de l'université, les proviseurs et censeurs des lycées, les principaux et régens des colléges, ainsi que les maîtres d'étude de ces écoles, seront astreints au célibat et à la vie commune.

Les professeurs des lycées pourront être mariés, et dans ce cas ils logeront hors du lycée. Les professeurs célibataires pourront y loger et profiter de la vie commune.

Aucun professeur de lycée ne pourra ouvrir de pensionnat, ni faire des classes publiques hors du lycée; chacun d'eux pourra néanmoins prendre chez lui un ou deux élèves qui suivront les classes du lycée.

102. Aucune femme ne pourra être logée ni reçue dans l'intérieur des lycées et des colléges.

103. Les chefs d'institution et les maîtres de pension ne pourront exercer sans avoir reçu du grand-maître de l'université, un brevet portant pouvoir de tenir leur établissement. Ce brevet sera de dix années, et pourra être renouvelé. Ils se conformeront, les uns et les autres, aux réglemens que le grand-maître leur adressera après les avoir fait délibérer et arrêter en conseil de l'université.

104. Il ne sera rien imprimé et publié pour annoncer les études, la discipline, les conditions des pensions, ni sur les exercices des élèves dans les écoles, sans que les divers prospectus et programmes ayent été soumis aux

recteurs et au conseil des académies, et sans en avoir obtenu l'approbation.

105. Sur la proposition des recteurs, l'avis des inspecteurs, et d'après une information faite par les conseils académiques, le grand-maître, après avoir consulté le conseil de l'université, pourra faire fermer les institutions et pensions où il aura été reconnu des abus graves et des principes contraires à ceux que professe l'université.

106. Le grand-maître fera discuter, par le conseil de l'université, la question relative aux degrés d'instruction qui devront être attribués à chaque genre d'école, afin que l'enseignement soit distribué le plus uniformément possible dans toutes les parties de l'empire, et pour qu'il s'établisse une émulation utile aux bonnes études.

107. Il sera pris, par l'université, des mesures pour que l'art d'enseigner à lire, à écrire, et les premières notions du calcul dans les écoles primaires, ne soit exercé désormais que par des maîtres assez éclairés pour communiquer facilement et sûrement ces premières connoissances, nécessaires à tous les hommes.

108. A cet effet, il sera établi auprès de chaque académie, et dans l'intérieur des colléges ou des lycées, une ou plusieurs classes normales, destinées à former des maîtres pour les écoles primaires. On y exposera les méthodes les plus propres a perfectionner l'art de montrer à lire, à écrire et à chiffrer.

109. Les frères des écoles chrétiennes seront brevetés et encouragés par le grand-maître, qui visera leurs statuts intérieurs, les admettra au serment, leur prescrira un habit particulier, et fera surveiller leurs écoles.

Les supérieurs de ces congrégations pourront être membres de l'université.

TITRE XIV.

Du Mode de Renouvellement des Fonctionnaires et Professeurs de l'Université.

§. Ier. *Des aspirans, et de l'école normale.*

110. Il sera établi à Paris un pensionnat normal des-

15.

tiné à recevoir jusqu'à trois cents jeunes gens, qui y seront formés à l'art d'enseigner les lettres et les sciences.

111. Les inspecteurs choisiront, chaque année, dans les lycées, d'après des examens et des concours, un nombre déterminé d'élèves, âgés de dix-sept ans au moins, parmi ceux dont les progrès et la bonne conduite auront été les plus constans, et qui annonceront le plus d'aptitude à l'administration ou à l'enseignement.

112. Les élèves qui se présenteront à ce concours, devront être autorisés, par leur père ou par leur tuteur, à suivre la carrière de l'université. Ils ne pourront être reçus au pensionnat normal, qu'en s'engageant à rester dix années au moins dans le corps enseignant.

113. Ces aspirans suivront les leçons du collége de France, de l'école polytechnique, ou du muséum d'histoire naturelle, suivant qu'ils se destineront à enseigner les lettres ou les divers genres de sciences.

114. Les aspirans, outre ces leçons, auront, dans leur pensionnat, des répétiteurs choisis parmi les plus anciens et les plus habiles de leurs condisciples, soit pour revoir les objets qui leur seront enseignés dans les écoles spéciales ci-dessus désignées, soit pour s'exercer aux expériences de physique et de chimie, et pour se former à l'art d'enseigner.

115. Les aspirans ne pourront pas rester plus de deux ans au pensionnat normal. Ils y seront entretenus aux frais de l'université, et astreints à une vie commune, d'après un réglement que le grand-maître fera discuter au conseil de l'université.

116. Le pensionnat normal sera sous la surveillance immédiate d'un des quatre recteurs conseillers à vie, qui y résidera et aura sous lui un directeur des études.

117. Le nombre des aspirans à recevoir chaque année dans les lycées, et à envoyer au pensionnat normal de Paris, sera réglé par le grand-maître d'après l'état et le besoin des colléges et des lycées.

118. Les aspirans, dans le cours de leurs deux années

d'étude au pensionnat normal, ou à leur terme, devront prendre leurs grades à Paris dans la faculté des lettres ou dans celle des sciences. Ils seront de suite appelés par le grand-maître pour remplir des places dans les académies.

§. 2. *Des Agrégés.*

119. Les maîtres d'étude des lycées, et les régens des collèges, seront admis à concourir entr'eux pour obtenir l'agrégation au professorat des lycées.

120. Le mode d'examen nécessaire pour le concours des agrégés sera déterminé par le conseil de l'université.

121. Il sera reçu successivement un nombre d'agrégés suffisant pour remplacer les professeurs des lycées. Ce nombre ne pourra excéder le tiers de celui des professeurs.

122. Les agrégés auront un traitement annuel de 400 fr., qu'ils toucheront jusqu'à ce qu'ils soient nommés à une chaire de lycée; ils seront répartis par le grand-maître dans les académies : ils remplaceront les professeurs malades.

TITRE XV.

De l'Eméritat et des Retraites.

123. Les fonctionnaires de l'université, compris dans les quinze premiers rangs à l'art. 29, après un exercice de trente années sans interruption, pourront être déclarés émérites et obtenir une pension de retraite, qui sera déterminée, suivant les différentes fonctions, par le conseil de l'université.

Chaque année d'exercice au-dessus de trente ans sera comptée aux émérites, et augmentera leur pension d'un vingtième.

124. Les pensions d'émérite ne pourront pas être cumulées avec les traitemens attachés à une fonction quelconque de l'université.

125. Il sera établi une maison de retraite où les émérites pourront être reçus et entretenus aux frais de l'université.

126. Les fonctionnaires de l'université, attaqués, pendant l'exercice de leurs fonctions, d'une infirmité qui les

empêcheroit de les continuer, pourront être reçus d
la maison de retraite avant l'époque de leur éméritat.

127. Les membres des anciennes corporations ensei
gnantes, âgés de plus de soixante ans, qui se trouvero
dans le cas indiqué par les articles précédens, pourro
être admis dans la maison de retraite de l'université, o
obtenir une pension d'après la décision du grand-maître
auquel ils adresseront leurs titres.

TITRE XVI.

Des Costumes.

128. Le costume commun à tous les membres de l'uni
versité sera l'habit noir, avec une palme brodée en soi
bleue sur la partie gauche de la poitrine.

129. Les régens et professeurs feront leurs leçons e
robe d'étamine noire. Pardessus la robe, et sur l'épaule
gauche, sera placée la chausse, qui variera de couleur
suivant les facultés, et de bordures seulement suivant les
grades.

130. Les professeurs de droit et de médecine conserveront leur costume actuel.

TITRE XVII.

Des Revenus de l'Université impériale.

131. Les 400,000 fr. de rentes inscrites sur le grand-
livre, et appartenant à l'instruction publique, formeront
l'apanage de l'université impériale.

132. Toutes les rétributions payées pour collation des
grades dans les facultés de théologie, des lettres et des
sciences, seront versées dans le trésor de l'université.

133. Il sera fait, au profit du même trésor, un prélèvement d'un dixième sur les droits perçus dans les écoles
de droit et de médecine, pour les examens et réceptions.
Les neuf autres dixièmes continueront à être appliqués
aux dépenses de ces facultés.

134. Il sera prélevé, au profit de l'université et dans
toutes les écoles de l'empire, un vingtième sur la rétribution payée par chaque élève pour son instruction.

Ce prélèvement sera fait par le chef de chaque école, qui en comptera, tous les trois mois au moins, au trésorier de l'université impériale.

135. Lorsque la rétribution payée pour l'instruction des élèves sera confondue avec leurs pensions, les conseils académiques détermineront la somme à prélever sur chaque pensionnaire pour le trésor de l'université.

136. Il sera établi, sur la proposition du conseil de l'université, et suivant les formes adoptées pour les réglemens d'administration publique, un droit du sceau pour tous les diplômes, brevets, permissions, etc., signés par le grand-maître, et qui seront délivrés par la chancellerie de l'université. Le produit de ce droit sera versé dans le trésor de l'université.

137. L'université est autorisée à recevoir les donations et legs qui lui seront faits, suivant les formes prescrites pour les réglemens d'administration publique.

TITRE XVIII.

Des Dépenses de l'Université impériale.

138. Les chancelier et trésorier auront chacun un traitement annuel de .... 15,000 fr.
Le secrétaire du conseil 10,000
Les conseillers à vie. 10,000
Les conseillers ordinaires.......... 6,000
Les inspecteurs et recteurs 6,000
Les frais de tournée seront payés à part.

139. Il sera alloué, pour l'entretien annuel de chacune des facultés des lettres et des sciences qui seront établies dans les académies, une somme de 5,000 à 10,000 fr.

140. Il sera fait un fonds annuel de 300,000 fr. pour l'entretien de trois cents élèves aspirans, et pour le traitement des professeurs, ainsi que pour les autres dépenses de l'école normale.

141. La somme destinée à l'entretien de la maison de retraite et à l'acquittement des pensions des émérites, est fixée, pour la première année, à 100,000 fr.

Pour chacune des années suivantes, ce fonds sera réglé par le grand-maître, en conseil d'université.

142. Le grand-maître emploiera la portion qui pourra rester des revenus de l'université impériale après l'acquittement des dépenses, 1°. en pensions pour les membres de ce corps qui se seront le plus distingués par leurs services et leur attachement à ses principes ; 2°. en placemens avantageux pour augmenter la dotation de l'université.

TITRE XIX.

Dispositions générales.

143. L'université impériale et son grand-maître, chargés exclusivement par nous du soin de l'éducation et de l'instruction publique dans tout l'empire , tendront sans relâche à perfectionner l'enseignement dans tous les genres, à favoriser la composition des ouvrages classiques ; ils veilleront surtout à ce que l'enseignement des sciences soit toujours au niveau des connoissances acquises, et à ce que l'esprit de système ne puisse jamais en arrêter les progrès.

144. Nous nous réservons de reconnoître et de récompenser d'une manière particulière les grands services qui pourront être rendus par les membres de l'université pour l'instruction de nos peuples; comme aussi de réformer, et ce par décret pris en notre conseil, toute décision, statut ou acte émané du conseil de l'université ou du grand-maître , toutes les fois que nous le jugerons utile au bien de l'état.

Donné en notre palais des Tuileries, le 17 mars 1808.

Décret impérial contenant réglement pour l'Université impériale.

Au palais de Saint-Cloud, le 17 septembre 1808.

Napoléon, etc.
Avons décrété et décrétons ce qui suit :

TITRE PREMIER.

ART. 1. Le grand-maître de l'université prêtera serment entre nos mains.

Il nous sera présenté par le prince archichancelier, dans la chapelle impériale, avec le même cérémonial que les archevêques.

La formule du serment sera ainsi conçue :

SIRE,

« Je jure devant Dieu, à V. M., de remplir tous les
» devoirs qui me sont imposés ; de ne me servir de l'au-
» torité qu'elle me confie, que pour former des citoyens
» attachés à leur religion, à leur prince, à leur patrie, à
» leurs parens ; de favoriser, par tous les moyens qui sont
» en mon pouvoir, les progrès des lumières, des bonnes
» études et des bonnes mœurs ; d'en perpétuer les tradi-
» tions pour la gloire de votre dynastie, le bonheur des
» enfans et le repos des pères de famille. »

TITRE II.

2. A dater du 1er janvier 1809, l'enseignement public, dans tout l'empire, sera confié exclusivement à l'université.

3. Tout établissement quelconque d'instruction, qui, à l'époque ci-dessus, ne seroit pas muni d'un diplôme exprès du grand-maître, cessera d'exister.

4. Pour la première formation seulement, il ne sera pas nécessaire que les membres enseignans de l'université soient gradués dans une faculté ; ils ne seront tenus de l'être qu'à dater du 1er janvier 1815.

TITRE III.

5. Avant le 1er décembre prochain, l'archevêque e évêque du chef-lieu de chacune des académies où il aura une faculté de théologie, présentera au grand-maîtr les sujets parmi lesquels les doyens et les professeurs d théologie seront nommés.

6. À l'égard des deux facultés de théologie d Strasbourg et de Genève, et de celle qui sera incessam ment établie à Montauban, les candidats seront pré sentés, dans le même délai, par les présidens du consi toire de ces trois villes.

7. Le grand-maître nommera, pour la première foi les doyens et les professeurs entre les sujets portés e nombre triple de celui des places auxquelles il faudr pourvoir ; et cette nomination sera faite avant le 1er jan vier 1809.

8. Le grand-maître nommera également, pour la pre-mière fois, et avant le 1er janvier 1809, les doyens et professeurs des autres facultés.

9. Les chaires des facultés de théologie ne seront données au concours qu'à dater du 1er janvier 1815, et celles de lettres et sciences, qu'à compter du 1er janvier 1811; jusque-là, il y sera nommé par le grand-maître.

TITRE IV.

10. Jusqu'au 1er janvier 1815, époque à laquelle les personnes qui se destinent à l'instruction publique, auront pu acquérir les qualités requises, l'ordre de rang ne sera pas suivi dans les nominations des fonctionnaires; mais nul ne pourra être officier de l'université, ou officier d'académie, avant l'âge de trente ans révolus.

11. Toutefois, tous les individus qui ont exercé pen-dant dix ans des fonctions dans l'instruction publique, pourront recevoir du grand-maître le diplôme du grade correspondant aux fonctions qu'ils remplissent.

Toutes les nominations du grand-maître qui ne seront pas faites parmi les individus ci-dessus désignés, seront soumises à notre approbation ; et, lorsqu'elle aura été accordée, il sera délivré aux fonctionnaires un diplôme du grade correspondant aux fonctions auxquelles ils auront été promus.

Les conseillers titulaires seront nommés par nous incessamment : ils jouiront, dès à présent, des honneurs et traitemens attachés à leur titre : ils recevront un brevet du conseil à vie, dans cinq ans, si d'ici à cette époque ils ont justifié nos espérance et notre confiance.

12. Avant le 1er janvier 1809, le grand-maître nommera les conseillers-ordinaires, les inspecteurs de l'université, les recteurs et inspecteurs des académies, les proviseurs et censeurs des lycées, en se conformant aux règles qui viennent d'être établies.

TITRE V.

13. Tous les inspecteurs, proviseurs, censeurs, professeurs et autres agens actuels de l'instruction publique, seront tenus de déclarer au grand-maître s'ils sont dans l'intention de faire partie de l'université impériale, et de contracter les obligations imposées à ses membres.

Ces déclarations devront être faites avant le 1er novembre prochain.

14. Avant le 15 janvier 1809, tous les membres de l'université devront avoir prêté le serment prescrit par l'art. 39 de notre décret du 17 mars dernier, faute de quoi ils ne pourront continuer leurs fonctions.

TITRE VI.

15. Le grand-maître est autorisé à nommer, sur la présentation de trois sujets par le trésorier, un caissier-général de l'université, chargé, sous la surveillance du trésorier, de la totalité des recettes et de l'acquittement des dépenses sur les ordonnances du trésorier.

Le caissier-général rendra le compte annuel.

TITRE VII.

16. Les articles 90 et 94 du décret du 17 mars, en

ce qui concerne le choix des inspecteurs de l'université
et des recteurs des académies, n'auront de même leur
exécution qu'à partir du 1er janvier 1811.

TITRE VIII.

17. Le pensionnat normal sera mis en activité dans le
cours de l'année 1809 : le nombre des élèves pourra
n'être porté qu'à cent la première année, à deux cents la
seconde, et ne sera complété que la troisième année.

18. Le chef de l'école normale pourra être choisi par
le grand-maître parmi les conseillers à vie, indistincte-
ment, jusqu'à ce qu'il y ait quatre recteurs conseillers
à vie.

TITRE IX.

19. La maison des Emérites sera ouverte dans le cours
de l'année 1809.

20. La retenue du vingt-cinquième faite jusqu'à ce jour
sur les traitemens des proviseurs, censeurs et professeurs,
pour les pensions de retraite, aura lieu sur tous les traitemens de l'université.

TITRE X.

21. Les fonds des bourses dans les lycées, fournis par
le gouvernement, seront versés par douzième dans la
caisse de l'université, sur l'ordonnance de notre ministre
de l'intérieur, et en vertu de la quittance du caissier de
l'université, visée par le trésorier.

22. Le contingent annuel des villes, pour les bourses
destinées, dans chaque lycée, aux élèves des écoles secondaires, sera versé par le caissier de la commune, et aussi
par douzième, dans la caisse du lycée où les bourses
seront établies sur l'ordonnance du préfet, et à Paris,
sur l'ordonnance du ministre de l'intérieur.

23. Les bâtimens des lycées et colléges, ainsi que ceux
des académies, seront entretenus annuellement aux frais
des villes où ils sont établis : en conséquence, les communes porteront chaque année, à leur budget, pour

tre vérifiée, réglée et allouée par l'autorité compétente, la somme nécessaire à l'entretien et aux réparations de ces établissemens, selon les états qui en sont fournis.

TITRE XI.

24. La caisse d'amortissement est autorisée à ouvrir à l'université impériale un crédit d'un million, avec intérêt de cinq pour cent pendant une année. L'université, au fur et à mesure de ses rentrées, remboursera la caisse d'amortissement, jusqu'à libération entière.

TITRE XII.

25. La rétribution annuelle des étudians, mentionnée en l'article 137 de notre décret du 17 mars dernier, est fixée ainsi qu'il suit, savoir :

Pour les pensionnaires, dans les pensions, institutions, collèges, lycées et séminaires, au vingtième du prix de la pension payée par chaque élève ;

Pour les élèves à demi-pension, pour les externes et pour les élèves gratuits ou non gratuits, à une somme égale à celle que payent les pensionnaires de l'établissement où ils sont admis.

26. Les élèves de pension ou d'institution qui suivent et payent comme externes les cours d'un lycée, ne paieront point la rétribution ci-dessus au lycée, mais seulement dans leur pension ou institution.

TITRE XIII.

27. Il sera payé pour les diplômes portant permission d'ouvrir une école, accordés par le grand-maître, en vertu des articles 2, 54 et 103 de notre décret du 17 mars ; savoir :

Deux cents francs, par les maîtres de pension ; à Paris, trois cents francs : quatre cents francs par les instituteurs ; à Paris, six cents francs.

Ce paiement sera effectué de dix ans en dix ans, à l'époque du renouvellement des diplômes.

28. Le droit de sceau pour ces diplômes est compr'
dans les sommes ci-dessus.

29. Les maîtres de pension et instituteurs paieront
chaque année, au 1er novembre, le quart de la somme
ci-dessus fixée.

30. Les rétributions mentionnées aux deux titres précédens, seront exigibles à dater du 1er novembre 1808.

Décret impérial concernant le régime de l'Université

Au palais de Saint-Cloud, le 15 novembre 1811.

Napoléon, etc.
Notre conseil-d'état entendu,
Nous avons décrété et décrétons ce qui suit :

CHAPITRE PREMIER.

TITRE PREMIER.

Des Lycées.

ART. 1. Le nombre des lycées, dans toute l'étendue
de l'empire, sera porté à cent : ceux qu'il faudra ériger
en conséquence seront établis dans le plus court délai
possible, et de manière qu'il y ait au moins quatre-vingts
lycées en activité dans le cours de 1812, et les vingt
autres dans le cours de 1813.

2. Le grand-maître de l'université, d'après les renseignemens fournis par les recteurs, de l'avis des inspecteurs-
généraux, et sur délibération du conseil de l'université,
proposera, d'ici au 1er mars, le tableau des collèges qui
devront être érigés en lycées, lesquels seront pris parmi
ceux des villes les mieux situées, les mieux pourvues de
locaux et de moyens, et qui auront montré le plus de
zèle pour favoriser l'instruction, pour être par nous statué
en notre conseil-d'état, et sur le rapport de notre ministre
de l'intérieur.

3. Les communes dont les collèges seront érigés en

lycées, continueront à pourvoir aux dépenses de premier établissement, et à l'entretien des locaux, en ce qui concerne les grosses réparations.

4. Les locaux des lycées existans seront, dans le courant de l'année, mis en état de contenir, autant que possible, trois cents élèves. S'il est à cet effet besoin de fonds à fournir par les villes ou arrondissemens, il y sera statué comme il est dit à l'article précédent.

5. Les locaux des lycées nouvellement érigés seront de nature à contenir au moins deux cents élèves pensionnaires, et seront disposés dans le plus court délai pour les recevoir.

6. Il sera dressé, des travaux à faire en exécution des articles 3, 4 et 5 ci-dessus, des plans et devis avec détails estimatifs, lesquels devront être approuvés par notre ministre de l'intérieur.

7. Les réglemens déjà faits seront observés dans tous les lycées.

8. Il n'y aura qu'un lycée dans la même ville. Sont exceptées les villes de soixante mille ames et au-dessus, où il pourroit y avoir un lycée et un ou plusieurs colléges.

9. Il sera établi à Paris quatre nouveaux lycées; et les deux lycées qui n'ont point de pensionnaires, seront mis en état d'en recevoir dans le cours de 1812.

TITRE II.

Des Colléges.

10. Les colléges seront divisés en deux classes, selon le dégré d'enseignement autorisé dans chacun de ces établissemens.

11. Les traitemens des régens et maîtres des colléges seront réglés et arrêtés par nous en conseil d'état, sur l'avis du conseil de l'université et le rapport de notre ministre de l'intérieur, et classés parmi les dépenses fixes et ordinaires des villes.

Il en sera de même du traitement des principaux desdits colléges, toutes les fois qu'ils ne tiendront pas le collége pour leur propre compte.

12. Les sommes qui devront être fournies par les communes respectives pour leurs colléges, continueront à être chaque année arrêtées par nous dans le budjet de ces communes, toutefois après qu'on nous aura fait connoître s'il existe un pensionnat, si ce pensionnat est en régie ou en entreprise, et quel est le résultat économique de son administration.

Le conseil de l'université donnera préalablement son avis, conformément à notre décret du 4 juin 1809.

13. Les comptes des dépenses des colléges qui seront à la charge des communes, seront rendus chaque année par le principal à un bureau composé du maire, président, d'un membre du conseil de l'académie ou autre délégué du recteur, de deux membres du conseil de département où d'arrondissement, et de deux membres du conseil municipal.

Ces quatre derniers seront désignés chaque année par le préfet.

14. A compter du 1er janvier 1812, les élèves pensionnaires des colléges porteront un habit bleu, dont la forme sera déterminée par le grand-maître.

TITRE III.

Institutions et Pensions.

§. 1er. *Des Institutions.*

15. Les institutions placées dans les villes qui n'ont ni lycées ni colléges, ne pourront élever l'enseignement au-dessus des colléges d'humanités.

Les institutions placées dans les villes qui possèdent un lycée ou un collége, ne pourront qu'enseigner les premiers élémens qui ne font pas partie de l'instruction donnée dans les lycées ou colléges, et répéter l'enseignement du collége ou du lycée pour leurs propres élèves, lesquels seront obligés d'aller au lycée ou collége, et d'en suivre les classes.

§. 2. *Des Pensions.*

16. Les pensions placées dans les villes où il n'y a ni lycée ni collége, ne pourront élever l'enseignement au-dessus des classes de grammaire et des élémens d'arithmétique et de géométrie.

Dans les villes qui possèdent un lycée ou collége, elles ne pourront que répéter les leçons du lycée ou du collége jusqu'aux classes de grammaire et aux élémens de l'arithmétique et de la géométrie inclusivement.

Elles devront envoyer leurs élèves au lycée ou collége.

§. 3. *Règles communes aux Institutions et aux Pensions.*

17. A compter du 1er novembre 1812, les chefs d'institution et les maîtres de pension ne pourront avoir de pensionnaires à demeure dans leurs maisons au-dessus de l'âge de neuf ans, qu'autant que le nombre des pensionnaires que peut recevoir le lycée ou le collége établi dans la même ville ou dans la résidence du lycée, se trouveroit au complet.

18. A cet effet, le nombre de pensionnaires que peut recevoir le lycée ou le collége, sera constaté par le préfet, sur le rapport du proviseur ou du principal; et le procès-verbal en sera transmis au grand-maître de l'université.

19. Les chefs d'institution et les maîtres de pension ne pourront, en conséquence, recevoir des élèves à demeure au-dessus de l'âge de neuf ans, que dans le cas où le proviseur ou le principal déclareroient que le nombre d'élèves déterminé par l'article ci-dessus est au complet, et que l'élève seroit porteur de cette déclaration.

20. Les articles ci-dessus seront applicables aux nouveaux lycées, à compter du commencement de l'année scolaire qui en suivra l'établissement.

21. A compter de la prochaine rentrée des classes, tous les élèves reçus dans les institutions et les pensions porteront l'habit uniforme des lycées, à peine de clôture des établissemens. Les inspecteurs feront les visites nécessaires pour s'assurer de l'observation de cette discipline.

16

22. Dans les villes où il y a lycée ou collége, les élèves des institutions et pensions au-dessus de l'âge de dix ans, seront conduits par un maître aux classes des lycées ou colléges.

23. Les étudians qui se présenteront pour prendre des grades dans les lettres ou les sciences, seront tenus de représenter le certificat d'études dans une école de la même ville, à moins qu'ils ne prouvent avoir été élevés par un instituteur, par leur père, oncle ou frère.

TITRE IV.

Des Ecoles secondaires consacrées à l'instruction des élèves qui se destinent à l'état ecclésiastique.

24. Les écoles plus spécialement consacrées à l'instruction des élèves qui se destinent à l'état ecclésiastique, sont celles où ces élèves sont instruits dans les lettres et dans les sciences, conformément à notre décret impérial du 9 avril 1809.

25. Toutes ces écoles seront gouvernées par l'université ; elles ne pourront être organisées que par elle, régies que sous son autorité ; et l'enseignement ne pourra y être donné que par des membres de l'université étant à la disposition du grand-maître.

26. Les prospectus et les réglemens de ces écoles seront rédigés par le conseil de l'université, sur la proposition du grand-maître.

27. Il ne pourra pas y avoir plus d'une école secondaire ecclésiastique par département. Le grand-maître désignera, avant le 15 décembre prochain, celles à conserver ; toutes les autres seront fermées à dater du premier janvier.

28. A dater du 1er juillet 1812, toutes les écoles secondaires ecclésiastiques qui ne seroient point placées dans les villes où se trouve un lycée ou un collége, seront fermées.

29. Aucune école secondaire ecclésiastique ne pourra être placée dans la campagne.

30. Toutes les maisons et meubles des écoles ecclésias-

tiques qui ne seront pas conservées, seront saisis par l'université, pour être-employés dans les établissemens d'instruction publique.

31. Nos préfets et nos procureurs-généraux près nos cours impériales tiendront la main à ce que l'université fasse exécuter les dispositions contenues dans les quatre articles précédens.

32. Dans tous les lieux où il y a des écoles ecclésias-tiques, les élèves de ces écoles seront conduits au lycée ou au collége pour y suivre leurs classes.

Les élèves des écoles secondaires ecclésiastiques por-teront l'habit ecclésiastique ; tous les exercices se feront au son de la cloche.

TITRE V.

De la Surveillance administrative sur les Etablissemens dirigés par l'Université impériale.

33. Il n'est point dérogé, par les dispositions précé-dentes, au droit qu'ont nos préfets et au devoir qui leur est imposé de surveiller les établissemens d'instruction placés dans leurs départemens respectifs.

34. Ils s'attacheront spécialement à examiner si les dispositions de nos décrets impériaux sur le régime de ces établissemens, sont exactement observées ; si les mœurs et la santé des élèves sont convenablement soignées.

35. Ils visiteront en conséquence, de temps à autre, les lycées, colléges, institutions et pensions de leurs dé-partemens.

36. Ils pourront déléguer les sous-préfets pour les visites des lycées ou colléges placés hors du chef-lieu.

37. Les préfets pourront être accompagnés et assistés, dans leurs visites, du maire de la ville.

38. Les proviseurs principaux et chefs de divers éta-blissemens leur donneront tous les documens propres à les éclairer dans leurs recherches, conformément aux art. 2 et 3 ci-dessus.

39. Ils pourront recevoir, exiger au besoin, les ren-seignemens des professeurs, maîtres, employés des éta-blissemens, et des pères de famille.

16.

40. Nos préfets ne pourront rien ordonner, rien changer à l'ordre administratif des lycées ou collèges, ni rien prescrire ; mais ils seront tenus d'adresser à notre ministre de l'intérieur les informations qu'ils auront recueillies, et ils les accompagneront de leurs observations, et en instruiront le grand-maître.

CHAPITRE II.

De la Discipline et Juridiction de l'Université.

TITRE PREMIER.

De la Compétence.

§. 1er. De la Compétence quant au personnel.

41. En conséquence du décret impérial du 17 mars 1808, l'université impériale aura juridiction sur ses membres en tout ce qui touche l'observation de ses statuts et réglemens, l'accomplissement des devoirs et des obligations de chacun, les plaintes et les réclamations contre ses membres, relativement à l'exercice de leurs fonctions, les injures, diffamations et scandales entre les membres, et l'application des peines encourues par les délinquans.

42. Cette juridiction sera exercée par le grand-maître et par le conseil de l'université, conformément aux statuts et réglemens.

43. Lorsqu'il y aura lieu d'infliger aux membres de l'université qui auront manqué à leurs devoirs, les peines mentionnées en l'art. 57 du décret du 17 mars 1808, le grand-maître jugera seul en la forme et sur les instructions déterminées aux titres.

44. Le conseil de l'université pourra seul infliger aux membres de l'université la peine de la réforme ou celle de la radiation du tableau de l'université, conformément à l'art. 79 du décret du 17 mars.

45. Le conseil de l'université est seul juge des plaintes des supérieurs et des réclamations des inférieurs, aux termes de l'art. 78 du même décret, quand il s'agit d'abus

d'autorité, d'excès de pouvoir, et en général de l'inter-
prétation des réglemens.

46. Dans le cas où le conseil de l'université devra être
juge, le grand-maître pourra, s'il y a urgence, ordonner
provisoirement, par de simples arrêtés, la suspension, les
arrêts, ou autres mesures semblables qui n'excèdent point
sa compétence; il pourra y autoriser les recteurs, à la
charge de l'en informer sur-le-champ.

§. 2. *De la Compétence en matière de Comptabilité.*

47. Les comptes de ceux qui reçoivent les deniers de
l'université, dans chaque académie, seront vérifiés et
arrêtés par le conseil de l'académie.

48. Les arrêtés du conseil de l'académie seront exécutoires, par provision, contre le comptable en débet.

49. Tous les comptes seront envoyés directement au
trésorier, revus et définitivement approuvés par le conseil
de l'université.

50. En cas de contestation de la part du comptable,
le conseil de l'université sera juge, sauf le recours à notre
conseil d'état, par la voie de la commission du contentieux; le délai pour se pourvoir courra du jour de la
notification de la décision du conseil de l'université.

§. 3. *De la Compétence en matière de Droits dus
à l'Université.*

51. Les conseils d'académie vérifieront et arrêteront
les états de pensionnaires et de prix de pension fournis
par les instituteurs et maîtres de pension, aux termes de
l'art. 119, §. IV, tit. IV, pour le paiement des droits dus
à l'université.

52. Le recteur, chargé de l'exécution, décernera contre
les instituteurs et maîtres de pension en retard, des contraintes exécutoires par provision, sans préjudice de ce
qui est porté en l'art. 63, au cas de fausses déclarations.

53. Les instituteurs et maîtres de pension pourront se
pourvoir, tant contre l'arrêté que contre la contrainte,
en celle de nos cours impériales dans le ressort de laquelle
sera située l'académie à laquelle ces maîtres appartien-

dront. Le pourvoi aura lieu dans les délais établis pour l'appel par le Code de procédure civil ; ces délais courront à dater du jour de la notification de l'arrêté on de la contrainte.

TITRE II.

Des Contraventions, des Délits et des Peines.

SECTION PREMIÈRE.

De ceux qui enseignent publiquement en contravention aux lois et aux statuts de l'Université, et de la clôture de leurs écoles.

54. Si quelqu'un enseigne publiquement et tient école sans l'autorisation du grand-maître, il sera poursuivi d'office par nos procureurs impériaux, qui feront fermer l'école, et, suivant l'exigence des cas, pourront décerner un mandat d'arrêt contre le délinquant.

55. Si notre procureur impérial négligeoit de poursuivre, le recteur de l'académie et même le grand-maître seront tenus de dénoncer l'infraction à nos procureurs-généraux, qui tiendront la main à ce que les poursuites soient faites sans délai, et rendront compte à notre grand-juge de la négligence des officiers de nos tribunaux inférieurs.

56. Celui qui enseignera publiquement et tiendra école sans autorisation, sera traduit, à la requête de notre procureur impérial, en police correctionnelle, et condamné à une amende qui ne pourra être au-dessous de 100 fr. ni de plus de 3000 fr., dont moitié applicable au trésor de l'université, et l'autre moitié aux Enfans-Trouvés ; sans préjudice de plus grandes peines, s'il étoit trouvé coupable d'avoir dirigé l'enseignement d'une manière contraire à l'ordre et à l'intérêt public.

57. Conformément à l'art. 105 de notre décret du 17 mars 1808, et indépendamment des poursuites ordonnées par les articles précédens, le grand-maître, après information faite et jugement prononcé par le conseil de l'université, dans les formes prescrites aux titres IV et V ci-après, fera fermer les institutions et pensions où il aura

été reconnu des abus graves, et où l'enseignement seroit dirigé sur des principes contraires à ceux que professe l'université.

SECTION II.

De l'Exécution des Jugemens du Conseil de l'Université en cette partie.

58. Le grand-maître adressera expédition en forme de l'ordonnance ou du jugement qui prononcera la clôture d'un établissement d'instruction, à notre procureur impérial près le tribunal du domicile du délinquant, lequel sera tenu de le faire exécuter dans les vingt-quatre heures à sa diligence.

59. Lorsqu'il y aura lieu de faire fermer une école, institution ou pension, le grand-maître en donnera préalablement avis, au moins huit jours avant, au recteur dans l'arrondissement duquel elle sera établie, pour qu'il se concerte avec le procureur impérial, avec lequel il prendra les mesures nécessaires dans l'intérêt des élèves et de leurs familles.

60. Lorsque ce sera notre procureur impérial près le tribunal du domicile du contrevenant, qui croira devoir poursuivre d'office celui qui enseigneroit sans autorisation, il en informera pareillement le recteur préalablement, et il en instruira le grand-maître, auquel il communiquera les motifs d'urgence qui auront déterminé sa poursuite d'office.

61. Le recteur, prévenu par le procureur impérial que la clôture d'une école, institution ou pension, doit avoir lieu, enverra l'inspecteur de l'académie, ou, en son absence, déléguera un membre du conseil académique, lequel se concertera avec le procureur impérial, comme il est dit ci-dessus, art. 60, pour que les parens ou tuteurs des élèves soient avertis, et pour que les élèves pensionnaires dont les parens seront trop éloignés pour les retirer de suite, soient, en attendant, recueillis avec leurs effets dans une maison convenable. En cas de diversité d'opinions, le procureur impérial décidera.

62. Dans tous les cas où il y aura lieu de fermer une

école, pension ou institution, s'il se présente quelqu'un; membre de l'université, ou même un particulier ayant les qualités requises et méritant toute confiance, qui offre de se charger des élèves, soit externes, soit pensionnaires, jusqu'à ce qu'il y ait été autrement pourvu, le recteur, avec l'approbation du procureur impérial, pourra l'y autoriser provisoirement, et le grand-maître conférera toujours en pareil cas au recteur les pouvoirs nécessaires. Le procureur impérial pourra donner cette autorisation de son chef et sans le concours du recteur.

SECTION III.

Des Contraventions aux obligations et aux devoirs; des Délits et des Peines.

§. 1er. *Des Contraventions aux devoirs envers l'Université.*

63. Les maîtres de pension et les chefs d'institution autorisés qui feront de fausses déclarations sur le nombre de leurs élèves, sur le prix de la pension et sur le degré d'instruction qui a lieu dans leurs maisons, seront tenus à la restitution des rétributions dont ils auroient privé l'université, et condamnés, par forme d'amende, envers l'université, à payer une somme égale à celle qu'ils paient pour leur diplôme; ils seront de plus censurés : en ce cas, l'exécution aura lieu à la diligence de notre procureur-impérial, comme il est dit à la section précédente, art. 58.

64. Tout maître de pension ou chef d'institution, tout membre de l'université, qui s'écartera des bases d'enseignement prescrites par les lois et réglemens, sera censuré, ou sera puni par la suspension de ses fonctions, par la réforme, ou par la radiation du tableau, selon la nature ou la gravité de l'infraction.

65. Les professeurs, censeurs, régens, agrégés et maîtres d'étude, qui, sans cause légitime, et sans en avoir prévenu les proviseurs dans les lycées, ou les doyens dans les facultés, se dispenseront de faire leurs leçons ou de remplir leurs fonctions, seront pointés, et subiront une retenue proportionnelle sur leur traitement par chaque jour d'absence : en cas de récidive, ils seront réprimandés, et

pourront même être suspendus de leurs fonctions, avec privation de traitement, pendant le temps qui sera arbitré par le grand-maître, sur l'avis du conseil académique.

66. Tout membre de l'université qui manquera à la subordination établie par les statuts et réglemens, et au respect dû aux supérieurs, sera réprimandé, censuré, ou suspendu de ses fonctions, selon la gravité des cas.

67. En aucun cas, la suspension avec ou sans privation de traitement ne pourra excéder trois mois.

68. Si un membre de l'université est repris pour des faits portant le scandale dans la maison à laquelle il appartient, ou blessant la délicatesse et l'honnêteté, il sera rayé, réformé, censuré ou réprimandé, selon les cas.

69. Le membre de l'université qui abandonnera ses fonctions sans avoir observé les conditions exigées par l'art. 43 du décret du 17 mars, sera rayé du tableau de l'université, conformément à l'art. 44 du même décret, et sera en outre condamné à une détention proportionnée, pour sa durée, à la gravité des circonstances, et qui ne pourra excéder un an.

Le jugement qui la prononcera sera adressé à tel de nos procureurs qu'il appartiendra, lequel sera tenu d'en suivre l'exécution sans délai.

70. Si un membre de l'université divertit les deniers qui lui auront été confiés, il sera rayé du tableau et condamné à la restitution, sans préjudice de l'action criminelle qui sera poursuivie dans les tribunaux, selon les cas.

§. 2. *Des Délits entre les membres de l'Université.*

71. Entre les membres de l'université, les injures verbales ou par écrit seront punies, sur la plainte de la partie offensée, par la réprimande ou la censure, suivant les cas : il sera fait, d'ailleurs, à l'offensé telle excuse et réparation que le conseil estimera convenable.

72. Si un membre de l'université se permettoit des voies de fait contre un autre membre de l'université, il sera, sur la plainte de l'offensé, puni par la censure, et par la suspension de ses fonctions, qui, en ce cas, ne

pourra être au-dessous d'un mois, avec privation de traitement : si les voies de fait avoient lieu d'un inférieur
à un supérieur, le coupable sera rayé du tableau de
l'université.

73. Si un membre de l'université se rendoit coupable
de diffamation, de calomnie envers un autre membre, il
sera puni par la suspension de ses fonctions, avec privation de traitement pendant trois mois, même par radiation du tableau de l'université, avec affiche de l'ordonnance, suivant la gravité des cas.

74. Tout membre de l'université qui, sous prétexte
de punition, se seroit permis, à l'égard des élèves, des
peines interdites par les réglemens, ou aucuns mauvais
traitemens, sera puni, selon l'exigence des cas, de la
censure, de la suspension ou de la destitution; le tout
sans préjudice de la poursuite devant les tribunaux, dans
le cas où les parens voudroient s'y pourvoir, ou dans le
cas de poursuites d'office du ministère public.

75. Le supérieur qui aura abusé de son autorité envers
son inférieur, sera réprimandé ou censuré, selon les
circonstances.

§. 3. Des Délits commis par les Elèves.

76. Les élèves des lycées et des colléges, au-dessous
de seize ans, ne seront justiciables, pour délits par eux
commis dans l'intérieur de ces maisons, que de l'université, sans préjudice de ce qui sera dit ci-après, tit. VII,
art. 158 et suivans.

77. Ils seront punis, selon la gravité des cas, d'une
détention de trois jours à trois mois dans l'intérieur du
lycée ou du collége, dans un local destiné à cet effet.

78. Si les père, mère ou tuteur, s'opposoient à l'exécution de ces mesures, l'élève leur sera remis, et ne
pourra plus être reçu dans aucun autre lycée ou collége
de l'université, et sera renvoyé, le cas échéant, à la
justice ordinaire.

79. Pour les délits commis par les élèves au dehors,
dans les sorties et promenades faites en commun, la partie
lésée conservera le droit de poursuivre, si elle le veut,

ses réparations par les voies ordinaires : dans tous les cas, l'action sera dirigée contre le chef de l'établissement auquel l'élève appartiendra, lequel chef sera civilement responsable, sauf son recours contre les père et mère ou tuteur, en établissant qu'il n'a pas dépendu des maîtres de prévoir ni d'empêcher le délit.

§. 4. *Dispositions générales.*

80. Toute récidive pourra être punie de la peine immédiatement supérieure à celle qui aura été antérieurement infligée.

81. Tout membre de l'université qui refusera de se soumettre aux ordonnances ou jugement qui le concerneront, après en avoir été sommé et avoir été préalablement averti de la peine, sera contraint de le faire par justice.

82. Dans le cas où des tiers seroient intéressés dans la contestation, elle sera portée devant les tribunaux, si les tiers ne consentent pas à s'en rapporter au jugement du grand-maître ou du conseil de l'université.

TITRE III.

Des Réclamations et des Plaintes.

83. Les réclamations auront lieu de la part des inférieurs, en cas d'abus d'autorité et d'excès de pouvoir des supérieurs, ou de fausse application des réglemens; elles auront lieu de la part des personnes chargées de la perception des rétributions de l'université, en cas de refus, de retard ou de fraude de la part des maîtres d'institution ou de pension redevables.

84. Les plaintes auront lieu pour les contraventions aux devoirs et les délits mentionnés au titre précédent.

85. Les réclamations et les plaintes contre les membres de l'université seront portées devant le recteur de l'académie dans le ressort de laquelle le membre inculpé exerce ses fonctions.

86. Elles pourront être adressées aux doyens des facultés, aux proviseurs des lycées, aux principaux des

colléges, ou autres chefs des maisons où le membre
inculpé exerce ses fonctions : ceux-ci les feront passer au
recteur, et, dans le ressort de l'académie de Paris, au
grand-maître, avec les renseignemens qu'ils auront pu se
procurer, et leur avis motivé.

87. Elles pourront toujours être portées directement
devant le grand-maître.

88. Elles seront faites par écrit, datées et signées par
celui qui les présentera, et enregistrées sur un registre à
ce destiné, avec un numéro sous lequel il en sera donné
récépissé aux parties.

· 89. Les inspecteurs-généraux et les inspecteurs des
académies devront porter plaintes des abus, contraventions et délits venus à leur connoissance ; les inspecteurs
d'académie les porteront devant le recteur, les inspecteurs-généraux devant le grand-maître.

90. Les recteurs des académies auront le droit de sus-
pendre provisoirement de leurs fonctions, en en rendant
compte sans délai au grand-maître, les membres de l'université contre lesquels l'inculpation portée pourroit donner lieu à la réforme ou à la radiation.

91. Les plaintes portées contre les élèves seront toujours adressées au recteur.

TITRE IV.

De l'Instruction.

§. 1er. De l'Instruction dans les affaires de la compétence du grand-maître seul.

92. Dans les cas mentionnés en l'article 57 du décret
du 17 mars 1808, et où le grand-maître juge seul, il
prononcera d'après les instructions et rapports des conseils
académiques, à lui envoyés par les recteurs, et, dans le
ressort de l'académie de Paris, sur les instructions et
rapports des inspecteurs.

§. 2. Des Affaires attribuées au conseil de l'Université.

93. Les affaires dont la compétence est attribuée, par

l'article 79 du même décret, au conseil de l'université, et qui s'élèveront dans l'arrondissement d'une académie autre que celle de Paris, seront portées, par le recteur, devant le conseil de l'académie, où l'affaire s'instruira, ainsi qu'il suit.

94. Lorsqu'une réclamation sera faite ou une plainte portée contre un membre de l'université, de la nature de celles qui doivent être jugées par le conseil de l'université, elle sera soumise par le recteur à l'examen du conseil académique, qui, sur les conclusions de l'inspecteur chargé du ministère public, jugera si elle est recevable, et s'il y a lieu d'instruire.

95. Si le conseil estime qu'il n'y a pas lieu, le mémoire ou la supplique sera renvoyé à celui qui l'aura présenté, avec l'avis motivé du conseil. Le réclamant pourra se pourvoir contre la décision, devant le chancelier, qui soumettra la réclamation au conseil de l'université.

96. Si la réclamation ou la plainte est adressée directement au grand-maître, elle sera par lui renvoyée au chancelier, qui la communiquera à la section du contentieux du conseil de l'université, laquelle en fera son rapport au conseil. Si le conseil estime qu'il n'y a pas lieu de suivre, le mémoire sera renvoyé comme il est dit ci-dessus.

97. S'il est jugé qu'il y a lieu de suivre, le conseil arrêtera que le mémoire sera communiqué à celui que la réclamation concerne, pour y répondre dans huitaine. Le mémoire sera renvoyé à cet effet au recteur, et par le recteur au chef de la maison à laquelle appartient le membre de l'université mis en cause, qui lui en donnera son récépissé.

98. Faute par celui-ci de remettre sa réponse dans le délai, il sera fait droit sur la production du réclamant.

99. S'il y a lieu d'entendre les parties, le conseil académique, et à Paris le conseil de l'université chargé de l'instruction, ordonnera leur comparution; leurs aveux et déclarations seront consignés par écrit : elles seront

requises de les signer. Le président et le secrétaire signeront le procès-verbal.

100. Lorsqu'il y aura lieu de prononcer la réforme ou la radiation, le prévenu sera nécessairement entendu en personne ou appelé pour l'être; s'il comparoît, il sera dressé procès-verbal de ses réponses.

101. Lorsqu'il y aura lieu de constater des faits par visite de lieux, vérification des pièces ou d'effets mobiliers, ou par déclaration de témoins, le recteur commettra, à cet effet, un conseiller ou inspecteur, lequel dressera un procès-verbal où il fera mention des déclarations qui auront été faites, et des faits qu'il aura recueillis.

102. Il sera donné copie des procès-verbaux, des mémoires et pièces, aux parties intéressées : elles seront averties, par apostille sur la copie même des pièces, d'y fournir réponse dans la huitaine; sinon il sera jugé sur ce qui sera produit.

103. A Paris, où il n'y a point de conseil académique, les affaires seront portées directement au conseil de l'université.

104. Elles seront d'abord communiquées au chancelier faisant fonctions de ministère public près le conseil de l'université, et renvoyées, avec ses conclusions ou réquisitions, à la section du conseil de l'université chargée du contentieux, qui en fera son rapport au conseil.

105. Dans toute affaire, il sera d'abord examiné par le conseil de l'université, et sur les conclusions du ministère public, quelle est la peine applicable à la contravention ou au délit dont il y aura plainte, afin de déterminer si le jugement appartient à l'université ou au grand-maître.

106. Lorsqu'il sera jugé que la connoissance de l'affaire appartient au conseil de l'université, l'instruction sera renvoyée à la section du contentieux, avec les conclusions du ministère public; elle en fera son rapport et donnera son avis au conseil.

107. Si la section du contentieux estime que l'affaire

n'est pas suffisamment instruite, elle en fera son rapport au conseil, et celui-ci ordonnera le complément d'instruction jugé nécessaire.

108. Si l'affaire vient d'un conseil académique, elle sera renvoyée au recteur, pour être reportée à ce conseil, à l'effet d'y compléter l'instruction.

109. Dans le cas de plainte portée contre un élève, le recteur déléguera l'inspecteur d'académie, et à son défaut un membre du conseil, pour se transporter sur le lieu, faire les informations nécessaires, entendre l'élève dans ses réponses, et dresser du tout procès-verbal.

110. Tous les actes de discipline, d'administration intérieure et de juridiction de l'université, seront sur papier libre.

§. 3. De l'Instruction en matière de Comptabilité.

111. Les comptes pour l'université et les établissemens en dépendans seront vérifiés et arrêtés en la forme établie par les statuts et par les réglemens sur l'administration économique des établissemens de l'université.

112. Si le compte est débattu et contredit par le conseil académique, les débats seront communiqués au comptable par le recteur, avec avertissement de fournir ses réponses dans un délai qui ne pourra être de moins de huitaine ni de plus d'un mois, selon les distances de la demeure du comptable.

113. Faute par le comptable de fournir ses réponses dans le délai donné, il sera passé outre à l'apurement et à l'arrêté du compte.

114. Aux termes des articles 68 et 88 de notre décret du 17 mars 1808, les procès-verbaux et rapports des conseils académiques seront adressés au grand-maître, qui les communiquera au trésorier; les comptes seront adressés directement au trésorier, qui fera son rapport, et donnera son avis au conseil de l'université.

115. Le trésorier entendu, l'examen du compte sera renvoyé à la section de comptabilité du conseil de l'université, qui en fera son rapport au conseil.

§. 4. *Instructions et poursuites contre les débiteurs des droits dus à l'Université.*

116. Le recouvrement des droits dus à l'université pa tous les instituteurs, maîtres de pension et directeu d'écoles, tant de leur chef que pour le compte des élèves sera fait à la diligence des recteurs.

117. Les instituteurs et maîtres verseront les droit dus pour leurs élèves, par trimestre et d'avance.

118. Ils seront tenus d'envoyer par chaque trimestre un mois à l'avance, au recteur, l'état signé par eux, e certifié véritable, du nombre de leurs élèves pensionnaire et externes, avec le prix qu'ils paient pour leurs pension

119. Les états seront visés par le maire de la commune où la pension est établie, lequel pourra, dans ses visites, constater le nombre des élèves, et communiquera au recteur tous les renseignemens qu'il se sera procurés sur le prix de la pension.

120. Ces états seront exécutoires contre les instituteurs, maîtres de pension et directeurs d'écoles en retard d'en acquitter le montant, en vertu de la contrainte décernée par le recteur, conformément à l'art. 52 du présent décret.

121. Faute par les instituteurs et maîtres de pension d'envoyer les états dont il s'agit, après sommation à eux faite à la requête du recteur, ils seront, sur sa dénonciation, poursuivis à la diligence de notre procureur impérial, qui pourra ordonner la clôture de leurs écoles.

122. Il en sera de même à l'égard des instituteurs et maîtres de pension refusans ou en retard d'acquitter le droits par eux dus personnellement, aux termes des statut et réglemens.

123. En cas de recours en nos cours impériales, contre les arrêtés et les contraintes, comme il est dit ci-dessus §. III, tit. Ier., art. 54, il sera procédé en nos cours sommairement et sur simple mémoire, ainsi qu'il en est usé pour l'administration des domaines.

TITRE V.

Du Ministère public et de ses Fonctions.

124. Dans toutes les affaires de juridiction, le chancelier de notre université impériale remplira près du conseil les fonctions du ministère public. Il devra être entendu, en ses conclusions, lesquelles seront textuellement rappelées dans tous les jugemens du conseil.

A son défaut, il sera remplacé par le membre du conseil inscrit le dernier dans l'ordre du tableau.

125. Il pourra dénoncer d'office au conseil de l'université, toutes les contraventions et infractions ou les délits qui seroient venus à sa connoissance.

Le conseil de l'université sera tenu d'y statuer.

126. Un inspecteur d'académie exercera près de chaque conseil académique les fonctions du ministère public, dans les cas et de la manière ci-dessus établis pour l'exercice de ce ministère près le conseil de l'université.

127. Cet inspecteur correspondra directement, pour l'exercice des fonctions qui viennent de lui être attribuées, avec le chancelier de l'université.

TITRE VI.

Des Jugemens et de leur Exécution.

§. 1er. *Des Ordonnances et Jugemens.*

128. Les actes de la juridiction émanés du grand-maître seul seront qualifiés d'*ordonnances;* ceux émanés du conseil de l'université porteront le titre de *jugemens.*

129. Les jugemens du conseil de l'université seront rendus au nom du grand-maître et du conseil de l'université, en ces termes : *En vertu des art.* 77 *et suivans du décret du* 17 *mars* 1808, *et des statuts de l'université impériale, le conseil de l'université a jugé,* et *Nous Grand-Maître ordonnons.......*

130. Les ordonnances du grand-maître seront rendues en son nom seul, en ces termes : *En vertu de l'art.* 57 *du*

17.

décret du 17 mars 1808; vu le rapport, etc., Nous Grand-Maître, etc...... ordonnons.

131. Les ordonnances du grand-maître et les jugemens du conseil de l'université exprimeront toujours le fait et les motifs.

132. Les jugemens du conseil et les ordonnances du grand-maître seront signés par le grand-maître et par le secrétaire-général ; ils seront scellés et signés par le chancelier.

Le chancelier exerçant les fonctions du ministère public, si le grand-maître est absent, le trésorier présidera, et signera les jugemens ; en l'absence du trésorier, le doyen des conseillers présidera.

133. Les minutes des ordonnances et des jugemens ci-dessus seront signées, sans délai, par le grand-maître et par le secrétaire-général.

134. Elles seront transcrites sur deux registres différens, tenus à cet effet par le secrétaire-général, et dont les feuillets seront numérotés et paraphés par le chancelier.

135. Les minutes seront remises par le secrétaire-général à la chancellerie, le dernier jour de chaque mois ; le chancelier en donnera décharge.

136. Il pourra être délivré des expéditions aux parties intéressées qui le requerront.

137. Les recteurs pourront délivrer, en la même forme, des copies collationnées sur les expéditions à eux envoyées par le grand-maître.

138. Les jugemens et les ordonnances seront expédiés sur papier ordinaire, frappé seulement du cachet de l'université.

139. Les minutes et registres ne pourront être communiqués qu'au grand-maître, au chancelier, au trésorier et aux membres du conseil.

§. 2. *De l'Exécution des Ordonnances et des Jugemens.*

140. Les expéditions seront envoyées aux recteurs, qui seront chargés de l'exécution des jugemens dans tous les établissemens dépendans de leurs académies, et qui en rendront compte au grand-maître.

141. Les pièces adressées par les recteurs au grand-maître, leur seront renvoyées avec l'expédition de l'ordonnance ou du jugement qu'ils auront à faire exécuter.

142. Le jugement ou l'ordonnance seront notifiés par le recteur au membre de l'université qu'ils concerneront, aussitôt leur réception. Cette notification se fera en lui remettant copie de l'ordonnance, certifiée conforme à l'expédition par le recteur, et de lui signée, avec injonction d'y satisfaire.

143. Si le jugement ou l'ordonnance concerne un membre de faculté, la notification lui en sera faite par le recteur, qui le mandera à cet effet : si la faculté est séante hors du chef-lieu, la notification sera faite par le doyen; si elle concerne un membre du lycée, elle le sera par le proviseur, et dans les colléges par le principal, à qui le recteur l'adressera à cet effet.

144. S'il s'agit d'un maître de pension ou d'un chef d'institution qui ne réside pas au chef-lieu, le recteur déléguera le proviseur ou le principal le plus voisin, ou tel autre fonctionnaire de l'université qu'il jugera convenable, selon les circonstances, lequel rendra aussitôt compte au recteur de la notification et du jour qu'elle aura été faite.

145. Le recteur fera mention de la notification et du jour qu'elle aura été faite, sur l'expédition demeurée en ses mains : l'expédition sera par lui déposée aux archives de l'académie, et le dépôt sera inscrit sur un registre destiné à cet effet.

146. Le membre de l'université condamné par ordonnance du grand-maître, ou par jugement du conseil de l'université, à la réprimande, à la censure, ou à toute autre peine portée au statut du 17 mars 1808, et au présent décret, autre que la réforme ou la radiation du tableau, sera tenu de comparoître en personne au conseil de l'académie, pour y entendre la prononciation de son jugement, et à Paris au conseil de l'université, au jour qui lui sera fixé par la notification qui lui sera faite.

147. Si, au jour fixé par la notification, le membre de l'université ne satisfait pas à l'ordonnance, il sera sommé d'y obéir dans un nouveau délai de huitaine, avec aver-

tissement de la peine à laquelle il s'expose en n'obéissant pas, ainsi qu'il est porté en l'art. 82 du présent décret.

Cette sommation lui sera faite par le recteur, par le proviseur ou par le principal, selon les cas. Il en sera rendu compte par le proviseur ou par le principal au recteur, et par le recteur au grand-maître.

148. Si un membre de l'université est condamné à la réforme ou à la radiation du tableau, le jugement sera envoyé pour l'exécution, par le chancelier, au procureur-général de la cour impériale du ressort, pour être, à sa diligence, lu au condamné en audience publique.

149. Il pourra y avoir recours à notre conseil d'Etat, contre les jugemens du conseil de l'université en matière de contravention aux devoirs et de délits entre les membres, lorsque le jugement prononcera la peine de radiation du tableau, sans préjudice de l'action judiciaire quand il y aura lieu.

Ce recours ne sera pas admis pour toute autre peine.

150. Tous les trois mois, copie des jugemens et ordonnances rendus dans les cas ci-dessus sera adressée par le secrétaire-général de l'université à notre ministre de l'intérieur.

§. 3. De l'exécution des Jugemens en matière de comptabilité.

151. Lorsqu'un comptable de l'université sera constitué en débet ou en retard, le débet sera acquitté d'abord sur son cautionnement, puis sur la retenue de ce qui sera dû au comptable sur son traitement, et, en cas d'insuffisance, sur ses biens.

152. Le comptable constitué en débet sera poursuivi, à la requête du trésorier, à la diligence du recteur.

153. Il en sera de même pour les recouvremens des droits dus à l'université.

154. Tous actes conservatoires pourront être faits, et toutes inscriptions pourront être prises, au profit de l'université, contre ceux qui ont la recette de ses deniers, du moment qu'ils entreront en fonctions pour cette recette.

155. L'art. 2121 du Code Napoléon, qui établit l'hypothèque légale au profit des établissemens publics, sera applicable à l'université.

156. Il n'est rien innové, au surplus, relativement aux actes judiciaires concernant l'exécution des arrêtés et des jugemens dont il s'agit, dont la connoissance appartient aux tribunaux, selon les formes établies par les lois générales.

TITRE VII.

De l'Action de la justice et de la police ordinaire dans l'intérieur des établissemens publics appartenant à l'Université.

157. Hors les cas de flagrant délit, d'incendie ou de secours réclamés de l'intérieur des lycées, colléges et autres écoles publiques appartenant à l'université, aucun officier de police ou de justice ne pourra s'y introduire pour constater un corps de délit ou pour l'exécution d'un mandat d'amener ou d'arrêt dirigé contre des membres ou élèves de ces établissemens, s'il n'en a l'autorisation spéciale et par écrit de nos procureurs-généraux, de leurs substituts, ou de nos procureurs-impériaux.

158. Nos cours impériales exerceront leur droit à raison des délits ou crimes commis dans les établissemens de l'université, lesquels n'auront à cet égard d'autre privilége que ceux accordés pour les cas prévus par le présent décret.

159. Toutefois nos procureurs-généraux sont spécialement chargés de l'examen et poursuite, s'il y a lieu, de tout ce qui pourroit se passer dans lesdits établissemens propre à donner lieu à l'application des lois pénales, pour qu'il soit procédé de manière à concilier les ménagemens convenables envers les établissemens de l'université avec l'intérêt de la société blessée et de la justice offensée.

160. Nos procureurs-généraux pourront requérir et nos cours ordonner que des membres de l'université ou étudians prévenus de crimes ou délits, soient jugés par lesdites cours, ainsi qu'il est dit pour ceux qui exercent

certaines fonctions. à la loi du 20 avril, art. 10, et au Code d'instruction criminelle, art. 479.

161. Nos procureurs-généraux et impériaux sont également tenus de poursuivre, en cas de négligence ou retard des officiers de l'université, les individus qui en sont membres, à raison des délits et contraventions portées au titre II, chap. II, art. 54, 63, 69, 74 et 79 du présent décret.

162. Dans toute affaire intéressant des membres ou élèves de l'université, nos procureurs généraux seront tenus d'en rendre compte à notre grand-juge ministre de la justice, et d'en instruire notre ministre de l'intérieur et le grand-maître de notre université.

163. Si un membre de l'université étoit repris de justice et condamné pour crime, il cesseroit, par le fait même de sa condamnation, d'être membre de l'université : sa dégradation lui sera prononcée par le président après sa condamnation, et il sera aussitôt rayé du tableau, sur l'avis qui en sera donné au grand-maître par le procureur-général près la cour saisie du procès.

En cas de contumace, il sera provisoirement rayé du tableau, sauf à lui à se représenter dans les délais fixés au Code de justice criminelle.

164. Celui qui aura subi une condamnation du ressort de la police correctionnelle, pourra, selon les circonstances, être réprimandé, censuré, réformé, ou rayé du tableau.

CHAPITRE III.

Du Rang des Recteurs et des corps académiques.

165. Le corps de l'académie, composé du recteur, des inspecteurs, du conseil académique et des facultés, prendra rang immédiatement après le corps municipal.

166. Lorsqu'une faculté résidera dans un chef-lieu de département qui ne sera pas chef-lieu d'académie, elle prendra le même rang.

Le doyen marchera à la tête de la faculté.

167. Les proviseurs des lycées assisteront aux cérémonies publiques, et marcheront avec l'académie ou la
faculté, au rang de leur grade dans l'université.

CHAPITRE IV.

TITRE PREMIER.

*Des Dotations et Fondations provenant des Universités,
Académies et Colléges tant de l'ancien que du
nouveau territoire de l'empire, attribuées à l'Université impériale.*

168. Conformément au décret du 11 décembre 1808,
l'université sera mise en possession, sans retard, de ceux
des biens mentionnés audit décret qui ne lui ont pas encore été délivrés.

169. Le grand-maître nous soumettra l'état de ceux des
biens déjà recouvrés qui ne sont point affectés à des fondations de bourses, et qui, consistant en bâtimens en mauvais
état et sans utilité, en terres ou en rentes éparses, seroient
plus à charge que profitables à l'université, pour être par
nous autorisé à les aliéner et à en employer le produit à
des établissemens de l'université, ou en accroissement de
dotation.

170. Les fondations et dotations de bourse créées pour
l'instruction d'élèves dans les universités, académies et
colléges et autres établissemens d'instruction publique
supprimés, tant de l'ancien que du nouveau territoire,
dont les revenus n'ont point été perçus jusqu'à présent par
la régie des domaines, par la caisse d'amortissement, ou
par aucun établissement concessionnaire, et qui, à compter de la publication du présent décret, seront découvertes et pourront être recouvrées par l'université impériale, lui appartiendront, pour être par elles appliquées à
leur destination, conformément aux titres.

171. Le grand-maître recevra les déclarations qui lui
seroient faites de l'existence de ces fondations et dotations,
et acceptera, après délibération du conseil de l'université,
les offres et les conditions proposées pour rétablir le cours

des revenus et rentes affectés à ces fondations, et en restituer les titres, toutefois sous notre autorisation spéciale donnée en conseil d'état, et sur le rapport de notre ministre de l'intérieur.

172. Lorsque les fondations auront été faites à condition que les bourses seroient à la nomination des fondateurs, ou qu'elles seroient données de préférence dans leur famille, ces dispositions seront maintenues, et le grand maître les fera observer.

173. Lorsque les fondations auront été faites en faveur d'enfans originaires d'une ville ou d'une contrée déterminée, elles ne pourront être données à d'autres qu'à défaut de sujets de la qualité de ceux indiqués par les titres.

174. Lorsqu'il vaquera des bourses de l'espèce de celles désignées en l'article précédent, ou dont la fondation ne seroit faite en faveur d'aucune personne ou d'aucun lieu déterminé, et dont les fondateurs ne se seront pas réservés la nomination, ou n'auront pas laissé d'héritiers de leurs droits, elles seront données par nous sur la présentation qui nous sera faite de trois sujets par notre ministre de l'intérieur, sur l'avis du grand-maître, lesquels seront pris de préférence parmi ceux qui prouveroient qu'il appartenoit à leur famille des bourses fondées dans des universités, académies ou colléges supprimés, dont les dotations sont perdues pour ces familles.

TITRE II.

Des Dotations et Fondations qui seront faites à l'avenir.

175. Le grand-maître pourra être autorisé à accepter, après délibération du conseil de l'université, les donations et fondations qui seront faites à l'avenir à l'université, en observant les formes et conditions prescrites pour les acceptations de donations et legs faits aux communes et aux hospices par nos arrêtés et décrets sur cette matière, dont les dispositions sont déclarées applicables aux legs et donations faits à l'université impériale.

176. Les donateurs et fondateurs pourront mettre à

leurs dons toutes les conditions qui ne seront pas contraires aux dispositions du titre V du décret du 17 mars
1808, à la police de l'université, et aux règles du droit
commun.

177. Les fondations des bourses contiendront l'exacte
désignation des biens qui y sont affectés; et si ce sont
des biens immeubles, lors de la passation de l'acte, toutes
les formes voulues par les lois sur les hypothèques seront
remplies.

178. La grosse du titre sera remise aux archives de
l'université, et une expédition au chef-lieu de l'académie
dans l'arrondissement de laquelle sera situé le lycée ou le
collége auquel la fondation s'appliquera.

179. Si le fondateur a désigné des administrateurs du
bien affecté à la fondation, cette administration aura lieu
sous la surveillance du recteur de l'académie dans l'arrondissement de laquelle l'objet de la fondation devra
être remplie; et il pourra s'en faire rendre compte
chaque année.

180. Les dispositions des articles 172, 173 et 174,
sont applicables aux fondations de bourses qui seroient
faites à l'avenir.

181. Les noms des donateurs et fondateurs seront inscrits aux archives de l'université sur un registre à ce destiné; ils seront proclamés à la distribution générale des
prix du lycée ou du collége auquel la fondation sera appliquée, et à Paris à la distribution générale de tous les
lycées. Ils auront, eux et après eux leur héritier principal, une place de distinction à la distribution des prix,
aux exercices publics, et aux fêtes et cérémonies qui
pourront avoir lieu dans le lycée ou le collége auquel ils
auront affecté la fondation, et à Paris, s'ils y résident,
en s'y faisant reconnoître.

182. Les communes, autres que celles comprises dans
notre décret du 10 mai 1808 portant créations de bourses
dans les lycées, qui voudront fonder particulièrement des
bourses dans les lycées pour des élèves de leur collége, ou
des enfans originaires de la commune, pourront être admises à le faire, par décret rendu en conseil d'Etat

d'après une délibération du corps municipal, approuvé
par le préfet du département, et communiquée au grand
maître de l'université, qui prendra l'avis du conseil d
l'université, et le transmettra au ministre de l'intérieur
pour nous en faire un rapport.

183. La délibération du corps municipal contiendr
l'exposé de la nature de la fondation projetée, des con
ditions sous lesquelles on proposera de la faire, et l'indi
cation précise des fonds sur lesquels on l'asseoira.

184. L'acte de fondation ne sera passé qu'après qu
la délibération, faite et approuvée conforme aux article
qui précèdent, aura été revêtue de notre autorisation
cet acte sera fait devant notaire, et signé par le maire d
la commune fondatrice; on y annexera expédition de l
délibération et du décret d'autorisation.

185. Les communes dont il s'agit pourront se réserve
la nomination aux bourses par elle fondée; à défaut, la
nomination sera faite conformément à l'article 3 de notre
décret du 2 mai 1811.

186. Les nominations des communes seront faites par
délibération du corps municipal, approuvée par le préfet
du département.

CHAPITRE V.

Dispositions générales.

187. Le conseil de l'université présentera un projet
dans lequel il indiquera les professions auxquelles il conviendra d'imposer l'obligation de prendre des grades dans
les diverses facultés.

188. Le conseil de l'université présentera un projet de
décret pour régulariser l'instruction et la réception des
officiers de santé.

189. Le grand-maître de l'université rendra compte,
dans le plus bref délai, de la situation actuelle des facultés
de droit situées dans les diverses villes de notre empire,
des progrès qu'elles ont faits depuis leur réunion à l'université impériale. Il proposera les moyens de mettre leurs
revenus propres en équilibre avec leurs dépenses, soit par

la réduction des dépenses, soit par la translation ou la suppression de celles de ces facultés qui n'auroient pu avoir un nombre suffisant d'élèves, soit enfin par l'élévation du taux des rétributions établies pour les inscriptions et les diplômes, afin d'être ensuite, sur le tout, et d'après le rapport de notre ministre de l'intérieur, statué ce qu'il appartiendra.

190. Le grand-maître de l'université rendra compte également à notre ministre de l'intérieur, qui nous en fera un rapport, des mesures prises pour l'exécution des articles 107 et 108 des statuts de l'université impériale du 17 mars 1808, en ce qui concerne l'instruction primaire, et des résultats obtenus.

191. Notre ministre de l'intérieur nous soumettra aussi un rapport relatif au mode particulier de surveillance que l'université pourra exercer sur les maîtres d'école ou sur les instituteurs des écoles primaires. Ce rapport devra proposer les moyens d'accorder avec la surveillance de l'université, l'autorité que doivent conserver les préfets, les sous-préfets et les maires sur les maîtres et instituteurs des petites écoles.

192. Jusqu'à ce qu'il ait été par nous ultérieurement statué sur les moyens d'assurer et d'améliorer l'instruction primaire dans toute l'étendue de notre empire, les préfets, sous-préfets et maires continueront à exercer leur surveillance sur les écoles, et devront en adresser leur rapport à l'autorité supérieure à eux. Néanmoins le grand-maître continuera d'instituer les maîtres. Les inspecteurs d'académie veilleront à ce que les maîtres ne portent point leur enseignement au-dessus de la lecture, l'écriture et l'arithmétique, à ce qu'ils observent les réglemens établis qui y seront relatifs.

Arrêté qui ordonne la publication du bref concernant l'institution des nouveaux évêques.

Du 29 germinal an X.

Les consuls de la république, etc.

Arrêtent :

ART. 1. Le bref donné à Rome le 29 novembre 1801, et qui donne au cardinal légat le pouvoir d'instituer de nouveaux évêques, sera publié, sans approbation d clauses, formules ou expressions qu'il renferme, et qui sont ou pourroient être contraires aux lois de la république, aux libertés, franchises et maximes de l'église gallicane.

2. Ledit bref sera transcrit, etc.

Bref qui donne au cardinal légat le pouvoir d'instituer les nouveaux évêques.

PIE VII, Pape.

Pour en conserver le souvenir.

Comme Dieu a bien voulu faire luire à nos yeux l'espérance de voir l'unité de notre sainte mère l'Église se rétablir, et la religion refleurir dans tous les pays actuellement soumis à la république française ; et nous, par nos lettres apostoliques, scellées en plomb, expédiées en ce même jour, ayant, à cet effet, érigé de nouveau et fondé dix églises métropolitaines et cinquante églises épiscopales ; savoir : l'archevêché de Paris et ses suffragans, les évêchés de Versailles, Meaux, Amiens, Arras, Cambrai, Soissons, Orléans et Troyes ; l'archevêché de Bourges et ses suffragans, Limoges, Clermont et Saint-Flour ; l'archevêché de Lyon et ses suffragans, Mende, Grenoble, Valence et Chambéri ; l'archevêché de Rouen et ses suffragans, Evreux, Séez, Bayeux et Coutances ; l'archevêché de Tours et ses suffragans, le Mans, Angers, Rennes, Nantes, Quimper, Vannes et Saint-Brieuc ; l'archevêché de Bordeaux et ses suffragans, Angoulême, Poitiers et La Rochelle ; l'archevêché de Toulouse et ses suffragans, Cahors, Agen, Carcassonne, Montpellier et Bayonne ; l'archevêché d'Aix et ses suffragans, Avignon, Digne, Nice et Ajaccio ; l'archevêché de Besançon et ses suffragans, Autun, Strasbourg, Dijon, Nanci et Metz ; l'archevêché de Malines et ses suffragans, Tournai, Gand, Namur, Liége, Aix-la-Chapelle, Trèves et Mayence ; églises auxquelles le premier consul de la même république nommera des personnes ecclésiastiques dignes et capables, qui seront approuvées et instituées par nous, et, après nous, par les pontifes romains nos successeurs, suivant les formes depuis long-temps établies, ainsi qu'il est dit dans la convention approuvée en dernier lieu par de semblables lettres apostoliques, scellées en plomb : attendu que les circonstances où nous nous trouvons exigent impérieusement que toutes les églises métropolitaines et épiscopales soient respectivement pourvues, sans aucun délai quelconque, d'un pasteur capable de les gouverner utilement; que d'ailleurs nous ne pouvons pas être instruits assez promptement des nominations que doit faire le premier consul, ni remplir à Rome les formalités qu'on a coutume d'observer en pareil cas ; mû par de si justes et si puissans motifs, voulant écarter tous les dangers et faire disparaître tous les obstacles qui pourroient frustrer et faire évanouir les espérances que nous avons conçues d'un aussi grand bien, sans néanmoins déroger en rien, pour l'avenir, à l'observation de la convention mentionnée ; de notre propre mouvement, science certaine, et mûre délibération, et par la plénitude de notre puissance apostolique, nous donnons, pour cette fois seulement, à notre cher fils Jean-Baptiste Caprara, cardinal prêtre de la sainte église romaine, notre légat *à latere*, et celui du saint-siége apostolique auprès de notre très-cher fils en J. C. Napoléon Bonaparte, premier consul de la république française, et près du peuple français, l'autorité et le pouvoir de recevoir lui-même les nominations que doit faire le premier consul, pour lesdites églises archiépiscopales et épiscopales actuellement vacantes depuis leur érection, et aussi la faculté et le pouvoir de préposer respectivement en notre nom, auxdites églises archiépiscopales et épisco-pales, et d'instituer, pour les gouverner, des personnes ecclésias-tiques, même n'ayant pas le titre de docteur, après qu'il se sera assuré, par un diligent examen et par le procès d'information, que l'on abrégera suivant les circonstances, de l'intégrité, de la foi, de la doctrine et des mœurs, du zèle pour la religion, de la soumission aux jugemens du siége apostolique, et de la véritable capacité de chaque personne ecclésiastique ainsi nommée, le tout conformément à nos instructions. Plein de confiance en la prudence, la doctrine et l'intégrité dudit Jean-Baptiste, cardinal légat, nous nous tenons assuré que jamais il n'élèvera à la dignité archiépiscopale ou épis-copale, aucune personne qui n'auroit pas toutes les qualités requises.

Nous accordons de plus, au même cardinal légat, toute l'autorité et tous les pouvoirs nécessaires pour qu'il puisse librement et lici-tement, ou par lui-même, ou par tout autre évêque en communion avec le saint-siége, par lui spécialement délégué, donner la consé-cration à chacun des archevêques et évêques qui vont être institués comme il vient d'être dit, après que chacun d'eux aura fait sa profes-sion de foi, et prêté le serment de fidélité; se faisant accompagner et assister, dans cette cérémonie, de deux autres évêques, ou de deux abbés, dignitaires ou chanoines, ou même, à leur défaut, de deux simples prêtres, nonobstant les constitutions, réglemens apostoliques et toutes autres choses à ce contraires, même celles qui exigeroient une mention expresse et individuelle.

Donné à Rome, à Sainte-Marie-Majeure, sous l'anneau du pêcheur, le 29 novembre 1801, la seconde année de notre pontificat.

PIE P. VII.

Certifié conforme à l'original, J. B. card. CAPRARA, légat.

Place du sceau.

J. A. SALA, secrétaire de la légation apostolique.

Arrêté qui ordonne la publication d'un indult concernant les jours de fêtes.

Du 29 germinal an X.

ART. 1. L'indult donné à Paris le 9 avril 1802, et qui fixe le nombre des jours de fêtes, sera publié, sans approbation des clauses, formules, etc.

INDULT pour la réduction des Fêtes.

Nous Jean-Baptiste Caprara, cardinal prêtre de la sainte Église romaine, du titre de Saint-Onuphre, archevêque, évêque d'Iési, légat à latere de notre très-saint père le pape Pie VII, et du saint-siége apostolique, auprès du premier consul de la république française.

Le devoir du siége apostolique, qui a été chargé par notre seigneur Jésus-Christ, du soin de toutes les églises, est de modérer l'observance de la discipline ecclésiastique avec tant de douceur et de sagesse, qu'elle puisse convenir aux différentes circonstances des temps et des lieux. Notre très-saint père le pape Pie VII, par la divine Providence, souverain pontife, avoit devant les yeux ce devoir, lorsqu'il a mis au nombre des soins qui l'occupent à l'égard de l'Eglise de France, celui de réfléchir sur ce qu'il devoit statuer touchant la célébration des fêtes dans ce nouvel ordre de choses. Sa sainteté savoit parfaitement que, dans la vaste étendue qu'embrasse le territoire de la république française, on n'avoit pas suivi partout les mêmes coutumes; mais que, dans divers diocèses, des jours de fêtes différens avoient été observés. Sa sainteté observoit de plus, que les peuples soumis au gouvernement de la même république, avoient le plus grand besoin, après tant d'événemens et tant de guerres, de réparer les pertes qu'ils avoient faites pour le commerce et pour toutes les choses nécessaires à la vie, ce qui devenoit difficile par l'interdiction du travail aux jours de fêtes, si le nombre de ces jours n'était diminué. Enfin, elle voyoit, et ce n'étoit pas sans une grande douleur, elle voyoit que, dans ce pays, les fêtes, jusqu'à ce jour, n'avoient pas été observées partout avec la même piété, d'où il résultoit en plusieurs lieux un grave scandale pour les ames pieuses et fidèles.

Après avoir examiné et mûrement pesé toutes ces choses, il a paru qu'il seroit avantageux, pour le bien de la religion et de l'Etat, de fixer un certain nombre de jours de fêtes, le plus petit possible, qui seroient gardées dans tout le territoire de la république, de manière que tous ceux qui sont régis par les mêmes lois, fussent également soumis partout à la même discipline; que la réduction de ces jours vînt au secours d'un grand nombre de personnes dans leurs besoins, et que l'observation des fêtes conservées en devînt plus facile.

En conséquence, et en même temps pour se rendre aux désirs et aux demandes du premier consul de la république, à cet égard, sa sainteté nous a enjoint, en notre qualité de son légat *a latere*, de déclarer, en vertu de la plénitude de la puissance apostolique, que le nombre des jours de fêtes, autres que les dimanches, sera réduit aux jours marqués dans le tableau que nous mettons au bas de cet indult, de manière qu'à l'avenir tous les habitans de la même république soient censés exempts, et que réellement ils soient entièrement déliés, non-seulement de l'obligation d'entendre la messe, et de s'abstenir des œuvres serviles aux autres jours de fêtes, mais encore de l'obligation du jeûne aux veilles de ces mêmes jours. Elle a voulu cependant que, dans aucune église, rien ne fût innové dans l'ordre et le rit des offices et des cérémonies qu'on avoit coutume d'observer aux fêtes maintenant supprimées et aux veilles qui les précèdent, mais que tout soit entièrement fait comme on a eu coutume de faire jusqu'au moment présent, exceptant néanmoins la fête de l'Epiphanie de notre Seigneur, la Fête-Dieu, celle des apôtres Saint-Pierre et Saint-Paul, et celle des saints patrons de chaque diocèse et de chaque paroisse, qui se célébreront partout le dimanche le plus proche de chaque fête.

En l'honneur des saints apôtres et des saints martyrs, sa sainteté ordonne que, dans la récitation soit publique, soit privée des heures canoniales, tous ceux qui sont obligés à l'office divin, soient tenus de faire, dans la solennité des apôtres Saint-Pierre et Saint-Paul, mémoire de tous les saints apôtres, et dans la fête de Saint-Etienne, premier martyr, mémoire de tous les saints martyrs; on fera aussi ces mémoires dans toutes les messes qui se célébreront ces jours-là. Sa sainteté ordonne encore que l'anniversaire de la dédicace de tous les temples érigés sur le territoire de la république, soit célébré dans toutes les églises de France, le dimanche qui suivra immédiatement l'octave de la Toussaint.

Quoiqu'il fût convenable de laisser subsister l'obligation d'entendre la messe aux jours des fêtes qui viennent d'être supprimées, néanmoins sa sainteté, afin de donner de plus en plus de nouveaux témoignages de sa condescendance envers la nation française, se contente d'exhorter ceux principalement qui ne sont point obligés de vivre du travail des mains, à ne pas négliger d'assister ces jours-là au saint sacrifice de la messe.

Enfin, sa sainteté attend de la religion et de la piété des Français, que, plus le nombre des jours de fêtes et des jours de jeûnes sera diminué, plus ils observeront avec soin, zèle et ferveur, le petit nombre de ceux qui restent, rappelant sans cesse dans leur esprit, que celui-là est indigne du nom chrétien, qui ne garde pas comme il le doit les commandemens de Jésus-Christ et de son Eglise : car, comme l'enseigne l'apôtre Saint-Jean, *Quiconque dit qu'il connoît Dieu, et n'observe pas ses commandemens, est un menteur, et la vérité n'est pas en lui.*

Les jours de fêtes qui seront célébrés en France, outre les dimanches, sont :

La naissance de Notre Seigneur Jésus-Christ,
L'Ascension,
L'Assomption de la très-sainte Vierge,
La fête de tous les Saints.
Donné à Paris, en la maison de notre résidence, cejourd'hui 9 avril 1802.

J. B. card. CAPRARA, légat.

J. A. SALA, secrétaire de la légation apostolique.

Arrêté qui ordonne la publication de deux bulles relatives à l'institution canonique à l'évêché d'Autun, de M. François de Fontanges, et à son exemption de la juridiction métropolitaine de l'église archiépiscopale de Besançon.

Du 19 ventôse an XI.

ART. 1. Les deux bulles dont la désignation suit, savoir :

La première, donnée à Rome, le 13 des calendes de janvier 1802, laquelle, d'après la nomination du premier consul, porte l'institution canonique à l'évêché d'Autun, de M. *François de Fontanges*, ci-devant archevêque de Toulouse, avec autorisation de conserver, pendant sa vie, son ancien titre d'archevêque;

La seconde, donnée à Rome, aux ides de décembre 1802, portant exemption, en faveur dudit *François de Fontanges*, de la juridiction métropolitaine de l'église archiépiscopale de Besançon, pendant la vie dudit évêque;

Seront publiées sans approbation des clauses, formules, etc.

Arrêté qui ordonne la publication de deux Bulles concernant M. Latour-Du-Pin-Montauban, évêque de Troyes.

Du 10 germinal an XI.

ART. 1. Les deux bulles dont la désignation suit, savoir:

La première, donnée à Rome, le 13 des calendes de janvier 1802, laquelle, d'après la nomination du premier consul, porte l'institution canonique à l'évêché de Troyes, de M. *Louis-Appollinaire Latour-Du-Pin-Montauban*, ci-devant archevêque d'Auch, avec autorisation de conserver pendant sa vie son ancien titre d'archevêque;

La seconde, donnée à Rome, aux ides de décembre 1802, portant exemption en faveur dudit *Louis-Apollinaire Latour-Du-Pin-Montauban*, de la juridiction métropolitaine de l'église archiépiscopale de Paris, pendant la vie dudit évêque;

Seront publiées sans apprprobation des clauses, formules, etc.

Décret impérial qui autorise la publication d'une Bulle portant institution canonique de M. Pisany-De-La-Gaude, à l'évêché de Namur.

Au palais de Saint-Cloud, le 24 messidor an XII.

ART. 1. La bulle donnée à Rome, à Sainte-Marie

18

Majeure, le 5 des calendes de juin 1804, laquelle, d'après la nomination par nous faite, porte l'institution canonique à l'évêché de Namur, de M. *Charles-François-Joseph Pisany-De-La-Gaude*, ci-devant évêque de Vence, sera publiée sans approbation des clauses, etc.

Au palais de Saint-Cloud, le 8 thermidor an XIII.

La bulle d'institution canonique du sieur *Dominique De Pradt*, nommé par nous à l'évêché de Poitiers, donnée à Paris, aux calendes de février de l'an 1804, sera publiée, sans approbation des clauses, formules, etc.

Au quartier impérial d'Austerlitz, le 16 frimaire an XIV.

La bulle d'institution canonique de M. *Hyacinthe De Latour*, ci-devant archevêque d'Acqui, nommé par nous à l'archevêché de Turin, donnée à Rome, le 6 des calendes de juillet de l'an 1805, sera publiée sans approbation des clauses, formules, etc.

Au quartier impérial de Brünn, le 21 frimaire an XIV.

La bulle d'institution canonique de M. *Maurice-Jean De Broglio*, nommé par nous à l'évêché d'Acqui, donnée à Rome, le 6 des calendes de juillet de l'an 1805, sera publiée sans approbation des clauses, formules, etc.

Au palais des Tuileries, le 21 mars 1806.

1er. *Décret*.

La bulle d'institution canonique de M. *Jean-François De Mandolx*, ci-devant évêque de La Rochelle, nommé par nous à l'évêché d'Amiens, donnée à Paris, le 4 des calendes de février de l'an 1804, sera publiée sans approbation des clauses, formules, etc.

2e.

La bulle d'institution canonique de M. *Louis-Mathias De Barral*, nommé par nous à l'archevêché de Tours, donnée à Paris, le 11 des calendes de février de l'an 1804, sera publiée sans approbation des clauses, formules, etc.

3e.

La bulle d'institution canonique de M. *Gabriel-Laurent Paillou*, nommé par nous à l'évêché de La Rochelle, donnée à Paris, le 11 des calendes de février de l'an 1804, sera publiée sans approbation des clauses, formules, etc.

4e.

La bulle d'institution canonique de M. *Irénée-Ives Dessoles*, nommé par nous à l'évêché de Chambéry, donnée à Paris, le 11 des calendes d'avril de l'an 1804, sera publiée sans approbation des clauses, formules, etc.

5e.

La bulle d'institution canonique de M. *Pierre-Paul de Faudoas*, nommé par nous à l'évêché de Meaux, donnée à Paris, le 11 des calendes d'avril de l'an 1804, sera publiée sans approbation des clauses, formules, etc.

6e.

La bulle d'institution canonique de M. *Etienne-Martin-Balthazard-André Morel-Mons*, nommé par nous à l'évêché de Mende, donnée à Paris, le 11 des calendes d'avril de l'an 1804, sera publiée sans approbation des clauses, formules, etc.

7e.

La bulle d'institution canonique de M. *Pierre-Vincent Dombidau de Crouzeilles* nommé par nous à l'évêché de Quimper, donnée à Paris, le 11 des calendes d'avril 1804, sera publiée sans approbation des clauses, formules, etc.

18.

8ᵉ.

La bulle d'institution canonique de M. *Etienne-Céle tin Enoch*, nommé par nous à l'évêché de Rennes, do née à Paris, le 11 des calendes d'avril 1804, sera publi sans l'approbation des clauses, formules, etc.

9ᵉ.

Le décret rendu par le cardinal *Caprara*, légat *à late* auprès de nous, sous la date du 14 février 1806, po l'institution canonique de M. *François Hoffman*, nom par nous supérieur ecclésiastique des îles de France et la Réunion, sera publiée et enregistrée dans cette coloni sans approbation des clauses, formules, etc.

Au palais des Tuileries, le 10 avril 1806.

La bulle d'institution canonique de M. *Charles-Fra çois-Melchior-Bienvenu Miollis*, nommé par nous l'évêché de Digne, donnée à Rome, le 10 des calendes d janvier de l'an 1805, sera publiée sans approbation d clauses, formules, etc.

Au palais de Saint-Cloud, le 23 juin 1806.

La bulle d'institution canonique de M. *Jean-Baptis Canaveri*, nommé par nous à l'évêché de Verceil, donné à Paris, aux calendes de février 1805, sera publiée san approbation des clauses, formules, etc.

Au quartier impérial de Mersbourg, le 19 octobre 1806.

La bullle d'institution canonique de M. *Joseph-Mari Grimaldi*, ci-devant évêque de Pignerol, nommé pa nous à l'évêché d'Ivrée, donnée à Paris, aux calendes d février 1804, sera publiée sans approbation des clauses formules, etc.

Au quartier impérial de Berlin, le 25 novembre 1806.

1er. Décret.

La bulle d'institution canonique de *Marie-Nicolas Fournier*, nommé par nous à l'évêché de Montpellier, donnée à Rome, le 7 des calendes de septembre 1806, sera publiée sans approbation des clauses, formules, etc.

2.

La bulle d'institution canonique de *Gaspard-Jean-André-Joseph Jauffret*, nommé par nous à l'évêché de Metz, donnée à Rome, le 7 des calendes de septembre 1806, sera publiée sans approbation des clauses, formules, etç.

Au quartier impérial de Posen, le 12 décembre 1806.

La bulle d'institution canonique de *Fabien-Sébastien Imberti*, nommé par nous à l'évêché d'Autun, donnée à Rome, le 7 des calendes de septembre 1806, sera publiée sans approbation des clauses, formules, etc.

Au palais de Fontainebleau, le 10 novembre 1807.

La bulle d'institution canonique de M. *Claude-Louis Rousseau*, ci-devant évêque de Coutances, nommé par nous à l'évêché d'Orléans, donnée à Rome, le 3 des nones d'août 1807, sera publiée sans approbation des clauses, formules, etc.

Au palais de Fontainebleau, le 13 novembre 1807.

1er. Décret.

La bulle d'institution canonique de M. *Maurice-Jean de Broglio*, ci-devant évêque d'Acqui, nommé par nous à l'évêché de Gand, donnée à Rome, le 3 des nones d'août 1807, sera publiée sans approbation des clauses, formules, etc.

2ᵉ.

La bulle d'institution canonique de M. *Pierre-Dupont-de-Poursat*, ci-devant vicaire-général de M. l'évêque d'Angoulème, nommé par nous à l'évêché de Coutances, donnée à Rome, le 3 des nones d'août 1807, sera publiée sans approbation des clauses, formules, etc.

Au palais des Tuileries, le 11 janvier 1808.

La bulle d'institution canonique de M. *Louis-Antoine Arrighi*, ci-devant provicaire-général dans l'île d'Elbe, nommé par nous à l'évêché d'Acqui, donnée à Rome, le 3 des nones d'août 1807, sera publiée sans approbation des clauses, formules, etc.

Au palais des Tuileries, le 2 février 1808.

La bulle d'institution canonique de M. *Jean-Baptiste-Pie Vital*, dernièrement évêque d'Albe, nommé par nous à l'évêché de Mondovi, donnée à Paris, l'an de l'incarnation du Seigneur 1804. calendes de février, sera publiée sans approbation des clauses, formules, etc.

A Bayonne, le 26 avril 1808.

La bulle d'institution canonique de M. *Ferdinand de Beausset*, nommé par nous à l'évêché de Vannes, donnée à Rome, le 16 mars de la présente année, sera publiée sans approbation des clauses, formules, etc.

Au palais de Saint-Cloud, le 10 septembre 1808.

La bulle d'institution canonique de M. *Etienne-Antoine de Boulogne*, l'un de nos aumôniers, nommé par nous à l'évêché de Troyes, donnée à Rome, le 5 des ides de juillet 1808, sera publiée sans approbation des clauses, formules, etc.

FABRIQUES.

SECONDE SECTION.

De l'Administration des Biens.

Décret impérial concernant les Fabriques.

Au palais des Tuileries, le 30 décembre 1809.

NAPOLÉON, empereur des Français, etc.,

Vu l'art. 76 de la loi du 18 germinal an X;

Sur le rapport de nos ministres de l'intérieur et des cultes;

Notre conseil d'État entendu,

Nous avons décrété et décrétons ce qui suit:

CHAPITRE PREMIER.

De l'Administration des Fabriques.

ART. 1. Les fabriques dont l'art. 76 de la loi du 18 germinal an X a ordonné l'établissement, sont chargées de veiller à l'entretien et à la conservation des temples; d'administrer les aumônes et les biens, rentes et perceptions autorisées par les lois et réglemens, les sommes supplémentaires fournies par les communes, et généralement tous les fonds qui sont affectés à l'exercice du culte; enfin, d'assurer cet exercice, et le maintien de sa dignité, dans les églises auxquelles elles sont attachées, soit en réglant les dépenses qui y sont nécessaires, soit en assurant les moyens d'y pourvoir.

2. Chaque fabrique sera composée d'un conseil et d'un bureau de marguilliers.

SECTION PREMIÈRE.

Du Conseil.

§. 1er. De la Composition du Conseil.

3. Dans les paroisses où la population sera de cinq mille ames ou au-dessus, le conseil sera composé de neuf conseillers de fabrique; dans toutes les autres paroisses, il devra l'être de cinq, ils seront pris parmi les notables; ils devront être catholiques et domiciliés dans la paroisse.

4. De plus, seront de droit membres du conseil,

1°. Le curé ou desservant, qui aura la première place, et pourra s'y faire remplacer par un de ses vicaires;

2°. Le maire de la commune du chef-lieu de la cure ou succursale; il pourra s'y faire remplacer par l'un de ses adjoints : si le maire n'est pas catholique, il devra se substituer un adjoint qui le soit, ou, à défaut, un membre du conseil municipal, catholique. Le maire sera placé à la gauche, et le curé ou desservant à la droite du président.

5. Dans les villes où il y aura plusieurs paroisses ou succursales, le maire sera de droit membre du conseil de chaque fabrique; il pourra s'y faire remplacer comme il est dit dans l'article précédent.

6. Dans les paroisses ou succursales dans lesquelles le conseil de fabrique sera composé de neuf membres, non compris les membres de droit, cinq des conseillers seront, pour la première fois, à la nomination de l'évêque, et quatre à celle du préfet : dans celles où il ne sera composé que de cinq membres, l'évêque en nommera trois, et le préfet deux. Ils entreront en fonctions le premier dimanche du mois d'avril prochain.

7. Le conseil de fabrique se renouvellera partiellement tous les trois ans, savoir, à l'expiration des trois premières années dans les paroisses où il est composé de neuf membres, sans y comprendre les membres de droit, par la sortie de cinq membres qui, pour la première fois, seront désignés par le sort, et des quatre plus anciens après les six ans révolus; pour les fabriques dont le conseil est com-

posé de cinq membres , non compris les membres de droit,
par la sortie de trois membres désignés par la voie du sort,
après les trois premières années, et des deux autres après
les six ans révolus. Dans la suite, ce seront toujours les
plus anciens en exercice qui devront sortir.

8. Les conseillers qui devront remplacer les membres
sortans seront élus par les membres restans.

Lorsque le remplacement ne sera pas fait à l'époque
fixée, l'évêque ordonnera qu'il y soit procédé dans le
délai d'un mois ; passé lequel délai, il y nommera lui-
même, et pour cette fois seulement.

Les membres sortans pourront être réélus.

9. Le conseil nommera au scrutin son secrétaire et son
président : ils seront renouvelés le premier dimanche
d'avril de chaque année, et pourront être réélus. Le président aura, en cas de partage, voix prépondérante.

Le conseil ne pourra délibérer que lorsqu'il y aura plus
de la moitié des membres présens à l'assemblée ; et tous
les membres présens signeront la délibération, qui sera
arrêtée à la pluralité des voix.

§. 2. *Des Séances du Conseil.*

10. Le conseil s'assemblera le premier dimanche
du mois d'avril, de juillet, d'octobre et de janvier, à
l'issue de la grand'messe ou des vêpres, dans l'église,
ou dans un lieu attenant à l'église, ou dans le presbytère.

L'avertissement de chacune de ses séances sera publié,
le dimanche précédent, au prône de la grand'messe.

Le conseil pourra de plus s'assembler extraordinaire-
ment, sur l'autorisation de l'évêque ou du préfet, lorsque
l'urgence des affaires ou de quelques dépenses imprévues
l'exigera.

§. 3. *Des Fonctions du Conseil.*

11. Aussitôt que le conseil aura été formé, il choisira
au scrutin, parmi ses membres, ceux qui, comme marguilliers, entreront dans la composition du bureau ; et, à
l'avenir, dans celle de ses sessions qui répondra à l'expiration du temps fixé par le présent réglement pour l'exer-

cice des fonctions de marguilliers, il fera également, au scrutin, élection de celui de ses membres qui remplacera le marguillier sortant.

12. Seront soumis à la délibération du conseil,

1°. Le budjet de la fabrique ;

2°. Le compte annuel de son trésorier;

3°. L'emploi des fonds excédant les dépenses, du montant des legs et donations, et le remploi des capitaux remboursés ;

4°. Toutes les dépenses extraordinaires au-delà de cinquante francs dans les paroisses au-dessous de mille ames, et de cent francs dans les paroisses d'une plus grande population ;

5°. Les procès à entreprendre ou à soutenir, les baux emphythéotiques ou à longues années, les aliénations ou échanges, et généralement tous les objets excédant les bornes de l'administration ordinaire des biens des mineurs.

SECTION II.

Du Bureau des Marguilliers.

§. 1er. *De la Composition du Bureau des Marguilliers.*

13. Le bureau des marguilliers se composera,

1°. Du curé ou desservant de la paroisse ou succursale, qui en sera membre perpétuel, et de droit ;

2°. De trois membres du conseil de fabrique.

Le curé ou desservant aura la première place, et pourra se faire remplacer par un de ses vicaires.

14. Ne pourront être en même temps membres du bureau les parens ou alliés jusques et compris le degré d'oncle et de neveu.

15. Au premier dimanche d'avril de chaque année, l'un des marguilliers cessera d'être membre du bureau, et sera remplacé.

16. Des trois marguilliers qui seront pour la première fois nommés par le conseil, deux sortiront successivement par la voie du sort, à la fin de la première et de la seconde année, et le troisième sortira de droit la troisième année révolue.

17. Dans la suite, ce seront toujours les marguilliers les plus anciens en exercice qui devront sortir.

18. Lorsque l'élection ne sera pas faite à l'époque fixée, il y sera pourvu par l'évêque.

19. Ils nommeront entre eux un président, un secrétaire, et un trésorier.

20. Les membres du bureau ne pourront délibérer, s'ils ne sont au moins au nombre de trois.

En cas de partage, le président aura voix prépondérante.

Toutes les délibérations seront signées par les membres présens.

21. Dans les paroisses où il y avoit ordinairement des marguilliers d'honneur, il pourra en être choisi deux, par le conseil, parmi les principaux fonctionnaires publics domiciliés dans la paroisse. Ces marguilliers, et tous les membres du conseil, auront une place distinguée dans l'église ; ce sera *le banc de l'œuvre* : il sera placé devant la chaire autant que faire se pourra. Le curé ou desservant aura, dans ce banc la première place, toutes les fois qu'il s'y trouvera pendant la prédication.

§. 2. *Des Séances du Bureau des Marguilliers.*

22. Le bureau s'assemblera tous les mois, à l'issue de la messe paroissiale, au lieu indiqué pour la tenue des séances du conseil.

23. Dans les cas extraordinaires, le bureau sera convoqué, soit d'office par le président, soit sur la demande du curé ou desservant.

§. 3. *Fonctions du Bureau.*

24. Le bureau des marguilliers dressera le budjet de la fabrique, et préparera les affaires qui doivent être portées au conseil ; il sera chargé de l'exécution des délibérations du conseil, et de l'administration journalière du temporel de la paroisse.

25. Le trésorier est chargé de procurer la rentrée de toutes les sommes dues à la fabrique, soit comme faisant partie de son revenu annuel, soit à tout autre titre.

26. Les marguilliers sont chargés de veiller à ce que toutes fondations soient fidèlement acquittées et exécutées suivant l'intention des fondateurs, sans que les sommes puissent être employées à d'autres charges.

Un extrait du sommier des titres contenant les fondations qui doivent être desservies pendant le cours d'un trimestre, sera affiché dans la sacristie, au commencement de chaque trimestre. avec le nom du fondateur et de l'ecclésiastique qui acquittera chaque fondation.

Il sera aussi rendu compte, à la fin de chaque trimestre, par le curé ou desservant, au bureau des marguilliers, des fondations acquittées pendant le cours du trimestre.

27. Les marguilliers fourniront l'huile, le pain, le vin, l'encens, la cire, et généralement tous les objets de consommation nécessaires à l'exercice du culte; ils pourvoiront également aux réparations et achats des ornemens, meubles et ustensiles de l'église et de la sacristie.

28. Tous les marchés seront arrêtés par le bureau des marguilliers, et signés par le président, ainsi que les mandats.

29. Le curé ou desservant se conformera aux réglemens de l'évêque pour tout ce qui concerne le service divin, les prières et les instructions, et l'acquittement des charges pieuses imposées par les bienfaiteurs, sauf les réductions qui seroient faites par l'évêque, conformément aux règles canoniques, lorsque le défaut de proportion des libéralités et des charges qui en seront la condition l'exigera.

30. Le curé ou desservant agréera les prêtres habitués, et leur assignera leurs fonctions.

Dans les paroisses où il en sera établi, il désignera le sacristain prêtre, le chantre prêtre, et les enfans de chœur.

Le placement des bancs ou chaises dans l'église ne pourra être fait que du consentement du curé ou desservant, sauf le recours à l'évêque.

31. Les annuels auxquels les fondateurs ont attaché des honoraires, et généralement tous les annuels emportant une rétribution quelconque, seront donnés de préférence aux vicaires, et ne pourront être acquittés qu'à leur défaut

par les prêtres habitués ou autres ecclésiastiques, à moins qu'il n'en ait été ordonné autrement par les fondateurs.

32. Les prédicateurs seront nommés par les marguilliers, à la pluralité des suffrages, sur la présentation faite par le curé ou desservant, et à la charge par lesdits prédicateurs d'obtenir l'autorisation de l'ordinaire.

33. La nomination et la révocation de l'organiste, des sonneurs, des bedeaux, suisses et autres serviteurs de l'église, appartient aux marguilliers, sur la proposition du curé ou desservant.

34. Sera tenu le trésorier de présenter, tous les trois mois, au bureau des marguilliers, un bordereau signé de lui, et certifié véritable, de la situation active et passive de la fabrique pendant les trois mois précédens : ces bordereaux seront signés de ceux qui auront assisté à l'assemblée, et déposés dans la caisse ou armoire de la fabrique, pour être représentés lors de la reddition du compte annuel.

Le bureau déterminera, dans la même séance, la somme nécessaire pour les dépenses du trimestre suivant.

35. Toute la dépense de l'église et les frais de sacristie seront faits par le trésorier ; et, en conséquence, il ne sera rien fourni par aucun marchand ou artisan sans un mandat du trésorier, au pied duquel le sacristain, ou toute autre personne apte à recevoir la livraison, certifiera que le contenu audit mandat a été rempli.

CHAPITRE II.

Des Revenus, des Charges, du Budjet de la Fabrique.

SECTION PREMIÈRE.

Des Revenus de la Fabrique.

36. Les revenus de chaque fabrique se forment,

1°. Du produit des biens et rentes restitués aux fabriques, des biens des confréries, et généralement de ceux qui auroient été affectés aux fabriques par nos divers décrets ;

2°. Du produit des biens, rentes et fondations qu'elles ont été ou pourront être par nous autorisées à accepter ;

3°. Du produit des biens et rentes celés au domaine, dont nous les avons autorisées, ou dont nous les autorise-rions à se mettre en possession ;

4°. Du produit spontané des terrains servant de cime-tières ;

5°. Du produit de la location des chaises ;

6°. De la concession des bancs placés dans l'église ;

7°. Des quêtes faites pour les frais du culte ;

8°. De ce qui sera trouvé dans les troncs placés pour le même objet ;

9°. Des obligations faites à la fabrique ;

10°. Des droits que, suivant les réglemens épiscopaux approuvés par nous, les fabriques perçoivent, et de celui qui leur revient sur les frais d'inhumation ;

11°. Du supplément donné par la commune, le cas échéant.

SECTION II.

Des Charges de la Fabrique.

§. 1er. Des charges en général.

37. Les charges de la fabrique sont,

1°. De fournir aux frais nécessaires du culte : savoir, les ornemens, les vases sacrés, le linge, le luminaire, le pain, le vin, l'encens, le paiement des vicaires, des sacristains, chantres, organistes, sonneurs, suisses, bedeaux et autres employés au service de l'église, selon la convenance et le besoin des lieux ;

2°. De payer l'honoraire des prédicateurs de l'Avent, du Carême et autres solennités ;

3°. De pourvoir à la décoration et aux dépenses relatives à l'embellissement intérieur de l'église ;

4°. De veiller à l'entretien des églises, presbytères et cimetières ; et, en cas d'insuffisance des revenus de la fa-brique, de faire toutes diligences nécessaires pour qu'il soit pourvu aux réparations et reconstructions, ainsi que le tout est réglé au paragraphe III.

§. 2. *De l'Etablissement et du Paiement des Vicaires.*

38. Le nombre de prêtres et de vicaires habitués à chaque église sera fixé par l'évêque après que les marguilliers en auront délibéré, et que le conseil municipal de la commune aura donné son avis.

39. Si, dans le cas de la nécessité d'un vicaire, reconnue par l'évêque, la fabrique n'est pas en état de payer le traitement, la décision épiscopale devra être adressée au préfet ; et il y sera procédé ainsi qu'il est expliqué à l'article 49, concernant les autres dépenses de la célébration du culte, pour lesquelles les communes suppléent à l'insuffisance des revenus des fabriques.

40. Le traitement des vicaires sera de cinq cents francs au plus, et de trois cents francs au moins.

§. 3. *Des Réparations.*

41. Les marguilliers et spécialement le trésorier seront tenus de veiller à ce que toutes les réparations soient bien et promptement faites. Ils auront soin de visiter les bâtimens avec des gens de l'art au commencement du printemps et de l'automne.

Ils pourvoiront sur-le-champ, et par économie, aux réparations locatives ou autres qui n'excéderont pas la proportion indiquée en l'article 12, et sans préjudice toutefois des dépenses réglées par le culte.

42. Lorsque les réparations excéderont la somme ci-dessus indiquée, le bureau sera tenu d'en faire un rapport au conseil, qui pourra ordonner toutes les réparations qui ne s'élèveroient pas à plus de cent francs dans les communes au-dessous de mille ames, et de deux cents francs dans celles d'une plus grande population.

Néanmoins ledit conseil ne pourra, même sur le revenu libre de la fabrique, ordonner les réparations qui excéderoient la quotité ci-dessus énoncée, qu'en chargeant le bureau de faire dresser un devis estimatif, et de procéder à l'adjudication au rabais ou par soumission, après trois affiches renouvelées de huitaine en huitaine.

43. Si la dépense ordinaire, arrêtée par le budjet, ne laisse pas de fonds disponibles, ou n'en laisse pas de suffisans pour les réparations, le bureau en fera son rapport au conseil, et celui-ci prendra une délibération tendant à ce qu'il y soit pourvu dans les formes prescrites au chapitre IV du présent réglement : cette délibération sera envoyée par le président au préfet.

44. Lors de la prise de possession de chaque curé ou desservant, il sera dressé, aux frais de la commune, et à la diligence du maire, un état de situation du presbytère et de ses dépendances. Le curé ou desservant ne sera tenu que des simples réparations locatives, et des dégradations survenues par sa faute. Le curé ou desservant sortant, ou ses héritiers ou ayans cause, seront tenus desdites réparations locatives, et des dégradations.

SECTION III.

Du Budjet de la Fabrique.

45. Il sera présenté chaque année au bureau, par le curé ou desservant, un état par aperçu des dépenses nécessaires à l'exercice du culte, soit pour les objets de consommation, soit pour réparations et entretiens d'ornemens, meubles et ustensiles d'église.

Cet état, après avoir été, article par article, approuvé par le bureau, sera porté en bloc, sous la désignation de dépenses intérieures, dans le projet du budjet général; le détail de ces dépenses sera annexé audit projet.

46. Ce budjet établira la recette et la dépense de l'église. Les articles de dépense seront classés dans l'ordre suivant:

1º. Les frais ordinaires de la célébration du culte;

2º. Les frais de réparation des ornemens, meubles et ustensiles d'église;

3º. Les gages des officiers et serviteurs de l'église;

4º. Les frais de réparations locatives.

La portion de revenus qui restera après cette dépense acquittée, servira au traitement des vicaires légitimement établis ; et l'excédant, s'il y en a, sera affecté aux grosses réparations des édifices affectés au service du culte.

47. Le budget sera soumis au conseil de la fabrique, dans la séance du mois d'avril de chaque année ; il sera envoyé, avec l'état des dépenses de la célébration du culte, à l'évêque diocésain, pour avoir sur le tout son approbation.

48. Dans le cas où les revenus de la fabrique couvriroient les dépenses portées au budjet, le budjet pourra, sans autres formalités, recevoir sa pleine et entière exécution.

49. Si les revenus sont insuffisans pour acquitter, soit les frais indispensables du culte, soit les dépenses nécessaires pour le maintien de sa dignité, soit les gages des officiers et des serviteurs de l'église, soit les réparations des bâtimens, ou pour fournir à la subsistance de ceux des ministres que l'État ne salarie pas, le budjet contiendra l'aperçu des fonds qui devront être demandés aux paroissiens pour y pourvoir, ainsi qu'il est réglé dans le chapitre IV.

CHAPITRE III.

SECTION PREMIÈRE.

De la Régie des Biens de la Fabrique.

50. Chaque fabrique aura une caisse ou armoire fermant à trois clefs, dont une restera dans les mains du trésorier, l'autre dans celles du curé ou desservant, et la troisième dans celles du président du bureau.

51. Seront déposés dans cette caisse tous les deniers appartenant à la fabrique, ainsi que les clefs des troncs des églises.

52. Nulle somme ne pourra être extraite de la caisse sans autorisation du bureau, et sans un récépissé qui y restera déposé.

53. Si le trésorier n'a pas dans les mains la somme fixée à chaque trimestre, par le bureau, pour la dépense courante, ce qui manquera sera extrait de la caisse ; comme

aussi ce qu'il se trouveroit avoir d'excédant sera versé dans cette caisse.

54. Seront aussi déposés dans une caisse ou armoire les papiers, titres et documens concernant les revenus et affaires de la fabrique, et notamment les comptes avec les pièces justificatives, les registres de délibérations, autres que le registre courant, le sommier des titres et les inventaires ou récolement dont il est mention aux deux articles qui suivent.

55. Il sera fait incessamment, et sans frais, deux inventaires, l'un des ornemens, linges, vases sacrés, argenterie, ustensiles, et en général de tout le mobilier de l'église ; l'autre, des titres, papiers et renseignemens, avec mention des biens contenus dans chaque titre, du revenu qu'ils produisent, de la fondation à la charge de laquelle les biens ont été donnés à la fabrique. Un double inventaire du mobilier sera remis au curé ou desservant.

Il sera fait, tous les ans, un récolement desdits inventaires, afin d'y porter les additions, réformes ou autres changemens : ces inventaires et récolemens seront signés par le curé ou desservant, et par le président du bureau.

56. Le secrétaire du bureau transcrira, par suite de numéros et par ordre de dates, sur un registre sommier,

1°. Les actes de fondation, et généralement tous les titres de propriété ;

2°. Les baux à ferme ou loyer.

La transcription sera entre deux marges, qui serviront pour y porter, dans l'une, les revenus, et dans l'autre, les charges.

Chaque pièce sera signée et certifiée conforme à l'original par le curé ou desservant, et par le président du bureau.

57. Nul titre ni pièce ne pourra être extrait de la caisse sans un récépissé qui fera mention de la pièce retirée, de la délibération du bureau par laquelle cette extraction aura été autorisée, de la qualité de celui qui s'en chargera et signera le récépissé, de la raison pour laquelle elle aura été tirée de ladite caisse ou armoire ; et,

si c'est pour un procès, le tribunal et le nom de l'avoué seront désignés.

Ce récépissé, ainsi que la décharge au temps de la remise, seront inscrits sur le sommier ou registre des titres.

58. Tout notaire devant lequel il aura été passé un acte contenant donation entrevifs ou disposition testamentaire au profit d'une fabrique, sera tenu d'en donner avis au curé ou desservant.

59. Tout acte contenant des dons ou legs à une fabrique, sera remis au trésorier, qui en fera son rapport à la prochaine séance du bureau. Cet acte sera ensuite adressé par le trésorier, avec les observations du bureau, à l'archevêque ou évêque diocésain, pour que celui-ci donne sa délibération s'il convient ou non d'accepter.

Le tout sera envoyé au ministre des cultes, sur le rapport duquel la fabrique sera, s'il y a lieu, autorisée à accepter : l'acte d'acceptation, dans lequel il sera fait mention de l'autorisation, sera signé par le trésorier au nom de la fabrique.

60. Les maisons et biens ruraux appartenant à la fabrique seront affermés, régis et administrés par le bureau des marguilliers, dans la forme déterminée pour les biens communaux.

61. Aucun des membres du bureau des marguilliers ne peut se porter, soit pour adjudicataire, soit même pour associé de l'adjudicataire, des ventes, marchés de réparations, constructions, reconstructions, ou baux des biens de la fabrique.

62. Ne pourront les biens immeubles de l'église être vendus, aliénés, échangés, ni même loués pour un terme plus long que neuf ans, sans une délibération du conseil, l'avis de l'évêque diocésain, et notre autorisation.

63. Les deniers provenant de donations ou legs dont l'emploi ne seroit pas déterminé par la fondation, les remboursemens de rentes, le prix de ventes ou soultes d'échanges, les revenus excédant l'acquit des charges ordinaires, seront employés dans les formes déterminées par l'avis du conseil d'état, approuvé par nous le 21 décembre 1808.

Dans le cas où la somme seroit insuffisante, elle restera en caisse, si on prévoit que dans les six mois suivans il rentrera des fonds disponibles, afin de compléter la somme nécessaire pour cette espèce d'emploi : sinon, le conseil délibérera sur l'emploi à faire, et le préfet ordonnera celui qui paroîtra le plus avantageux.

64. Le prix des chaises sera réglé, pour les différens offices, par délibération du bureau, approuvée par le conseil : cette délibération sera affichée dans l'église.

65. Il est expressément défendu de rien percevoir pour l'entrée de l'église, ni de percevoir, dans l'église, plus que le prix des chaises, sous quelque prétexte que ce soit.

Il sera même réservé dans toutes les églises une place où les fidèles qui ne louent pas de chaises ni de bancs, puissent commodément assister au service divin, et entendre les instructions.

66. Le bureau des marguilliers pourra être autorisé par le conseil, soit à régir la location des bancs et chaises, soit à la mettre en ferme.

67. Quand la location des chaises sera mise en ferme, l'adjudication aura lieu après trois affiches de huitaine en huitaine : les enchères seront reçues au bureau de la fabrique par soumission, et l'adjudication sera faite au plus offrant, en présence des marguilliers ; de tout quoi il sera fait mention dans le bail, auquel sera annexée la délibération qui aura fixé le prix des chaises.

68. Aucune concession de bancs ou de places dans l'église ne pourra être faite, soit par bail pour une prestation annuelle, soit au prix d'un capital ou d'un immeuble, soit pour un temps plus long que la vie de ceux qui l'auront obtenue, sauf l'exception ci-après.

69. La demande de concession sera présentée au bureau, qui préalablement la fera publier par trois dimanches, et afficher à la porte de l'église pendant un mois, afin que chacun puisse obtenir la préférence par une offre plus avantageuse.

S'il s'agit d'une concession pour un immeuble, le bureau le fera évaluer en capital et en revenu, pour être cette évaluation comprise dans les affiches et publications.

70. Après ces formalités remplies, le bureau fera son rapport au conseil.

S'il s'agit d'une concession par bail pour une prestation annuelle, et que le conseil soit d'avis de faire cette concession, sa délibération sera un titre suffisant.

71. S'il s'agit d'une concession pour un immeuble, il faudra, sur la délibération du conseil, obtenir notre autorisation dans la même forme que pour les dons et legs. Dans le cas où il s'agiroit d'une valeur mobilière, notre autorisation sera nécessaire, lorsqu'elle s'élevera à la même quotité pour laquelle les communes et les hospices sont obligés de l'obtenir.

72. Celui qui auroit entièrement bâti une église, pourra retenir la propriété d'un banc ou d'une chapelle pour lui et sa famille tant qu'elle existera.

Tout donateur ou bienfaiteur d'une église pourra obtenir la même concession, sur l'avis du conseil de fabrique, approuvé par l'évêque et par le ministre des cultes.

73. Nul cénotaphe, nulles inscriptions, nuls monumens funèbres, ou autres, de quelque genre que ce soit, ne pourront être placés dans les églises que sur la proposition de l'évêque diocésain et la permission de notre ministre des cultes.

74. Le montant des fonds perçus pour le compte de la fabrique, à quelque titre que ce soit, sera, à fur et mesure de la rentrée, inscrit avec la date du jour et du mois, sur un registre coté et paraphé, qui demeurera entre les mains du trésorier.

75. Tout ce qui concerne les quêtes dans les églises sera réglé par l'évêque, sur le rapport des marguilliers, sans préjudice des quêtes pour les pauvres, lesquelles devront toujours avoir lieu dans les églises, toutes les fois que les bureaux de bienfaisance le jugeront convenable.

76. Le trésorier portera, parmi les recettes, en nature, les cierges offerts sur les pains bénis, ou délivrés pour les annuels, et ceux qui, dans les enterremens et services funèbres, appartiennent à la fabrique.

77. Ne pourront les marguilliers entreprendre aucun procès, ni y défendre, sans une autorisation du conseil de

préfecture, auquel sera adressée la délibération qui devra être prise à ce sujet par le conseil et le bureau réunis.

78. Toutefois le trésorier sera tenu de faire tous actes conservatoires pour le maintien des droits de la fabrique, et toutes diligences nécessaires pour le recouvrement de ses revenus.

79. Les procès seront soutenus au nom de la fabrique, et les diligences faites à la requête du trésorier, qui donnera connoissance de ces procédures au bureau.

80. Toutes contestations relatives à la propriété des biens, et toutes poursuites à fin de recouvrement des revenus, seront portées devant les juges ordinaires.

81. Les registres des fabriques seront sur papier non timbré. Les dons et legs qui leur seroient faits, ne supporteront que le droit fixe d'un franc.

SECTION II.

Des Comptes.

82. Le compte à rendre chaque année, par le trésorier, sera divisé en deux chapitres; l'un de recette, et l'autre de dépense.

Le chapitre de recette sera divisé en trois sections; la première, pour la recette ordinaire; la deuxième, pour la recette extraordinaire; et la troisième, pour la partie des recouvremens ordinaires ou extraordinaires qui n'auroient pas encore été faits.

Le reliquat d'un compte formera toujours le premier article du compte suivant. Le chapitre de dépense sera aussi divisé en dépenses ordinaires, dépenses extraordinaires, et dépenses tant ordinaires qu'extraordinaires non encore acquittées.

83. A chacun des articles de recette, soit des rentes, soit des loyers ou autres revenus, il sera fait mention des débiteurs, fermiers ou locataires, des noms et situation de la maison et héritages, de la qualité de la rente foncière ou constituée, de la date du dernier titre nouvel ou du dernier bail, et des notaires qui les auront reçus.

ensemble de la fondation à laquelle la rente est affectée, si elle est connue.

84. Lorsque, soit par le décès du débiteur, soit par le partage de la maison ou de l'héritage qui est grevé d'une rente, cette rente se trouve due par plusieurs débiteurs, il ne sera néanmoins porté qu'un seul article de recette, dans lequel il sera fait mention de tous les débiteurs, et sauf l'exercice de l'action solidaire, s'il y a lieu.

85. Le trésorier sera tenu de présenter son compte annuel au bureau des marguilliers, dans la séance du premier dimanche du mois de mars.

Le compte, avec les pièces justificatives, leur sera communiqué, sur le récépissé de l'un d'eux. Ils feront au conseil, dans la séance du premier dimanche du mois d'avril, le rapport du compte : il sera examiné, clos et arrêté dans cette séance, qui sera, pour cet effet, prorogée au dimanche suivant, si besoin est.

86. S'il arrive quelques débats sur un ou plusieurs articles du compte, le compte n'en sera pas moins clos, sous la réserve des articles contestés.

87. L'évêque pourra nommer un commissaire pour assister, en son nom, au compte annuel; mais, si ce commissaire est un autre qu'un grand-vicaire, il ne pourra rien ordonner sur le compte, mais seulement dresser procès-verbal sur l'état de la fabrique et sur les fournitures et réparations à faire à l'église.

Dans tous les cas, les archevêques et évêques en cours de visite, ou leurs vicaires généraux, pourront se faire représenter tous comptes, registres et inventaires, et vérifier l'état de la caisse.

88. Lorsque le compte sera arrêté, le reliquat sera remis au trésorier en exercice, qui sera tenu de s'en charger en recette. Il lui sera en même temps remis un état de ce que la fabrique a à recevoir par baux à ferme, une copie du tarif des droits casuels, un tableau par approximation des dépenses, celui des reprises à faire, celui des charges et fournitures non acquittées.

Il sera, dans la même séance, dressé sur le registre des délibérations, acte de ces remises; et copie en sera délivrée, en bonne forme, au trésorier sortant, pour lui servir de décharge.

89. Le compte annuel sera en double copie, dont l'une sera déposée dans la caisse ou armoire à trois clefs ; l'autre à la mairie.

90. Faute par le trésorier de présenter son compte à l'époque fixée, et d'en payer le reliquat, celui qui lui succédera sera tenu de faire, dans le mois au plus tard, les diligences nécessaires pour l'y contraindre ; et, à son défaut, le procureur impérial, soit d'office, soit sur l'avis qui lui en sera donné par l'un des membres du bureau ou du conseil, soit sur l'ordonnance rendue par l'évêque en cours de visite, sera tenu de poursuivre le comptable devant le tribunal de première instance, et le fera condamner à payer le reliquat, à faire régler les articles débattus, ou à rendre son compte, s'il ne l'a été, le tout dans un délai qui sera fixé ; sinon, et ledit temps passé, à payer provisoirement, au profit de la fabrique, la somme égale à la moitié de la recette ordinaire de l'année précédente, sauf les poursuites ultérieures.

91. Il sera pourvu, dans chaque paroisse, à ce que les comptes qui n'ont pas été rendus le soient dans la forme prescrite par le présent réglement, et six mois au plus tard après la publication.

CHAPITRE IV.
Des Charges des Communes relativement au Culte.

92. Les charges des communes relativement au culte, sont :

1º. De suppléer à l'insuffisance des revenus de la fabrique, pour les charges portées en l'art. 37 ;

2º. De fournir au curé ou desservant un presbytère, ou, à défaut de presbytère, un logement, ou, à défaut de presbytère ou de logement, une indemnité pécuniaire ;

3º. De fournir aux grosses réparations des édifices consacrés au culte.

93. Dans le cas où les communes sont obligées de suppléer à l'insuffisance des revenus des fabriques pour ces deux premiers chefs, le budjet de la fabrique sera porté au conseil municipal dûment convoqué à cet effet, pour y être délibéré ce qu'il appartiendra. La délibération du conseil municipal devra être adressée au préfet, qui la communiquera à l'évêque diocésain, pour avoir son avis. Dans le cas où l'évêque et le préfet seroient d'avis différens, il pourra en être référé, soit par l'un, soit par l'autre, à notre ministre des cultes.

94. S'il s'agit de réparations des bâtimens, de quelque nature qu'elles soient, et que la dépense ordinaire arrêtée par le budjet ne laisse pas de fonds disponibles, ou n'en laisse pas de suffisans pour ces réparations, le bureau en fera son rapport au conseil; et celui-ci prendra une délibération tendant à ce qu'il y soit pourvu par la commune : cette délibération sera envoyée par le trésorier au préfet.

95. Le préfet nommera les gens de l'art par lesquels, en présence de l'un des membres du conseil municipal et de l'un des marguilliers, il sera dressé, le plus promptement qu'il sera possible, un devis estimatif des réparations. Le préfet soumettra ce devis au conseil municipal, et, sur son avis, ordonnera, s'il y a lieu, que ces réparations soient faites aux frais de la commune, et en conséquence qu'il soit procédé par le conseil municipal, en la forme accoutumée, à l'adjudication au rabais.

96. Si le conseil municipal est d'avis de demander une réduction sur quelques articles de dépense de la célébration du culte, et dans le cas où il ne reconnoîtroit pas la nécessité de l'établissement d'un vicaire, sa délibération en portera les motifs.

Toutes les pièces seront adressées à l'évêque, qui prononcera.

97. Dans le cas où l'évêque prononceroit contre l'avis du conseil municipal, ce conseil pourra s'adresser au préfet; et celui-ci enverra, s'il y a lieu, toutes les pièces au ministre des cultes, pour être par nous, sur son rapport, statué en notre conseil d'état ce qu'il appartiendra.

98. S'il s'agit de dépenses pour réparations ou reconstructions qui auront été constatées, conformément à l'article 95, le préfet ordonnera que ces réparations soient payées sur les revenus communaux, et en conséquence qu'il soit procédé par le conseil municipal, en la forme accoutumée, à l'adjudication au rabais.

99. Si les revenus communaux sont insuffisans, le conseil délibérera sur les moyens de subvenir à cette dépense, selon les règles prescrites par la loi.

100. Néanmoins, dans le cas où il seroit reconnu que les habitans d'une paroisse sont dans l'impuissance de fournir aux réparations, même par la levée extraordinaire, on se pourvoira devant nos ministres de l'intérieur et des cultes, sur le rapport desquels il sera fourni à cette paroisse tel secours qu'il sera par eux déterminé, et qui sera pris sur le fonds commun établi par la loi du 15 septembre 1807, relative au budget de l'état.

101. Dans tous les cas où il y aura lieu au recours d'une fabrique sur une commune, le préfet fera un nouvel examen du budget de la commune, et décidera si la dépense demandée pour le culte peut être prise sur les revenus de la commune, ou jusqu'à concurrence de quelle somme, sauf notre approbation pour les communes dont les revenus excèdent 20,000 fr.

102. Dans le cas où il y a lieu à la convocation du conseil municipal, si le territoire de la paroisse comprend plusieurs communes, le conseil de chaque commune sera convoqué, et délibérera séparément.

103. Aucune imposition extraordinaire sur les communes ne pourra être levée pour les frais du culte, qu'après l'accomplissement préalable des formalités prescrites par la loi.

CHAPITRE V.

Des Eglises cathédrales, des Maisons épiscopales, et des Séminaires.

104. Les fabriques des églises métropolitaines et cathédrales continueront à être composées et administrées con-

formément aux réglemens épiscopaux qui ont été réglés par nous.

105. Toutes les dispositions concernant les fabriques paroissiales sont applicables, en tant qu'elles concernent leur administration intérieure, aux fabriques des cathédrales.

106. Les départemens compris dans un diocèse sont tenus envers la fabrique de la cathédrale, aux mêmes obligations que les communes envers leurs fabriques paroissiales.

107. Lorsqu'il surviendra de grosses réparations ou des reconstructions à faire aux églises cathédrales, aux palais épiscopaux et aux séminaires diocésains, l'évêque en donnera l'avis officiel au préfet du département dans lequel est le chef-lieu de l'évêché; il donnera en même temps un état sommaire des revenus et des dépenses de sa fabrique, en faisant sa déclaration des revenus qui restent libres après les dépenses ordinaires de la célébration du culte.

108. Le préfet ordonnera que, suivant les formes établies pour les travaux publics, en présence d'une personne à ce commise par l'évêque, il soit dressé un devis estimatif des ouvrages à faire.

109. Ce rapport sera communiqué à l'évêque, qui l'enverra au préfet avec ses observations.

Ces pièces seront ensuite transmises par le préfet, avec son avis, à notre ministre de l'intérieur; il en donnera connoissance à notre ministre des cultes.

110. Si les réparations sont à la fois nécessaires et urgentes, notre ministre de l'intérieur ordonnera qu'elles soient provisoirement faites sur les premiers deniers dont les préfets pourront disposer, sauf le remboursement avec les fonds qui seront faits pour cet objet par le conseil général du département, auquel il sera donné communication du budget de la fabrique de la cathédrale, et qui pourra user de la faculté accordée aux conseils municipaux par l'art. 96.

111. S'il y a dans le même évêché plusieurs départemens, la répartition entre eux se fera dans les proportions

ordinaires, si ce n'est que le département où sera le chef-lieu du diocèse paiera un dixième de plus.

112. Dans les départemens où les cathédrales ont des fabriques ayant des revenus dont une partie est assignée à les réparer, cette assignation continuera d'avoir lieu; et seront, au surplus, les réparations faites conformément à ce qui est prescrit ci-dessus.

113. Les fondations, donations ou legs faits aux églises cathédrales, seront acceptés, ainsi que ceux faits aux séminaires, par l'évêque diocésain, sauf notre autorisation donnée en conseil d'état, sur le rapport de notre ministre des cultes.

114. Nos ministres de l'intérieur et des cultes sont chargés, etc.

Arrêté contenant désignation de rentes provenant de l'ancien domaine national, du clergé ou de corporations supprimées, qui sont censées appartenir aux hospices.

Du 27 frimaire an XI.

Les consuls de la république, etc.

Arrêtent :

ART. 1. Toute rente provenant de l'ancien domaine national, pour laquelle la régie de l'enregistrement ne pourra justifier qu'il ait été fait de paiement depuis le premier jour de l'an Ier de la république, ou exercé de poursuites, soit par voie de contraintes signifiées, soit devant les corps administratifs ou les tribunaux, depuis la même époque, sera censée appartenir aux hospices.

2. Toute rente provenant du clergé, de corporations supprimées, d'établissemens publics, de communes, ou de toute autre origine que ce soit, qui n'est pas inscrite sur les registres de la régie des domaines, ou dont cette régie, quoiqu'elle en eût les titres, n'auroit pas fait le recouvrement, ou ne l'auroit pas fait poursuivre, ainsi qu'il est dit en l'article précédent, et seroit dès-lors censée en avoir ignoré l'existence, appartient également aux hospices, pourvu toutefois que six ans au moins se soient écoulés depuis le moment où la rente a été mise sous la main de la nation jusqu'au jour du présent arrêté.

3. L'inscription des rentes sur les registres de la régie, mentionnée en l'art. 2, sera constatée à la diligence des préfets.

4. Le ministre des finances est chargé de l'exécution du présent arrêté, etc.

———

Arrêté relatif aux biens des fabriques.

Du 7 thermidor an XI.

Le gouvernement de la république, sur le rapport du ministre de l'intérieur,

Arrête :

ART. 1. Les biens des fabriques non aliénés, ainsi que les rentes dont elles jouissoient, et dont le transfert n'a pas été fait, sont rendus à leur destination.

2. Les biens de fabrique des églises supprimées seront réunis à ceux des églises conservées, et dans l'arrondissement desquelles ils se trouvent.

3. Ces biens seront administrés, dans la forme particulière aux biens communaux, par trois marguilliers que nommera le préfet, sur une liste double présentée par le maire et le curé ou desservant.

4. Le curé ou desservant aura voix consultative.

5. Les marguilliers nommeront parmi eux un caissier; les comptes seront rendus en la même forme que ceux des dépenses communales.

6. Les ministres de l'intérieur et des finances sont chargés, chacun en ce qui le concerne, de l'exécution du présent arrêté, qui sera inséré au Bulletin des lois.

Décret impérial relatif aux biens des ci-devant confréries (1).

Du 28 messidor an XIII.

Decret impérial qui ordonne un prélèvement sur le produit de la location des bancs et des chaises dans les églises.

Au palais de Saint-Cloud, le 13 thermidor an XIII.

Napoléon, empereur des Français;
Sur le rapport du ministre des cultes;
Décrète :

ART. 1. Le sixième du produit de la location des bancs, chaises et places dans les églises, faite en vertu des

---

(1) Ce décret n'est point imprimé; mais, aux termes de ce décret impérial, les biens des confréries appartiennent aux fabriques.

réglemens des évêques pour les fabriques de leurs diocèses, après déduction des sommes que les fabriques auront dépensées pour établir ces bancs et chaises, sera prélevé pour former un fonds de secours à répartir entre les ecclésiastiques âgés ou infirmes.

2. Les évêques adresseront au ministre des cultes, dans le mois qui suivra la publication du présent décret, un projet de réglement, pour déterminer le mode, et les précautions relatives à ce prélèvement, ainsi que la manière d'en appliquer le résultat et d'en faire la distribution.

Décret impérial qui oblige les hospices à payer aux fabriques la rétribution des fondations faites pour des services religieux dont lesdits hospices ont été mis en possession des biens et rentes chargés de ces mêmes fondations, aux termes de la loi du 4 ventose an IX.

Du 22 fructidor an XIII (1).

Décret impérial concernant l'acquit des services religieux dus pour les biens dont les hospices et les bureaux de bienfaisance ont été envoyés en possession.

Au palais de Saint-Cloud, le 19 juin 1806.

ART. 1. Les administrateurs des hospices et des bureaux de bienfaisance qui, en vertu de la loi du 4 ventose an IX (2) et des arrêtés y relatifs, auront été mis en possession de quelques biens et rentes chargés précédemment de fondations pour quelques services religieux,

----

(1) Ce décret n'est point imprimé.

(2) En vertu de la loi du 4 ventose an IX, toutes rentes appartenant à la république, dont la reconnoissance et le paiement étoient interrompus, et tous domaines nationaux usurpés par des particuliers, furent affectés aux besoins des hospices les plus voisins de leur situation.

payeront régulièrement la rétribution de ces services religieux, conformément à notre décret du 22 fructidor
an XIII, aux fabriques des églises auxquelles ces fondations doivent retourner.

2. Le paiement des arrérages de cette rétribution s'effec-
tuera à compter du 1er vendémiaire an XII, et dans les
trois mois qui suivront la publication de notre présent
décret.

3. Les fabriques veilleront à l'exécution des fondations,
et en compteront le prix aux prêtres qui les auront acquittées, aux termes de notre décret du 22 fructidor an XIII.

4. Dans les trois mois à compter d'aujourd'hui, les
préfets donneront connoissance aux fabriques respectives,
des fondations qui leur compètent, en conséquence de
de l'art. 1 ci-dessus, et ils en enverront un état à notre
ministre des cultes.

---

*Décret impérial concernant les biens des fabriques
des églises supprimées.*

Au palais de Saint-Cloud, le 31 juillet 1806.

Napoléon, empereur des Français, roi d'Italie;
Sur le rapport de notre ministre de l'intérieur,
Vu l'article 2 de l'arrêté du gouvernement du 7 thermidor an XI, portant que les biens des fabriques des
églises supprimées sont réunis à ceux des églises conservées, et dans l'arrondissement desquelles ils se trouvent;
Considérant que la réunion des églises est le seul motif
de la concession des biens des fabriques de ces églises;
que c'est une mesure de justice que le gouvernement a
adoptée pour que le service des églises supprimées fût con-
tinué dans les églises conservées, et pour que les intentions
des donateurs ou fondateurs fussent remplies; que, par
conséquent, il ne suffit pas qu'un bien de fabrique soit
situé dans le territoire d'une paroisse ou succursale pour
qu'il appartienne à celle-ci; qu'il faut encore que l'église
à laquelle ce bien appartient, soit réunie à cette paroisse
ou succursale;

Notre conseil d'état entendu,

Nous avons décrété et décrétons ce qui suit :

Art. i. Les biens des fabriques des églises supprimées appartiennent aux fabriques des églises auxquelles les églises supprimées sont réunies, quand même ces biens seroient situés dans des communes étrangères.

2. Notre ministre de l'intérieur est chargé de l'exécution du présent décret.

———————

Décret impérial qui ordonne la publication de la loi du 16 octobre 1791 sur les biens dépendans des fondations, dans les départemens de Gênes, de Montenotte et des Apennins.

Au quartier impérial de Varsovie, le 6 janvier 1807.

Art. i. La loi du 16 octobre 1791, qui réunit au domaine national les biens dépendans des fondations faites en faveur d'ordres, de corps et de corporations supprimés, sera publiée dans les départemens de Gênes, de Montenotte et des Apennins, qui constituoient la ci-devant Ligurie, pour y être exécutée selon sa forme et teneur, comme loi de l'Etat.

2. Notre grand-juge ministre de la justice, etc. •

———————

Extrait du Registre des Délibérations du Conseil d'Etat.

Du 3o avril 1807.

Avis sur plusieurs questions relatives aux biens et rentes sur lesquels les fabriques et les hospices peuvent respectivement prétendre des droits.

Le conseil d'Etat qui, sur le renvoi ordonné par sa majesté l'empereur et roi, a pris connoissance, 1°. d'un rapport du ministre de l'intérieur, en date du 8 avril 1806; 2°. de celui du ministre des cultes, du 18 juin 1806; 3°. de celui du ministre des finances, du 4 mars 1807,

20

par lesquels les ministres proposent ou discutent les quatre questions suivantes :

1°. Les biens des fabriques que les hospices ont découverts depuis la loi du 13 brumaire an II, qui les déclare nationaux, jusqu'à l'arrêté du 7 thermidor an XI, qui les rend aux fabriques, appartiennent-ils aux hospices par le fait seul de la découverte, et sans qu'ils en aient été envoyés en possession ?

2°. Peut-on ranger parmi les domaines usurpés, et, en conséquence, appliquer les dispositions de la loi du 4 ventose an IX, à des biens de fabriques dont la rente a cessé, à la vérité, d'être servie à la régie, mais dont le bail ne remonte pas plus haut qu'à l'année 1786 ?

3°. L'arrêté du 7 thermidor an XI, lequel met en réserve *les rentes destinées aux hospices qui, à cette époque, ne leur auront pas encore été transportées par un transfert légal*, est-il applicable à toute espèce de rentes attribuées aux hospices, soit en paiement de leurs créances sur le gouvernement, en vertu de l'arrêté du 15 brumaire an IX, soit à titre de découverte, en vertu de la loi du 4 ventose an IX ?

4°. La décision du gouvernement, du 7 nivose an XII, qui restreint l'attribution des hospices aux rentes que leurs propres agens découvriroient, peut-elle s'appliquer aux rentes découvertes *antérieurement* par les préposés de la régie, et lorsque l'arrêté du 15 brumaire an IX imposoit à ces préposés le devoir de poursuivre la restitution de ces rentes au profit des hospices ?

Estime que la première question est clairement résolue par l'art. 1er. de l'arrêté du 7 thermidor an XI, où on lit que « les biens des fabriques non aliénés, ainsi que les » rentes dont elles jouissoient, et dont le transfert n'a pas » été fait, seront rendus à leur destination » ; d'où il suit que tout immeuble ou rentes provenant de fabriques, de confréries, de fondations, ou de fabriques d'anciens chapitres, dont l'aliénation ou le transfert n'avoit pas été consommé antérieurement à la promulgation des arrêtés des 7 thermidor an XI, 25 frimaire an XII, 15 ventose et 28 messidor an XIII, retourne aux fabriques, et doit leur

être restitué, quelles qu'aient été les démarches prélimi-
naires des hospices pour en obtenir la jouissance, et que
ces démarches leur donnent seulement le droit de répéter
contre les fabriques le remboursement des frais faits pour
parvenir à la découverte et à l'envoi en possession desdits
biens.

Sur la seconde question, que la loi du 4 ventose an IX
a affecté aux hospices les rentes celées et les domaines
usurpés; que l'arrêté du 27 frimaire an XI a défini ce
qu'on devoit entendre par rentes celées, et que s'il restoit
quelque doute sur l'expression de *domaines usurpés*, il
seroit levé par l'art. 6 de l'arrêté du 7 messidor an IX,
qui autorise les hospices à poursuivre tous fermiers, locataires, concessionnaires, et autres jouissant, *à quelque
titre que ce soit*, s'ils n'ont pas déclaré, conformément à
l'art. 37 des décrets des 7 et 11 août 1790, comment et
en vertu de quoi ils jouissent, et s'ils n'ont pas représenté
et fait parapher leurs titres; que la date et la nature du
titre sont ici indifférentes, puisque, *quel qu'il soit*, il
suffit qu'il n'ait point été déclaré, en exécution de la loi
de 1790, qu'il ne soit pas rappelé aux registres de la
régie, et que le service de la rente ait été interrompu
pendant les délais déterminés pour caractériser l'espèce
d'usurpation qui donne ouverture aux droits des hospices.

Sur la troisième question, que l'arrêté du 7 thermidor
an XI, lorsqu'il a suspendu le transfert des rentes au profit
des hospices, n'a frappé que sur les capitaux des rentes servies à la régie et bien connues, qui avoient été affectées au
paiement de leurs dettes arriérées par l'arrêté du 15 brumaire an IX, suspension motivée par la circonstance où
ces rentes avoient été précédemment, et par arrêté du
27 prairial an VIII, affectées au rachat des rescriptions
émises par la trésorerie, et qu'on avoit de justes raisons
de craindre que ces rentes ne suffisent pas à l'une et à
l'autre destination; mais qu'on ne doit pas confondre ces
rentes servies à la régie des domaines, connues, et qui
avoient une affectation précédente, avec des rentes incon-
nues et souvent douteuses, auxquelles il étoit bien impos-
sible de donner une affectation, et qui appartiennent aux

hospices par le fait seul de la découverte constatée, à
moins qu'elles ne proviennent de fabriques.

Sur la quatrième question, que l'on ne peut, dans
aucun cas, attribuer aux hospices une rente dont le service
auroit été interrompu, mais qui auroit été découverte par
un agent du domaine, puisque la découverte a dû être
constatée sur-le-champ par une inscription aux registres
de la régie, et que l'une des conditions essentielles de
l'abandon d'une rente aux hospices, c'est qu'il ne s'en
trouve aucune mention sur ces registres. Les préposés de
la régie ne se trouvent point compris parmi les fonctionnaires publics prévus par l'art. 5 de l'arrêté du 15 brumaire an IX ; jamais on n'a entendu leur imposer le devoir
de rechercher des rentes au profit des hospices, ni les
dispenser de celui d'en rechercher au profit de la régie.

----

*Décret impérial sur l'exécution, dans tout le territoire
ci-devant ligurien, de la loi concernant les biens des
fondations faites en faveur d'ordres, corps et corporations supprimés.*

De notre camp impérial de Finckenstein, le 11 mai 1807.

ART. 1. Notre décret du 6 janvier 1807, qui a ordonné
la publication dans les départemens de Gênes, de Montenotte et des Apennins, de la loi du 16 octobre 1791,
concernant la réunion au domaine national des biens
dépendans des fondations faites en faveur d'ordres, corps
et corporations supprimés, est déclaré commun à tout le
territoire ci-devant ligurien.

----

*Décret impérial sur le mode d'acceptation des dons
et legs faits aux fabriques, aux établissemens
d'instruction publique, et aux communes.*

Au palais de Saint-Cloud, le 12 août 1807.

Napoléon, empereur des Français, etc.
Sur le rapport de notre ministre de l'intérieur ;

Vu l'arrêté du 4 pluviose an XII, qui porte, art. 1er. : *Les commissions administratives des hôpitaux, et les administrateurs des bureaux de bienfaisance, pourront accepter et employer à leurs besoins, comme recettes ordinaires, sur la simple autorisation des sous-préfets, sans qu'il soit besoin désormais d'un arrêté spécial du gouvernement, les dons et legs qui leur seront faits par actes entre-vifs ou de dernière volonté, soit en argent, soit en meubles, soit en denrées, lorsque leur valeur n'excédera pas 300 fr. en capital ;*

L'art. 73 de la loi du 18 germinal an X ; considérant que les fabriques, les établissemens d'instruction publique et les communes réclament les mêmes facultés ; qu'il est sans inconvénient de le leur accorder, et qu'on y trouvera même l'avantage d'épargner le travail minutieux et multiplié qui a été jusqu'à ce jour, sur cette matière, soumis à notre sanction ;

Notre conseil d'Etat entendu,

Nous avons décrété et décrétons ce qui suit :

ART. 1. L'arrêté du 4 pluviose an XII sur les dons et legs faits aux hôpitaux, et qui n'excèdent pas la somme de 300 fr., est déclaré commun aux fabriques, aux établissemens d'instruction publique et aux communes.

2. En conséquence, les administrateurs des établissemens d'instruction publique et les maires des communes, tant pour les communes que pour les fabriques, sont autorisés à accepter lesdits legs et dons, sur la simple autorisation des sous-préfets, sans préjudice de l'approbation préalable de l'évêque diocésain, dans le cas où ils seroient faits à la charge de service religieux.

3. Chaque année, le tableau de ces dons et legs sera envoyé par les préfets, à notre ministre de l'intérieur, qui en formera un tableau général, lequel nous sera soumis dans le cours du mois de janvier, et sera publié.

Extrait des Minutes de la Secrétairerie d'État.

Au camp impérial de Madrid, le 21 décembre 1808.

Avis du conseil d'Etat sur le mode de remboursement des rentes et créances des communes et fabriques.

Le conseil d'Etat, qui, d'après le renvoi ordonné par S. M., a entendu le rapport de la section de l'intérieur sur celui du ministre de ce département, relatif à la question de savoir en vertu de quelle autorisation le remboursement des rentes et créances des communes et fabriques peut avoir lieu ;

Est d'avis, 1°. que le remboursement des capitaux dus aux hospices, communes et fabriques, et autres établissemens dont les propriétés sont administrées et régies sous la surveillance du gouvernement, peut toujours avoir lieu quand les débiteurs se présentent pour se libérer ; mais qu'ils doivent avertir les administrateurs un mois d'avance, pour que ceux-ci avisent, pendant ce temps, aux moyens de placement, et requièrent les autorisations nécessaires de l'autorité supérieure ;

2°. Que l'emploi des capitaux en rentes sur l'Etat n'a pas besoin d'être autorisé, et l'est de droit par la règle générale déjà établie ;

3°. Que l'emploi en biens-fonds, ou de toute autre manière, doit être autorisé par un décret rendu en notre conseil d'Etat, sur l'avis du ministre de l'intérieur, pour les communes et hospices, et du même ministre ou de celui des cultes, pour les fabriques.

Loi relative aux revenus des fabriques des églises.

Du 14 février 1810.

Napoléon, par la grâce de Dieu et les constitutions, empereur des Français, roi d'Italie, protecteur de la confédération du Rhin, etc., à tous présens et à venir; salut.

Le corps législatif a rendu, le 14 février 1810, le décret

suivant, conformément à la proposition faite au nom de l'empereur et roi, et après avoir entendu les orateurs du conseil d'Etat et le président de la commission d'administration intérieure.

Décret.

ART. 1. Lorsque, dans une paroisse, les revenus de la fabrique, ni, à leur défaut, les revenus communaux, ne seront pas suffisans pour les dépenses annuelles de la célébration du culte, la répartition entre les habitans, au marc le franc de la contribution personnelle et mobilière, pourra être faite et rendue exécutoire provisoirement par le préfet, si elle n'excède pas 100 fr. dans les paroisses de six cents ames et au-dessous, 150 fr. dans les paroisses de six cents à douze cents ames, et 300 fr. au-dessus de douze cents ames.

La répartition ne pourra être ordonnée provisoirement que par un décret délibéré en conseil d'Etat, si elles sont au-dessus, et jusqu'à concurrence du double des sommes ci-dessus énoncées.

S'il s'agit de sommes plus fortes, l'autorisation par une loi sera nécessaire, et nulle imposition ne pourra avoir lieu avant qu'elle ait été rendue.

2. Lorsque, pour les réparations ou reconstructions des édifices du culte, il sera nécessaire, à défaut des revenus de la fabrique ou communaux, de faire sur la paroisse une levée extraordinaire, il y sera pourvu par voie d'emprunt, à la charge du remboursement dans un temps déterminé, ou par répartition, au marc le franc, sur les contributions foncière ou mobilière.

3. L'emprunt et la répartition pourront être autorisés provisoirement par le préfet, si les sommes n'excèdent pas celles énoncées en l'art. 1.

La répartition en sera ordonnée provisoirement par un décret délibéré en conseil d'Etat, lorsqu'il s'agira de sommes de 100 à 300 fr., dans les paroisses de six cents habitans et au-dessous; de 150 à 450 fr., dans celles de six cents à douze cents habitans; et de 300 à 900 fr., dans les paroisses au-dessus de douze cents habitans: au-delà de ces sommes, l'autorisation devra être ordonnée par une loi.

· 4. Lorsqu'une paroisse sera composée de plusieurs communes, la répartition entr'elles sera au marc le franc de leurs contributions respectives ; savoir, de la contribution mobilière et personnelle, s'il s'agit de la dépense pour la célébration du culte, ou de réparation d'entretien ; et au marc le franc des contributions foncière et mobilière, s'il s'agit de grosses réparations ou reconstructions.

5. Les impositions provisoires ou emprunts autorisés par la présente loi, seront soumis à l'approbation du corps législatif à l'ouverture de chaque session.

. Collationné, etc.

_____

Décret impérial qui règle le mode d'autorisation pour l'emploi du produit des remboursemens faits aux communes, aux hospices et aux fabriques.

Au palais de Rambouillet, le 16 juillet 1810.

ART. 1. Les communes, les hospices et les fabriques pourront, sur l'autorisation des préfets, effectuer le remploi en rentes, soit sur l'Etat, soit sur particuliers, du produit des capitaux qui leur seront remboursés, toutes les fois que ces capitaux n'excéderont pas 500 fr.

2. L'emploi du produit de ces remboursemens, quand ils s'élèveront au-dessus de 500 fr. et jusqu'à 2000 fr., sera soumis à l'approbation de notre ministre de l'intérieur, pour le même genre de placement.

3. Quant au placement des sommes au-delà de 2000 fr., provenant de la même source, il ne pourra avoir lieu qu'en vertu de notre décision spéciale, rendue en notre conseil d'Etat.

4. Le placement en biens-fonds, quel que soit le montant de la somme, ne pourra s'effectuer sans autorisation donnée par nous en notre conseil d'Etat.

Extrait des Minutes de la Secrétairerie d'Etat.

Au palais des Tuileries, le 9 décembre 1810.

Avis du conseil d'Etat, portant que les fabriques ne sont point chargées des rentes dont étoient grevés les biens à elles restitués par le domaine. (Séance du 3o novembre 1810.)

Le conseil d'Etat, qui, d'après le renvoi ordonné par S. M., a entendu le rapport de la section de l'intérieur sur celui du ministre des cultes, tendant à autoriser la fabrique de Cavron-Saint-Martin à vendre un ancien presbytère, pour rembourser une rente de 5o fr., constituée par ladite fabrique en 1782,

Vu les pièces à l'appui,

Est d'avis,

Que la rente dont est question n'est pas à la charge de la fabrique ;

Que ses biens ayant été réunis au domaine, le domaine est devenu débiteur de la rente ;

Que les biens rendus aux fabriques leur ont été rendus quittes de rentes dont ils étoient grevés, pour lesquelles les créanciers doivent se pourvoir devant le ministre des finances, depuis la suppression de la liquidation générale,

CULTE PROTESTANT.

~~~~~~~~~~~~~~~~~~~~~~~

PREMIERE SECTION.

De l'Organisation.

Loi relative à l'Organisation des Cultes.

Du 18 germinal an X.

TITRE PREMIER.

Dispositions générales pour toutes les communions protestantes.

ART. 1. Nul ne pourra exercer les fonctions du culte, s'il n'est Français.

2. Les églises protestantes, ni leurs ministres, ne pourront avoir des relations avec aucune puissance ni autorité étrangère.

3. Les pasteurs et ministres des diverses communions protestantes prieront et feront prier, dans la récitation de leurs offices, pour la prospérité de la république française et pour les consuls.

4. Aucune décision doctrinale ou dogmatique, aucun formulaire, sous le titre de *confession*, ou sous tout autre titre, ne pourront être publiés ou devenir la matière de l'enseignement, avant que le gouvernement en ait autorisé la publication ou promulgation.

5. Aucun changement dans la discipline n'aura lieu sans la même autorisation.

6. Le conseil d'Etat connoîtra de toutes les entreprises des ministres du culte, et de toutes dissensions qui pourront s'élever entre ces ministres.

7. Il sera pourvu au traitement des pasteurs des églises consistoriales, bien entendu qu'on imputera sur ce traitement les biens que ces églises possèdent, et le produit des oblations établies par l'usage ou par des réglemens.

8. Les dispositions portées par les articles organiques du culte catholique, sur la liberté des fondations, et sur la nature des biens qui peuvent en être l'objet, seront communes aux églises protestantes.

9. Il y aura deux académies ou séminaires dans l'est de la France, pour l'instruction des ministres de la confession d'Ausbourg.

10. Il y aura un séminaire à Genève, pour l'instruction des ministres des églises réformées.

11. Les professeurs de toutes les académies ou séminaires seront nommés par le premier consul.

12. Nul ne pourra être élu ministre ou pasteur d'une église de la confession d'Ausbourg, s'il n'a étudié, pendant un temps déterminé, dans un des séminaires français destinés à l'instruction des ministres de cette confession, et s'il ne rapporte un certificat en bonne forme, constatant son temps d'étude, sa capacité et ses bonnes mœurs.

13. On ne pourra être élu ministre ou pasteur d'une église réformée, sans avoir étudié dans le séminaire de Genève, et si on ne rapporte un certificat dans la forme énoncée dans l'article précédent.

14. Les réglemens sur l'administration et la police intérieure des séminaires, sur le nombre et la qualité des professeurs, sur la manière d'enseigner, et sur les objets d'enseignement, ainsi que sur la forme des certificats ou attestations d'étude, de bonne conduite et de capacité, seront approuvés par le gouvernement.

TITRE II.

Des Églises réformées.

SECTION PREMIÈRE.

De l'Organisation générale de ces Eglises.

15. Les églises réformées de France auront des pasteurs, des consistoires locaux et des synodes.

16. Il y aura une église consistoriale par six mille ames de la même communion.

17. Cinq églises consistoriales formeront l'arrondissement d'un synode.

SECTION II.

Des Pasteurs et des Consistoires locaux.

18. Le consistoire de chaque église sera composé du pasteur ou des pasteurs desservant cette église, et d'anciens ou notables laïques, choisis parmi les citoyens les plus imposés au rôle des contributions directes : le nombre de ces notables ne pourra être au-dessous de six, ni au-dessus de douze.

19. Le nombre des ministres ou pasteurs, dans une même église consistoriale, ne pourra être augmenté sans l'autorisation du gouvernement.

20. Les consistoires veilleront au maintien de la discipline, à l'administration des biens de l'église, et à celle des deniers provenant des aumônes.

21. Les assemblées des consistoires seront présidées par le pasteur, ou par le plus ancien des pasteurs. Un des anciens ou notables remplira les fonctions de secrétaire.

22. Les assemblées ordinaires des consistoires continueront de se tenir aux jours marqués par l'usage.

Les assemblées extraordinaires ne pourront avoir lieu sans la permission du sous-préfet, ou du maire en l'absence du sous-préfet.

23. Tous les deux ans les anciens du consistoire seront renouvelés par moitié : à cette époque, les anciens en exercice s'adjoindront un nombre égal de citoyens protestans, chefs de famille, et choisis parmi les plus imposés au rôle des contributions directes, de la commune où l'église consistoriale sera située, pour procéder au renouvellement. Les anciens sortans pourront être réélus.

24. Dans les églises où il n'y a point de consistoire actuel, il en sera formé un. Tous les membres seront élus par la réunion des vingt-cinq chefs de famille protestans les plus imposés au rôle des contributions directes : cette réunion n'aura lieu qu'avec l'autorisation et en la présence du préfet ou du sous-préfet.

25. Les pasteurs ne pourront être destitués qu'à la charge de présenter les motifs de la destitution au Gouvernement, qui les approuvera ou les rejètera.

26. En cas de décès, ou de démission volontaire, ou de destitution confirmée d'un pasteur, le consistoire, formé de la manière prescrite par l'article 18, choisira à la pluralité des voix pour le remplacer.

Le titre d'élection sera présenté au premier consul, par le conseiller d'état chargé de toutes les affaires concernant les cultes, pour avoir son approbation.

L'approbation donnée, il ne pourra exercer qu'après avoir prêté entre les mains du préfet le serment exigé des ministres du culte catholique.

27. Tous les pasteurs actuellement en exercice sont provisoirement confirmés.

28. Aucune église ne pourra s'étendre d'un département dans un autre.

SECTION III.

Des Synodes.

29. Chaque synode sera formé du pasteur, ou d'un des pasteurs, et d'un ancien ou notable de chaque église.

30. Les synodes veilleront sur tout ce qui concerne la célébration du culte, l'enseignement de la doctrine et la conduite des affaires ecclésiastiques. Toutes les décisions

qui émaneront d'eux, de quelque nature qu'elles soient, seront soumises à l'approbation du Gouvernement.

31. Les synodes ne pourront s'assembler que lorsqu'on en aura rapporté la permission du Gouvernement.

On donnera connoissance préalable au conseiller d'état chargé de toutes les affaires concernant les cultes, des matières qui devront y être traitées. L'assemblée sera tenue en présence du préfet ou du sous-préfet; et une expédition du procès-verbal des délibérations sera adressée par le préfet au conseiller d'état chargé de toutes les affaires concernant les cultes, qui, dans le plus court délai, en fera son rapport au Gouvernement.

32. L'assemblée d'un synode ne pourra durer que six jours.

TITRE III.

De l'Organisation des Eglises de la Confession d'Augsbourg.

SECTION PREMIERE.

Dispositions générales.

33. Les églises de la confession d'Augsbourg auront des pasteurs, des consistoires locaux, des inspections et des consistoires généraux.

SECTION II.

Des Ministres ou Pasteurs, et des Consistoires locaux de chaque Eglise.

34. On suivra, relativement aux pasteurs, à la circonscription et au régime des églises consistoriales, ce qui a été prescrit par la section II du titre précédent, pour les pasteurs et pour les églises réformées.

SECTION III.

Des Inspections.

35. Les églises de la confession d'Augsbourg seront subordonnées à des inspections.

36. Cinq églises consistoriales formeront l'arrondisse-ment d'une inspection.

37. Chaque inspection sera composée du ministre et d'un ancien ou notable de chaque église de l'arrondisse-ment : elle ne pourra s'assembler que lorsqu'on en aura rapporté la permission du gouvernement ; la première fois qu'il écherra de la convoquer, elle le sera par le plus ancien des ministres desservant les églises de l'arrondisse-ment. Chaque inspection choisira dans son sein deux laïques, et un ecclésiastique, qui prendra le titre d'inspec-teur, et qui sera chargé de veiller sur les ministres et sur le maintien du bon ordre dans les églises particulières.

Le choix de l'inspecteur et des deux laïques sera con-firmé par le premier consul.

38. L'inspection ne pourra s'assembler qu'avec l'autori-sation du gouvernement, en présence du préfet ou du sous-préfet, et après avoir donné connaissance préalable au conseiller d'état chargé de toutes les affaires concernant les cultes, des matières que l'on se proposera d'y traiter.

39. L'inspecteur pourra visiter les églises de son arron-dissement ; il s'adjoindra les deux laïques nommés avec lui, toutes les fois que les circonstances l'exigeront ; il sera chargé de la convocation de l'assemblée générale de l'inspection. Aucune décision émanée de l'assemblée générale de l'ins-pection, ne pourra être exécutée sans avoir été soumise à l'approbation du gouvernement.

SECTION IV.

Des Consistoires généraux.

40. Il y aura trois consistoires généraux : l'un à Stras-bourg, pour les protestans de la confession d'Augsbourg, des départemens du Haut et Bas-Rhin ; l'autre à Mayence, pour ceux des départemens de la Sarre et du Mont-Ton-nerre ; et le troisième à Cologne, pour ceux des départe-mens de Rhin et Moselle et de la Roër.

41. Chaque consistoire sera composé d'un président laïque protestant, de deux ecclésiastiques inspecteurs, et d'un député de chaque inspection.

Le président et les deux ecclésiastiques inspecteurs seront nommés par le premier Consul.

Le président sera tenu de prêter entre les mains du premier Consul ou du fonctionnaire public qu'il plaira au premier Consul de déléguer à cet effet, le serment exigé des ministres du culte catholique.

Les deux ecclésiastiques inspecteurs et les membres laïques prêteront le même serment entre les mains du président.

42. Le consistoire général ne pourra s'assembler que lorsqu'on en aura rapporté la permission du Gouvernement, et qu'en présence du préfet ou du sous-préfet : on donnera préalablement connoissance au conseiller d'état chargé de toutes les affaires concernant les cultes, des matières qui devront y être traitées. L'assemblée ne pourra durer plus de six jours.

43. Dans le temps intermédiaire d'une assemblée à l'autre, il y aura un directoire composé du président, du plus âgé des deux ecclésiastiques inspecteurs, et de trois laïques, dont un sera nommé par le premier Consul : les deux autres seront choisis par le consistoire général.

44. Les attributions du consistoire général et du directoire continueront d'être régie par les réglemens et coutumes des églises de la confession d'Augsbourg, dans toutes les choses auxquelles il n'a point été formellement dérogé par les lois de la République et par les présens articles.

Décret impérial relatif au logement des ministres du culte protestant, et à l'entretien des temples.

Au palais de Saint-Cloud, le 5 mai 1806.

Napoléon, empereur des Français, etc.

Vu, 1°. la loi du 18 germinal an X, relative à l'organisation des cultes, 2°. le décret du 15 germinal an XII, par lequel le traitement des pasteurs de l'église protestante est réglé, et ceux des 11 prairial de la même année et 15 nivose an XIII, concernant le traitement accordé aux desservans et vicaires des succursales;

Notre conseil d'état entendu,

Nous avons décrété et décrétons ce qui suit :

ART. 1. Les communes où le culte protestant est exercé concurremment avec le culte catholique, sont autorisées à procurer aux ministres du culte protestant un logement et un jardin.

2. Le supplément de traitement qu'il y auroit lieu d'accorder à ces ministres, les frais de construction, réparations, entretien des temples, et ceux du culte protestant, seront également à la charge de ces communes, lorsque la nécessité de venir au secours de ces églises sera constatée.

3. Nos ministres de l'intérieur et des cultes, etc.

Décret impérial qui fixe l'âge de la consécration au ministère évangélique des cultes protestans.

De notre camp impérial d'Ostende, le 25 mars 1807.

Napoléon, empereur des Français, etc.

ART. 1. L'âge de la consécration au ministre évangélique des cultes protestans de l'une et de l'autre communion, est fixé à vingt-cinq ans.

2. Nul ne pourra désormais être admis à exercer les fonctions de pasteur, qu'il n'ait atteint cet âge, et qu'il n'en ait justifié à notre ministre des cultes.

3. Notre ministre des cultes est chargé de l'exécution du présent décret.

TABLE ALPHABÉTIQUE

DES MATIÈRES

CONTENUES DANS CE VOLUME.

Nota. Les chiffres renvoient aux pages.

A

B

C

ne commence que lorsque l'autorité qui occupe la première place a pris séance, 91.

CÉRÉMONIES *religieuses*. Voyez CULTE.

CHAISES ou *Bancs*. Leur placement dans l'église ne peut être fait que du consentement du curé ou desservant, 284 — Le prix est réglé par délibération approuvée par le conseil de fabrique, 292.

CHANCELIER *de l'Université*. Son rang et ses fonctions, 220. — Affaires dans lesquelles il remplit les fonctions du ministère public, 257.

CHANOINES *hospitaliers du grand Saint-Bernard*. Voyez CONGRÉGATIONS.

CHAPELLES ou *Annexes*. Dans les paroisses et succursales trop étendues, et lorsque la difficulté des communications l'exige, il peut être établi des chapelles, 43. — Mode de procéder pour leur établissement, *ibid*. — Elles dépendent des cures ou succursales dans l'arrondissement desquelles elles seront placées, et elles sont sous la surveillance des curés ou desservans, *ibid*. — Les communes qui obtiennent une annexe ou une chapelle, contribuent aux frais du culte paroissial, 68.

CHAPELLES *domestiques*. Voyez ORATOIRES *particuliers*.

CHAPITRES *cathédraux*. Les archevêques et évêques ne peuvent en établir sans l'autorisation du gouvernement, ainsi que pour le choix des ecclésiastiques destinés à le former, 11. — Ils sont tenus de donner avis au gouvernement de la vacance du siège, et des mesures prises pour le gouvernement des diocèses vacans, *ibid*.

CHARITÉ *maternelle*. Voyez SOCIÉTÉ *de la Charité maternelle*.

CIMETIÈRES. Fixation de la distance pour les constructions dans le voisinage des nouveaux cimetières, 49. — Leur établissement hors des villes et bourgs, 181. — Les anciens doivent être fermés, et après cinq ans ils peuvent être affermés, *ibid*. Voyez SÉPULTURES.

CIRCONSCRIPTION *des diocèses*. Il y a en France dix métropoles ou archevêchés, et cinquante évêchés, 14. — Tableau des diocèses, 16.

CIRCONSCRIPTION *des paroisses*. Il y a une paroisse par justice de paix ou canton, 14. — Aucune partie du territoire n'est érigée en cure ou en succursale sans l'approbation du gouvernement, *ibid* Voyez SUCCURSALES.

CLERGÉ. L'édit du mois de mars 1682, sur la déclaration faite par le clergé de France, de ses sentimens touchant la puissance ecclésiastique, déclaré loi générale de l'Empire, 54.

CLOCHES. L'évêque et le préfet règlent la manière d'appeler les fidèles au service divin, 13. — On ne peut les sonner pour toute autre cause sans la permission de la police, *ibid*.

COLLÉGES. Ce qu'on y enseigne, 210. — Mode d'autorisation de leurs chapelles et oratoires, 76. Ils sont divisés en deux classes, 239. — Traitement des régens et maîtres des colléges, *ibid*.

COMMISSAIRE *apostolique*. Voyez NONCE.

COMMUNAUTÉ. *Voyez* ASSOCIATIONS *religieuses*.

CONCILE. Aucun concile, synode et assemblée délibérante n'a lieu sans la permission du gouvernement, 7. — Les conciles généraux et les décrets des synodes étrangers ne peuvent être publiés en France avant que le gouvernement les ait examinés, *ibid*.

CONCORDAT, 2. — L'article 26, relatif à l'ordination, est rapporté, 62. — L'article 36 est aussi rapporté, *ibid*. Voyez ORDINATION, VICAIRES *généraux*.

D

toutes poursuites sont portées devant les juges ordinaires, *ibid.* — Les registres des fabriques sont sur papier non timbré, *ibid.* — Les dons et legs qui lui sont faits ne supportent que le droit fixe d'un franc, *ibid.* — Charges des communes relativement au culte, 296. — Celles des départemens, 298. — Des fondations, donations ou legs faits aux églises cathédrales et séminaires, *ibid.* Voyez BIENS et REVENUS *des fabriques*, MARGUILLIERS, TRÉSORIERS *des fabriques.*

FABRIQUES *des églises métropolitaines et cathédrales.* Les départemens compris dans le diocèse sont tenus, dans le cas d'insuffisance de ces revenus, aux mêmes obligations que les communes envers leurs fabriques paroissiales, 299. — Mode de procéder pour les réparations à faire aux églises cathédrales, maisons épiscopales et séminaires. *ibid.* —

FACULTÉS. Parties de l'enseignement qu'elles embrassent, 210. — Elles sont divisées en cinq ordres, savoir celle de théologie, de droit, de médecine, des sciences mathématiques et physiques, et de lettres, *ibid.* — Il y a autant de facultés de théologie que d'églises métropolitaines, 211. — Composition de cette faculté, *ibid.* — Grades de cette faculté, et conditions pour les obtenir, 213.

FÊTES. La permission du gouvernement est nécessaire pour en établir, 12. — Celles de Saint-Napoléon et du rétablissement de la religion catholique en France sont célébrées le 15 août, 35. — Celles de l'Anniversaire du Couronnement et de la bataille d'Austerlitz sont célébrées le 1er dimanche du mois de décembre, *ibid.*

FLESSINGUE. *Voyez* DIOCÈSES.

FONCTIONS *ecclésiastiques.* Elles sont gratuites, excepté les oblations autorisées et fixées par les réglemens, 7. — Aucun étranger ne peut les exercer sans la permission du gouvernement, 11. — Elles sont interdites à tout ecclésiastique qui n'appartient à aucun diocèse, *ibid.* — Un prêtre ne peut quitter son diocèse pour aller desservir dans un autre sans la permission de son évèque, *ibid.* — Examens et exercices qui doivent précéder la nomination aux différentes places. *Voyez* FÊTES.

FONDATIONS. Celles qui ont pour objet l'entretien des ministres et l'exercice du culte, ne peuvent consister qu'en rentes constituées sur l'État, 15. — Elles sont acceptées par l'évèque diocésain, et non exécutées qu'avec l'autorisation du gouvernement, *ibid.* — Les fondations, donations ou legs faits aux églises cathédrales et aux séminaires, sont aussi acceptées par l'évèque. *Voyez* MARGUILLIERS, BIENS et REVENUS *des fabriques*, ÉVÊQUES, LOIS.

FONDATIONS *pour l'instruction publique.* Voyez BOURSES *de collége.*

FRAIS *du culte.* Voyez CULTE.

FRAIS *de sépulture.* Voyez SÉPULTURE.

G

GOUVERNEMENT *des diocèses.* Voyez CHAPITRES *cathédraux.*

GRADES *des facultés.* Voyez FACULTÉS.

GRAND-MAITRE *de l'Université impériale.* Il nomme pour la première fois les doyens et professeurs entre les docteurs présentés pour remplir la place de docteur en théologie, 211. — Il nomme aussi, pour la première fois, pour les autres facultés, *ibid.* — Ses fonctions et attributions, 219. — Il prête serment entre les mains de l'empereur, 233. *Voyez* SERMENT, UNIVERSITÉ *impériale.*

H

HEURES. *Voyez* LIVRES *d'église.*

HONNEURS *funebres civils.* Ils sont rendus aux princes français, aux grands dignitaires, aux cardinaux, aux ministres, aux gran:s officiers de l'Empire, aux sénateurs, aux conseillers d'Etat, aux grands officiers de la Légion-d'Honneur, aux généraux de division commandant, aux premiers présidens des cours d'appel, aux archevèques, aux présidens des colléges électoraux de départemens, aux préfets, aux présidens des cours, aux généraux de brigade, aux évèques, aux commissaires généraux de police, aux présidens des colléges électoraux d'arrondissement, aux sous-préfets, aux présidens des tribunaux et de commerce, aux maires, aux commandans d'armes et aux présidens des consistoires, 129. — Réglement pour les honneurs funebres civils, *ibid.*

HONNEURS *funebres militaires.* Ils sont rendus aux princes français, aux grands dignitaires de l'Empire, aux ministres, aux grands officiers de l'Empire, aux militaires de tous les grades, aux sénateurs, aux conseillers d'Etat, aux membres du corps législatif, morts dans l'exercice de leurs fonctions, à tous les membres de la Légion-d'Honneur, et aux préfets dans leurs départemens, 125. — Réglement des honneurs funèbres, 126.

HONNEURS *militaires et civils.* Ceux rendus au Saint-Sacrement, 91. — A S. M. I., 93. — Aux princes impériaux, 97. — Au régent, *ibid.* — Aux princes français, 98. — Aux grands dignitaires de l'Empire, 100. — Aux ministres, 101. — Aux grands officiers de l'Empire, 103. — Au sénat, 105. — Aux conseillers d'Etat, 107. — Aux grands officiers de la Légion-d'Honneur, chefs de cohorte, 108. — Au corps législatif, 109 — Aux ambassadeurs français, *ibid.* — Aux généraux de division, 110. — De brigade, 113. — Aux adjudans commandans, 114. — Aux préfets, 115. — Aux commandans d'armes, 117. — Aux archevèques et évèques, 118. — Aux cours de justice, 120. — Aux officiers avec troupes, 122. — Aux inspecteurs aux revues, *ibid.* — Aux commissaires des guerres, 123. — Aux gardes et piquets, *ibid.*

HOSPICES. Ils sont dispensés du paiement du droit exigé pour l'érection d'oratoires particuliers, 25. *V.* RENTES, BIENS et REVENUS *des fabriques.*

HOSPITALIÈRES. *Voyez* ASSOCIATIONS *religieuses*, CONGRÉGATIONS, SŒURS *hospitalieres.*

I

IMMEUBLES. Ceux autres que les édifices destinés au logement et les jardins attenans, ne peuvent être affectés à des titres ecclésiastiques, ni possédés par les ministres à raison de leurs fonctions, 15.

INDULT. Celui donné par S. S. Pie VII, pour la réduction des fêtes, 270.

INHUMATIONS. Nécessité de l'autorisation préalable des officiers de l'état civil, 184. *Voyez* SÉPULTURES.

INSPECTEURS *de l'université de l'académie.* Voyez UNIVERSITÉ *impériale.*

INSTITUTION *canonique.* Bref concernant l'institution des nouveaux évèques,

LOGEMENT *des ministres.* Les conseils généraux de département sont autorisés à procurer aux évêques et archevêques un logement convenable , 16. — Les presbytères et les jardins attenans non aliénés sont rendus aux curés. A défaut les communes sont autorisées à leur procurer un logement et un jardin , *ibid*. — Lors de la prise de possession de chaque curé ou desservant, il est dressé un état de situation du presbytère et ses dépendances. Le curé n'est tenu que des simples réparations locatives et des dégradations survenues par sa faute, 288.

LOIS. Exécution des lois et réglemens concernant les cultes dans les départemens des Bouches-du-Rhin et des Bouches-de-l'Escaut, et dans l'arrondissement de Breda , 66. — Publication de celle du 16 octobre 1791 , sur les biens dépendans des fondations dans le département de Gênes , de Montenotte et des Apennins , 305. — Exécution de celle concernant les biens des fondations faites en faveur d'ordres , corps et corporations supprimés dans tout le territoire ci-devant ligurien , 308.

LYCÉES. Le nombre dans toute l'étendue de l'Empire doit être de cent , 238. — Mode de l'érection des lycées, *ibid*. Voyez UNIVERSITÉ *impériale.*

M

MAISONS *épiscopales.* Voyez FABRIQUES *des églises métropolitaines.*

MAISONS *hospitalières.* Elles sont placées sous la protection de Madame Mère de l'Empereur, 134 ; les statuts de ces congrégations , pour avoir force d'institution publique , doivent être reconnus du gouvernement , *ibid*. — Mode à suivre pour augmenter le nombre des maisons dans une commune, *ibid*. — Noviciat et vœux, 135. — Chaque sœur conserve ses biens et revenus , *ibid*. — Manière d'accepter les donations faites à la congrégation. 136. — Administration des biens de ces donations, *ibid*. — Les sœurs hors de service sont entretenues aux dépens de l'hospice , *ibid*. — Ces maisons sont soumises à l'évêque diocésain , quant au spirituel, et à la police des maires et des préfets, *ibid*. — *Voyez* SŒURS *hospitalières.*

MAISONS *de refuge.* Le but de ces maisons est de ramener aux bonnes mœurs les filles qui se sont mal conduites, 158. — Les statuts de chaque maison doivent être approuvés par le gouvernement, *ibid*. — Mode pour établir une maison de refuge dans une commune, 159. — Discipline de ces maisons , *ibid*. — Ces maisons ne sont point affiliées entre elles , 164. — Institution de la maison de refuge établie à Caen , 165. — De Versailles, *ibid*. — De La Rochelle, 166. — De Rennes, *ibid*. — De Saint-Brieux , *ibid*.

MAÎTRES *de pension.* Voyez UNIVERSITÉ *impériale.*

MARGUILLIERS. Composition du bureau des marguilliers , 282. — Leurs séances , 283. — Fonctions du bureau , *ibid*. — Ils veillent à ce que toutes fondations soient fidèlement acquittées et exécutées , 284. — Ils fournissent tous les objets de consommation nécessaire à l'exercice du culte. Ils pourvoient également aux réparations et achats des ornemens et ustensiles d'église , *ibid*. — Tous les marchés sont arrêtés par le bureau , *ibid*. — Les prédicateurs sont nommés par les marguilliers sur la présentation du curé ; 285. — La nomination et la révocation de toutes les personnes employées au service de l'église appartiennent aux marguilliers , *ibid*. — Le bureau détermine la somme nécessaire pour les dépenses du trimestre suivant , *ibid*. — Ils sont obligés de veiller à ce que les réparations soient promptement faites, 287. — Ils pourvoient sur-le-champ aux réparations locatives, *ibid.* — Les maisons et biens ruraux appartenant à la fabrique sont affermés et régis par le bureau, 291. — Aucun marguillier ne peut se porter adjudicataire, soit même comme associé d'adjudicataire, des ventes, marchés, entreprises ou baux, *ibid.* — Le bureau fixe le prix des chaises, 292. — Il peut être autorisé, soit à régir la location des bancs et chaises, soit à la mettre en ferme, *ibid.* — Les marguilliers sont présens à l'adjudication, *ibid.* —Concession des bancs, *ibid.*—Ils ne peuvent entreprendre ni défendre aucun procès sans l'autorisation du conseil de préfecture, 293. *Voyez* BIENS et REVENUS *de fabriques.*

MARIAGE. Timbre exigé pour les certificats que les officiers de l'état civil délivrent aux parties pour justifier de leur mariage civil aux ministres des cultes, 67. *Voyez* DÉLITS *relatifs aux cultes.*

MÉTROPOLITAIN. *Voyez* ARCHEVÊQUES.

MINISTÈRE *des cultes.* Les attributions du ministre des cultes sont la présentation des projets de lois, réglemens, arrêtés et décisions touchant la matière des cultes ; la proposition à la nomination de l'empereur, des sujets propres à remplir les places de ministres des différens cultes ; l'examen, avant leur publication en France, de tous les rescripts, bulles et brefs du pape ; l'expédition des ordonnances pour le paiement des ministres des différens cultes salariés par l'Etat, et leurs brevets ; la circonscription des paroisses, des succursales et des églises consistoriales ; les séminaires des différens cultes ; les associations religieuses et de charité, 18. — Nomination de M. Portalis au ministère, *ibid.* — Autre de M. Bigot de Préameneu, 48.

MINISTRES *des cultes.* Quiconque frappe un ministre dans ses fonctions, est puni du carcan, 65. *Voyez* ARCHEVÊQUE, ÉVÊQUE, CURÉS, VICAIRES *généraux,* VICAIRE.

MORTS. *Voyez* CONVOIS *funèbres,* SÉPULTURES.

N

NEUFCHATEL. *Voyez* DIOCÈSES.

NONCE. Aucun individu se disant nonce, légat, vicaire et commissaire apostolique, ne peut, sans l'autorisation du gouvernement, exercer aucune fonction relative aux affaires de l'église gallicane, 7. *Voyez* MINISTÈRE *des cultes.*

O

OBLATIONS. Les projets de réglemens sur les oblations doivent être soumis au gouvernement, 15. *Voyez* TRAITEMENT *des ministres.*

ORATOIRES *particuliers.* Les chapelles domestiques et les oratoires particuliers ne peuvent être établis sans une permission expresse du gouvernement accordée sur la demande de l'évêque, 12. — Mode d'autorisation des chapelles domestiques et oratoires, 76. —Réglement pour ces chapelles et oratoires, 77. *Voyez* HOSPICES.

ORDINATIONS. Elles sont faites par l'évêque, 10. — Aucune ordination n'a lieu avant que le nombre des personnes à ordonner ait été soumis au gouvernement, et par lui agréé, *ibid.* — Pour être ordonné prêtre, il faut avoir vingt-deux ans accomplis, et le consentement des parens, ainsi qu'il est prescrit par les lois civiles, 62. — Le revenu annuel de 3oo fr., précédemment exigé pour être ordonné prêtre, n'est plus demandé, *ibid.*

Ordres *monastiques.* Voyez Congrégations.

Organisation *des Cultes.* Voyez Culte, Concordat, Articles *organiques.*

P

Papes. Lors de leur exaltation, ils prêtent serment de ne jamais rien faire contre les quatre propositions de l'Eglise gallicane, arrêtées dans l'assemblée du clergé de 1682, 54. — Existence temporelle des papes, *ibid.*

Paris. *Voyez* Eglises.

Parme. *Voyez* Diocèses.

Paroisses. Leur circonscription, 14.

Pensionnaires *de l'Etat.* L'ecclésiastique pensionné est privé de la pension s'il refuse, sans cause légitime, lès fonctions qui lui sont confiées, 15.

Pensionnat. Celui tenu par les Sœurs du Verbe incarné à Dun et d'Azerable est supprimé, 168. — Mode d'autorisation de leurs chapelles et oratoires, 77.

Pensions. L'art. I du décret du 3 prairial an X, déclaré applicable à tous les individus, appartenant à l'état ecclésiastique, 51.

Pensions *ecclésiastiques.* Prorogation de délai pour les pensions non liquidées par défaut de promesse ou de prestation de serment, 19.

Petites *écoles.* Voyez Ecoles *primaires.*

Piémont. *Voyez* Diocèses.

Plaisance. *Voyez* Diocèses.

Pompes *funèbres.* Voyez Convois *funèbres,* Sépultures.

Pontremoli. *Voyez* Diocèses.

Prédications. Celles appelées sermons ou stations de l'Avent et du Carême ne sont faites que par un prêtre qui a obtenu la permission spéciale de l'évêque, 13.

Préfets. Ils exercent d'office le recours au conseil d'Etat des cas d'abus de la part des supérieurs ecclésiastiques, à défaut de plainte particulière, 8. — Les curés prêtent le serment entre leurs mains, 11. — Le préfet conjointement avec l'évêque règlent la manière de faire appeler les fidèles au service divin par le son des cloches, 13. — Ils règlent le nombre et l'étendue des succursales, 14 et *suiv.* — Le préfet rend exécutoire le rôle de répartition pour le traitement des chapelains, 43. — Il donne son avis sur l'érection des chapelles ou annexes demandées par les communes, *ibid.* — C'est par leur ordonnance que les puits faits en contravention auprès des cimetières sont comblés, 50. — Le traitement des vicaires, chapelains et aumôniers des établissemens d'humanité, ensemble; les frais du culte dans ces établissemens sont réglés par les préfets, 79. — Ils règlent la quotité de paiement des desservans et vicaires des succursales à la charge des communes, et déterminent les moyens de l'assurer, 80. — Ils règlent également le traitement des vicaires des succursales à la charge du gouvernement, *ibid.* — Honneurs militaires et civils rendus au préfet, 115. — Les préfets ont la police des maisons hospitalières, 136. — Le préfet transmet au ministre des cultes les demandes communes pour

22

Q

R

RANGS. *Voyez* CÉRÉMONIES *publiques.*

RECTEURS *des académies.* Leurs rangs et leurs fonctions, 214 et 225. *Voyez* UNIVERSITÉ *impériale.*

REFUGE. *Voyez* MAISONS *de refuge.*

RÉGENS *des collèges.* Voyez UNIVERSITÉ *impériale,*

REGISTRES. Ceux des ministres des cultes ne peuvent remplacer les registres de l'état civil, 13.

RÉGLEMENS. *Voyez* ÉVÈQUES.

RELIGION. *Voyez* CULTE, FÊTES.

REMBOURSEMENT. Mode d'autorisation pour l'emploi du produit des remboursemens faits aux communes, aux hospices et aux fabriques, 310.

REMPLACEMENT *des curés.* Voyez CURÉS.

RENTES. Toutes celles provenant de l'ancien domaine national du clergé ou de corporations supprimées célées à la régie, appartiennent aux hospices, 301. *Voyez* BIENS et REVENUS *des fabriques.*

RÉUNION. *Voyez* DIOCÈSES, ROME.

RÉUNIONS. *Voyez* ASSOCIATION, ASSOCIATIONS *religieuses.*

ROME. Réunion de l'État de Rome à l'Empire français, 52. — Formation de deux départemens, 53. — La ville de Rome déclarée la seconde ville de l'Empire, *ibid.* — Un prince du sang, ou un grand dignitaire y tient la maison de l'Empereur, *ibid.* — Couronnement des Empereurs dans l'église de Saint-Pierre de Rome, avant la dixième année de leur règne, *ibid.*

S

SACREMENS. Les chapelains des chapelles rurales ne peuvent les administrer qu'en vertu des pouvoirs spéciaux des évèques, 77.

SAINT-BERNARD. *Voyez* CONGRÉGATIONS.

SAINT-DENIS. Composition du chapitre de Saint-Denis, 185. *Voyez* SÉPULTURES.

SAINT-DONNIN. *Voyez* JURIDICTION *métropolitaine.*

SAINTE-GENEVIÈVE. *Voyez* SÉPULTURES.

SAINT-NAPOLÉON. *Voyez* FÊTES.

SAINT-PATER. *Voyez* DIOCÈSES.

SAVONE. *Voyez* JURIDICTION *métropolitaine.*

SÉMINAIRES. Les évèques sont chargés de leur organisation, 10. — Ceux choisis pour l'enseignement doivent souscrire la déclaration de 1682, et y enseigner la doctrine qui y est contenue, *ibid.* — Les noms des personnes qui y étudient doivent être envoyés toutes les années au ministre des cultes, *ibid.* — Il y a par chaque arrondissement métropolitain une maison d'instruction pour ceux qui se destinent à l'état ecclésiastique, sous les noms de séminaires, 204. — Matières qu'on y enseigne, *ibid.* — Examens et exercices publics, *ibid.* — Les directeurs et professeurs sont nommés par l'Empereur , *ibid.* — Bibliothèque et fonds pour les séminaires , *ibid.* — Etablissemens des bourses et demi-bourses dans les séminaires diocésains , 205. — Etat de répartition des deux mille quatre cents bourses et demi-bourses entre les évêchés , 206. — Pour être admis dans les séminaires, les élèves doivent justifier qu'ils ont reçu le grade de bachelier dans la faculté des lettres, 207. — Intérêt spécial accordé aux écoles secondaires, aux élèves qui se destinent à l'état ecclésiastique , *ibid.* — La permission de porter l'habit ecclésiastique peut être accordée aux élèves desdites écoles, *ibid.* — Le grand-maitre de l'université impériale peut autoriser des fondations de bourses, demi-bourses, ou toutes autres dotations pour des élèves destinés à l'état ecclésiastique , *ibid.* — Dispense de la conscription militaire en faveur des élèves des séminaires du culte catholique , 280. — Réparations à faire aux séminaires , 299.

SÉPULTURES. Aucune inhumation n'a lieu dans aucun édifice clos et fermé où les citoyens se réunissent pour la célébration de leurs cultes , ni dans l'enceinte des villes et bourgs , 180. — Les terrains consacrés aux inhumations doivent être à la distance de trente-cinq à quarante mètres au moins des villes et bourgs , *ibid.* — Choix des lieux , *ibid.* — Des fosses et de leur profondeur , *ibid.* — Etablissement des nouveaux cimetières , 181. — Il peut être fait des concessions de terrains dans le cimetière aux personnes qui voudroient y prendre une place distincte et séparée , *ibid.* — Mode de ces concessions , *ibid.* — Chaque particulier a le droit sans autorisation de faire placer sur la fosse de son parent ou de son ami une pierre sépulcrale , ou autre signe indicatif de sépulture , 182. — Monumens ou sépultures qui peuvent avoir lieu dans l'enceinte des hôpitaux en faveur des fondateurs et bienfaiteurs, *ibid.* — Toute personne peut être enterrée sur sa propriété , *ibid.* — Dans les communes où l'on professe plusieurs cultes , chaque culte doit avoir un lieu d'inhumation particulier. S'il n'y a qu'un seul cimetière , il doit être divisé en murs, haies ou fossés , 182. — Les lieux de sépulture sont soumis à la police , *ibid.* — Les autorités sont chargées de maintenir l'exécution des lois et réglemens qui prohibent les exhumations non autorisées , et d'empêcher qu'ils ne commettent dans les lieux de sépulture aucun acte contraire au repos ou à la mémoire des morts, 182. — Quand un ministre d'un culte se permet de refuser son ministère pour l'inhumation d'un corps , l'autorité civile doit en commettre un autre , 183. — Dispositions sur les sépultures non applicables aux personnes qui professent la religion juive , 185. — L'église de Saint-Denis est consacrée à la sépulture des Empereurs , *ibid.* — L'église de Sainte-Geneviève est consacrée à la sépulture des grands dignitaires, des grands officiers de l'Empire et de la Couronne , des sénateurs , des grands officiers de la Légion-d'Honneur , et des citoyens qui auront rendu dans la carrière des armes, de l'administration et des lettres, d'éminens services à la patrie, 186. — La sépulture des cardinaux a lieu à Sainte-Geneviève , 189. — Le prix du service d'inhumation est divisé en six classes, *ibid.* — Le service ordinaire et extraordinaire des inhumations est adjugé à un seul entrepreneur , 190. — Il est défendu à l'entrepreneur de faire imprimer séparément , le tableau des dépenses du service de l'entreprise , *ibid.* — L'adjudication comprend le droit exclusif de louer et de fournir les objets indiqués dans le tableau de toutes les classes , sauf les ornemens que les fabriques sont dans l'usage de se réserver , *ibid.* — L'entrepreneur est tenu de transporter les corps à l'église , *ibid.* — Manière de faire l'adjudication , *ibid.* — Les cérémonies religieuses pour les corps présentés à l'église avec un cer-

Laval, Moulins, Avignon Nismes, Lille, Bayeux et Beauvais, 151. — De Belleville, Villefranche, Beaujeu, Saint-Bonnet-le-Château, Charlieu, Bagé-le-Châtel, Pont-de-Vaux, Thoissey, Châtillon-sur-Chalaronne, Bergerac, Bernay, Charité-sur-Loire, Lusignan, Saint-Maixent, Wervich et Ypres, 152. — De Soissons, Vire, Semur, Saint-Valery, Saint-Quentin, Ruffec, Poitiers, Niort, Montreuil et Montpasier, 153. — De Montdidier, Montbron, Moutdidier, Menin, Lons-le-Saulnier, Beziers et Auxonne, 154. — D'Audenarde, Aubeterre, Arschot, Arras, Marseille, Meaux et Saumur, 155. — D'Avignon, Riom, La Flèche, Clermont-Ferrand, Billom, Beaufort et Metz, 156. — De Mâcon, Vannes, Auray, Paris, Mâcon, Guingamp, Caen, Beaune, Troyes, Nancy et Verneuil, 157. — D'Eymet, Limoges, Saint-Junien et Saint-Léonard, 160. — Rebeck, Nevers et Ernemont, 161. — De Liége, Châtillon-sur-Seine, Cavaillon et Beaugé, 162.— De Châlons-sur-Saône, Saint-Jean-de-Losne, Séez, Mortagne et Seurre, 164. — De Chartres, 166. — De Béthune, 167. — De Beaune, de Rue et Gênes, 168. — De Braine-le-Comte, 170.

SOUVERAINETÉ. L'exercice de toute autorité spirituelle est incompatible avec toute souveraineté étrangère dans l'intérieur de l'Empire français, 53.

SUCCURSALES. Il est établi autant de succursales que le besoin l'exige, 14. — L'évêque et le préfet en règlent le nombre et l'étendue, ibid. — Les plans sont soumis au gouvernement, ibid. — Les desservans sont nommés, par les évêques, ibid. — Réglement sur une nouvelle circonscription de succursales, 24. — Augmentation de six mille, 42. — Etat de répartition des trente mille succursales à la charge du trésor public, 44 et suiv. — Erreurs à rectifier sur le nombre des succursales, 84. Voyez TRAITEMENS, DESSERVANS.

SYNODE. Voyez CONCILE.

T

TEMPLE. Le même temple n'est consacré qu'à un seul culte, 12.

THÉOLOGIE. Voyez CULTE, FACULTÉS, UNIVERSITÉ impériale.

TITULAIRES des cures. Voyez CURES, CURÉS, TRAITEMENS des ministres.

TRAITEMENS des ministres. Celui des archevêques est de 15,000 fr., des évêques, 10,000 fr.; des curés de première classe, 1,500 fr.; et ceux de seconde classe, 1000 fr., 14 et 78. — Les pensions sont précomptées sur le traitement, ibid. — Les conseils généraux des grandes communes peuvent accorder une augmentation de traitement, 15. — Les pensions et le produit des oblations forment le traitement des vicaires et desservans, ibid. — Le traitement des desservans est de 500 fr., 24. — Ils sont payés par trimestre, ibid. — Les curés et desservans sont munis d'un brevet de traitement signé de l'architrésorier de l'Empire; ils sont payés sur la présentation de ce brevet, 25. — Traitement du remplaçant des titulaires des cures, 70. — Les conseils généraux de département sont autorisés à voter une augmentation de traitement aux archevêques et évêques de leurs diocèses, si les circonstances l'exigent, 98. — Les conseils municipaux délibèrent sur l'augmentation de celui des curés, vicaires et desservans, 179. — Le traitement des vicaires, chapelains et aumôniers attachés à l'exercice du culte dans les établissemens d'humanité, sont réglés par le préfet, sur la proposition des commissaires, 79. — État numérique des succursales dont les desservans sont payés par le trésor public, 80. — Le paiement des desservans et vicaires des succursales non comprises, sont à la charge des communes, *ibid.* — Réglement ou mode de ces derniers traitemens, *ibid.* — Mode de paiement de traitement des vicaires dont le maximum est de 500 fr., et le minimum 300 fr., 85.

TRÉSORIER *du bureau des marguilliers.* Il est chargé de procurer la rentrée de toutes les sommes dues à la fabrique, 283. — Il est tenu de présenter tous les trois mois un bordereau de la situation active et passive de la fabrique, 285. — Toutes les dépenses de l'église sont faites par le trésorier, *ibid.* Le trésorier écrit à fur et mesure les rentrées, 293. — Il doit porter parmi les recettes les cierges, *ibid.* — Il fait tous actes conservatoires pour le maintien des droits de la fabrique, et toutes diligences nécessaires pour le recouvrement de ses revenus, 274. — Comptes que rend le trésorier, 294.

TRÔNE *impérial.* Indépendance du trône impérial de toute autorité sur la terre, 53. *Voyez* SOUVERAINETÉ.

TROUBLES. *Voyez* DÉLITS *relatifs aux cultes.* CULTE.

TUTELLE. Les ecclésiastiques exerçant pour les cultes des fonctions qui exigent résidence, en sont dispensés, 38.

U

UNIVERSITÉ *impériale.* Formation d'un corps enseignant sous le nom d'Université impériale, 209. — Les membres de ce corps contractent des obligations civiles, spéciales et temporaires, *ibid.* — Organisation de ce corps auquel l'enseignement public est confié, *ibid.* — L'université est composée d'autant d'académies qu'il y a de cours d'appel, 210. — Ordre et place des écoles appartenant à chaque académie, *ibid.* — Il y a dans l'université impériale cinq ordres de facultés, *ibid.* — Présentation au grand-maître des docteurs en théologie pour le concours, 211. — Les grades dans les facultés sont les baccalauréats, la licence, le doctorat. Ils sont conférés à la suite d'examens et d'actes publics, 212. — Rang parmi les fonctionnaires de l'université, 214. — Titres attachés aux fonctions, 215. — Base de l'enseignement dans les écoles, 217. — Obligations que contractent les membres de l'université, *ibid.* — Attribution du grand-maître, 219. — Des fonctions et attributions du chancelier, 220. — Du trésorier, *ibid.* — Formation du conseil d'université, 221. — Ses attributions, 222. — Conseil académique, 223. — Nomination et fonctions des inspecteurs de l'université, 224. — Celle des inspecteurs des académies, *ibid.* — Recteurs des académies, 225. — Réglement pour les lycées, collèges, institutions, pensions et écoles primaires, 226. — Mode de renouvellement des fonctionnaires et professeurs de l'université, 227. — Agréés, 229. — Les fonctionnaires de l'université, après un exercice de trente ans sans interruption, peuvent être déclarés émérites, et obtenir une pension de retraite, *ibid.* — Costume des membres de l'université, 230. — Revenus de l'université, *ibid.* — Dépenses et traitement des fonctionnaires, 231. — Dispositions générales, 232. — Réglement général pour l'université, 233. — Régime de l'université, 238. — Objets sur lesquels les institutions et pensions donnent des leçons aux élèves, 240. — Age après lequel elles ne peuvent recevoir des élèves, 241. — Ecoles consacrées à l'instruction de ceux qui se destinent à l'état ecclésiastique, 242.

V

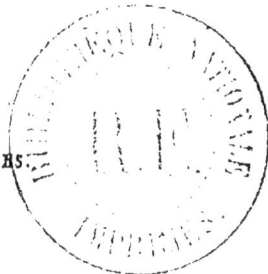

FIN DE LA TABLE DES MATIÈRES.

www.ingramcontent.com/pod-product-compliance
Lightning Source LLC
Chambersburg PA
CBHW060117200326
41518CB00008B/848